Horst Wessel

Logik
und
Philosophie

Logische Philosophie

Herausgeber:

H. Wessel, U. Scheffler, Y. Shramko, M. Urchs

Herausgeber der Reihe Logische Philosophie

Horst Wessel

Institut für Philosophie
Humboldt-Universität zu Berlin
Unter den Linden 6
D-10099 Berlin
Deutschland

WesselH@philosophie.hu-berlin.de

Uwe Scheffler

Institut für Philosophie
Humboldt-Universität zu Berlin
Unter den Linden 6
D-10099 Berlin
Deutschland

SchefflerU@philosophie.hu-berlin.de

Yaroslav Shramko

Lehrstuhl für Philosophie
Staatliche Pädagogische Universität
UA-324086 Kryvyj Rih
Ukraine
kff@kpi.dp.ua

Max Urchs

Fachbereich Philosophie
Universität Konstanz
D-78457 Konstanz
Deutschland
max.urchs@uni-konstanz.de

Die Deutsche Bibliothek - CIP-Einheitsaufnahme

Wessel, Horst

Logik und Philosophie / Horst Wessel. - Berlin : Logos-Verl., 1999

(Logische Philosophie ; Bd. 4)

ISBN 3-89722-249-3

ISSN 1435-3415
ISBN 3-89722-249-3

Logos Verlag Berlin
Gubener Str. 47, 10243 Berlin, Tel.: 030 - 42851090
INTERNET: http://www.logos-verlag.de/

Vorwort zur zweiten Auflage

Die erste Auflage des vorliegenden Buches erschien 1976 im Deutschen Verlag der Wissenschaften in Berlin. Es handelte sich dabei um eine gekürzte Fassung meiner Dissertation B, die ich 1975 an der Humboldt-Universität verteidigt hatte. Im gleichen Jahr erschien das Buch „Logische Sprachregeln. Eine Einführung in die Logik" (Berlin, München, Salzburg), das von A. A. Sinowjew und mir verfaßt wurde und das eine ausführliche Darstellung unserer Logikkonzeption enthält. In meinen Vorlesungen und Seminaren am Philosophischen Institut der Humboldt-Universität warfen die Studenten immer die Frage nach dem Nutzen der Logik für die Philosophie auf. Das vorliegende Buch sollte diese Frage beantworten.

Nach einer Skizze der Logik wird ihre Beziehung zu anderen philosophischen Disziplinen herausgearbeitet. Mit minimalen logisch-technischen Mitteln werden philosophische Termini, Thesen und Konzeptionen analysiert. Insbesondere bei der Untersuchung von philosophischer Terminologie zeigt sich, daß logische Standards für jede wissenschaftliche Philosophie unabdingbar sind.

Die Polemik in dieser Arbeit richtet sich gegen irrationalistische und antilogische Tendenzen in der Philosophie. Dabei wird die Logik im Unterschied zu der damals in der DDR vorherrschenden Meinung von mir als fester Bestandteil der Philosophie angesehen.

Das Buch erschien 1976 in einer Auflage von 10.000 Exemplaren in der Reihe „Weltanschauung heute" und war relativ schnell vergriffen. Obwohl ich von Weltanschauungsphilosophie nie etwas gehalten habe, war es mir ganz recht, daß das, was ich in meinem Buch schrieb, als Weltanschauung von heute verkauft wurde.

Für eine Neuauflage habe ich mich entschieden, weil das Buch heute auch antiquarisch kaum zu erwerben ist. Eine in Erwägung gezogene Bearbeitung des Buches für die Neuauflage wurde aus mehreren Gründen verworfen. Nach fast einem viertel Jahrhundert änderten sich natürlich einige meiner logischen und philosophischen Auffassungen. Eine Überarbeitung hätte indes ein neues Buch ergeben. In den Grundaussagen und in der philosophischen Tendenz stehe ich allerdings auch heute noch zu dem Inhalt des Buches.

Ich entschied mich für eine unveränderte Ausgabe, weil das Buch auch ein Zeitdokument zur Philosophie in der DDR ist. Es wurden lediglich offensichtliche Druckfehler korrigiert und der besseren Lesbarkeit wegen die Endnoten zu Fußnoten gemacht.

Meine heutige Logikauffassung unterscheidet sich in den folgenden wesentlichen Punkten von der damals skizzierten: 1) Da die im Buch dargestellte Theorie der strengen logischen Folgebeziehung sich als paradox erwies, habe ich eine Theorie der strikten Folgebeziehung aufgebaut. 2) In der Terminitheorie verfolge ich heute einen anderen Ansatz als den im Buch dargestellten. 3) Zur Existenzproblematik und zur existentiellen Belastung von Aussagen haben meine Mitarbeiter und ich in den letzten Jahren weiterführende Ergebnisse erzielt. 4) Ein neuer Zugang zu sogenannten intensionalen Kontexten wurde erarbeitet. Die erwähnten Modifikationen der Logikkonzeption findet der Leser in der vierten Auflage meines Buches „Logik" (Logos Verlag, Berlin 1998).

Über die Entwicklung meiner philosophischen Auffassung wird ein Sammelband Aufschluß geben, den ich gegenwärtig für die Reihe „Logische Philosophie" unter dem Titel „Antiirrationalismus" vorbereite.

Nach dem Zusammenbruch der DDR wurde und wird über die Philosophie und die Philosophen im östlichen Teil Deutschlands viel Seriöses und Unseriöses geschrieben. Dabei bleibt die Logik meist von der allgemeinen Verurteilung ausgespart. Das ist aber nicht mit einer korrekten Berichterstattung über die Logikentwicklung in der DDR gleichzusetzen. Eine Ausnahme bildet die bereits 1984 geschriebene und solide recherchierte Arbeit von C. F. Gethmann „Formale Logik und Dialektik. Die Logik-Diskussion in der DDR von 1951–1958"[1]. In diesem Artikel wird die Logikdebatte in der Sowjetunion und in der DDR akribisch aufgearbeitet und die weitere Entwicklung der Logik bis zu Beginn der 70er Jahre skizziert. Auch wenn ich nicht allen Wertungen des Autors zustimme, stellt diese Arbeit eine sachliche und sehr informative Zusammenfassung dar.

Die meisten Autoren, die in den letzten Jahren zur Philosophie in der DDR publizierten, stützen sich auf diesen Artikel von Gethmann. Manche von ihnen können dabei aber noch nicht einmal richtig abschreiben. Einige Beispiele (H. Wilharm, N. Kapferer) mögen das verdeutlichen.

Nachdem Gethmann meine Logikauffassung im wesentlichen korrekt dargestellt hat, fügt er seine eigene philosophische Betrachtung an: „Umgekehrt wird man ergänzen dürfen, daß auch erst durch diese Konzeption verständlich

---

[1]C. F. Gethmann, Formale Logik und Dialektik. Die Logik-Diskussion in der DDR von 1951–1958, in: C. Burrichter (Hrsg.), Ein kurzer Frühling der Philosophie, Paderborn 1984.

V

wird, was eine spezifisch ‚*materialistische*' *Philosophie der Logik* sein könnte, nämlich eine Rechtfertigung der Logik aus dem lebensweltlichen sprachlichen Handeln. Nicht die ontologische Begründung (deren Anhänger man auch als Nicht-Marxist sein kann, wie die Arbeiten Linkes bezeugen), sondern die Rechtfertigung der Logik als Instrument zur Bewältigung von Kooperations- und Kommunikationsproblemen (der ‚gesellschaftlichen Arbeit') liegt in der Linie einer ‚materialistisch' orientierten Philosophie der Logik (man vergleiche die diesbezüglichen Parallelen bei Wessel 1972b, Krampitz 1978 mit Gethmann 1979). Mit Bezug auf diese Begründungsebene macht es dann auch Sinn, von *Dialektik* zu sprechen, eine Redeweise, die schon Harich nahegelegt hatte (vgl. 1953, 190, 196) und die Klaus in seinen letzten Schriften (nachdem sein Versuch, der dialektischen Logik eine spezifisch logische Aufgabenstellung zuzuweisen, wohl als gescheitert zu betrachten war; vgl. Philos. DDR 1979, 291) eher tentativ aufnahm (Klaus 1974b). Die Dialektik wäre demgemäß der Philosophie der Logik, d. h. der systematischen Bearbeitung der Rechfertigungsfragen der Logik zugeordnet (für diese Zuordnung von Philosophie und Rechtfertigungsproblemen plädiert auch Wessel 1972a, vgl. 10), während die Logik selbst eine Einzelwissenschaft unter den anderen sein könnte, eine Betrachtung, die gegen Klaus z. B. auch in Philos. DDR 1979 verlangt wird. Auch die theoretischen Überlegungen zur Dialektik im Umkreis der durch Wessel repräsentierten *pragmatischen Wende* unterstreichen die Tendenz, die Arbeit der Logiker normalwissenschaftlicher Entwicklung zu überlassen, zugleich aber nicht auf die Philosophie der Logik zu verzichten (Wessel 1976)."[2]

Gethmann macht zu Beginn des Zitats deutlich, daß er seine Auffassung darlegt und nicht meine Meinung referiert. Ich werde im weiteren auf einige Unterschiede zwischen unseren Standpunkten aufmerksam machen. Bei Wilharm wird aus diesem Gethmann-Zitat folgendes: „Erst in den 70er Jahren wurde der Gedanke der philosophische Rechfertigung der Logik von dem führenden Logiker in der DDR, Horst Wessel[79], reaktiviert. Nach Wessels Verständnis – die Fregetradition wieder aufnehmend – steht Logik in einem funktionalen Verhältnis zur menschlichen Kommunikation. Die Logik gibt eine Theorie sprachlicher, allerdings nicht nur *sprachlich ausgedrückter* Strukturen. Der ebenfalls in diesem Kontext aktualisierten Dialektik weist Wessel die Aufgabe zu, die Rechtfertigungsprobleme der Logik zu behandeln. Dialektik ist Philosophie der Logik, während Logik selbst Einzelwissenschaft bleibt."[3]

---

[2]Ebenda, S. 143.

[3]H. Wilharm, Denken für eine geschlossene Welt. Philosophie in der DDR, Hamburg 1990, S. 231.

In diesem Zitat stimmt fast nichts. In der Fußnote 79 macht mich der Autor zu einem Schüler Linkes, den er im Text als einen Mathematiker vorstellt, der den Philosophen den rechten Weg wies. Ich habe den Jenaer Philosophen Linke persönlich nicht gekannt, und gelesen habe ich von ihm nur seine Artikel in der Deutschen Zeitschrift für Philosophie. Es kann also keine Rede davon sein, daß ich ein Schüler Linkes bin. Meine Lehrer waren G. Klaus, K. Schröter und A. A. Sinowjew. Ebensowenig habe ich die Fregetradition wieder aufgenommen. Ich schätze die logische Leistung Freges sehr, doch seine philosophischen und politischen Auffassungen waren mir immer fremd. In der DDR habe ich die dialogische Logikauffassung von P. Lorenzen und K. Lorenz bekannt gemacht[4], die einen Versuch darstellt, logische Gesetze aus der menschlichen Kommunikation zu rechtfertigen. Ich war aber nie kritikloser Anhänger dieser Konzeption. Das folgende Zitat mag das belegen: „Es besteht kein Grund, den dogmatischen Ontologismus durch einen Handlungsdogmatismus zu ersetzen. Bei der Aufstellung logischer Regeln spielen die verschiedensten Überlegungen eine Rolle. Auf einige wichtige macht der dialogische Aufbau der Logik aufmerksam. Es würde jedoch zu einer Vereinseitigung und Verarmung der Logik führen, wenn man nur dialogische Gründe für die Annahme logischer Regeln gelten lassen würde. Es ist nicht einsichtig, daß die Logik auf einem einzigen Prinzip basieren soll."[5]

Auf meine Beziehung zur Dialektik werde ich gleich noch zurückkommen. Hier sei nur gesagt, daß ich die Dialektik nie zur Rechtfertigung der Logik herangezogen und sie auch nie als Philosophie der Logik angesehen habe. Im Unterschied zur in der DDR vorherrschenden Auffassung habe ich die Logik nicht als Einzelwissenschaft, sondern als philosophische Disziplin verstanden.

Ähnlich nachlässig wird die Logik bei N. Kapferer behandelt. So läßt er K. Schröter aus München (statt aus Münster) nach Berlin kommen.[6] G. Klaus zählt er einerseits zu den Kaderphilosophen, andererseits aber habe dessen Referat auf der Jenaer Logikkonferenz den Kaderphilosophen nicht gefallen.[7] Ich habe Herrn Kapferer in einem bis heute unbeantworteten Brief vorgeschlagen, Georg Klaus doch besser als Halbkaderphilosophen zu bezeichnen. Mir schreibt Kapferer mehrere Arbeiten zu, die ich nicht geschrieben habe und auch nicht geschrieben haben möchte.[8]

---

[4]H. Wessel, Eine dialogische Begründung logischer Gesetze, in: H. Wessel (Hrsg.), Quantoren, Modalitäten, Paradoxien. Beiträge zur Logik, Berlin 1972.

[5]H. Wessel, Logik und Philosophie, Berlin 1976, S. 79.

[6]N. Kapferer, Das Feindbild der marxistisch-leninistischen Philosophie in der DDR 1945–1988, Darmstadt 1990, S. 82.

[7]Ebenda, S. 77.

[8]Ebenda, S. 404, 429, 470.

Da auch die von mir geschätzten Autoren G. Schenk[9]und G. Gabriel[10] in durchaus soliden Arbeiten auf mein Verhältnis zur Dialektik eingehen, möchte ich abschließend zu dieser Problematik einige Bermerkungen machen. Seit meiner Studentenzeit setzte ich mich immer wieder mit Problemen der Dialektik auseinander. Dabei lernte ich zu differenzieren. Die Dialektik ist keine einheitliche Lehre oder Theorie. Unter der Bezeichnung Dialektik finden wir die verschiedensten Auffassungen, neben Mystizismus und Irrationalismus stehen ebenso tiefe Einsichten und wertvolle Thesen. Ich habe mich in vielen Arbeiten ausdrücklich gegen die antilogische und mystische Tendenz in der Dialektik gewandt. In den erwähnten Arbeiten von Schenk und Gabriel wird der Eindruck erweckt, ich sei *der* große Versöhner zwischen Logik und Dialektik. Ich habe aber weder versucht, den Leninschen Materiebegriff mit logisch-semantischen Mitteln zu präzisieren, noch durch die sinnlose Verwendung von mathematischen Termini wie Isomorphismus und Homomorphismus die marxistische Erkenntnistheorie zu modernisieren. Mein Verhältnis zur Dialektik kommt in folgenden Sätzen zum Ausdruck: „Das Verhältnis der Logik zur Dialektik ist ihrem Verhältnis zu anderen philosophischen Disziplinen analog. Eine konstruktive Bearbeitung der Beziehung von Logik und Dialektik besteht darin, die Methoden und Verfahren der Logik beim Ausbau[11] einer präzisen Terminologie der Dialektik zu nutzen und die logischen Beziehungen zwischen den verschiedenen Prinzipien der Dialektik zu ermitteln."[12]

Mit anderen Worten, auch die Dialektik muß sich der logischen Analyse stellen. Ich strebte keine dialektische Logik, sondern eine logische Dialektik an. Zur sogenannten dialektischen Logik gab es vor allem in der Sowjetunion hunderte von sich auf primitivstem Niveau befindlichen und absolut inhaltsleeren Büchern. In der Logikdiskussion in der DDR hat die dialektische Logik nur bei einigen Randfiguren eine Rolle gespielt, und selbst Lehrstuhlinhaber für Dialektischen Materialismus lehnten eine spezielle dialektische Logik ab. Es wurde auch keines der russischen Bücher zur dialektische Logik ins Deutsche übersetzt. Eine logische Dialektik wäre hingegen der Aufbau einer logisch präzisen Terminologie für das, was in der Dialektik wertvoll ist (z. B. der Veränderungs- und Entwicklungsterminologie). Das setzt natürlich eine

---

[9]G. Schenk, Zur Logikentwicklung in der DDR, Modern Logic. International Journal for the History of Mathematical Logic, Set Theory, and Foundations of Mathematics, Vol. 5, no. 3, 1995, p. 248–269.

[10]G. Gabriel, Logik und Rhetorik der Erkenntnis. Zum Verhältnis von wissenschaftlicher und ästhetischer Weltauffassung, Paderborn, München, Wien, Zürich 1997.

[11]In meiner Dissertation B steht anstelle des Wortes „Ausbau" das Wort „Aufbau". Auf Anraten eines meiner Gutachter habe ich im Buch diese Abschwächung vorgenommen.

[12]H. Wessel, Logik und Philosophie, a. a. O., S. 86.

Kritik des Mystischen und Irrationalen in der Dialektik mit logischen Mitteln voraus.

Gabriel schreibt im Zusammenhang mit nichtklassischen Logiken in der DDR: „Obwohl hierbei auch parakonsistente logische Systeme in den Blick kamen, vermied man es, den naheliegenden Vergleich mit der dialektischen Logik zu riskieren."[13]

Hier irrt Gabriel. Ich habe in mehreren Artikeln die parakonsistente Logik kritisiert und durchaus auf ihre Beziehung zur Dialektik verwiesen.[14]

Zutreffender wird meine Stellung zur Dialektik von einem meiner ehemaligen Studenten und jetzigen Kollegen charakterisiert: „Wer Leute vom Schlage eines Heise, Irrlitz oder Wessel hörte, konnte mit dem Gros der Lehrveranstaltungen in Sachen Marxismus-Leninismus (M.-L.), dieser sinnlos die Lebenszeit kostenden Beschäftigungstherapie, nichts mehr anfangen."[15] An anderer Stelle des gleichen Textes unter einem anderen Titel heißt es: „Wo immer Logiker auftraten, sie fungierten nicht als ein hinreichendes, aber doch rationalitätsförderndes Gegengewicht wider den geschichtsphilosophischen Gebrauch der üblichen Dialektik-Surrogate ideologischen Auftrags."[16]

Frau Sylvia Strauß danke ich für die Abschrift des Buches. Mein besonderer Dank gilt Bente Christiansen, die das druckfertige Manuskript erstellt hat.

Schönwalde, im April 1999

---

[13] G. Gabriel, a. a. O., S. 142.

[14] Vgl. etwa H. Wessel, Dialetheismus: Mystik im logischen Gewande, in: VIII. Internationaler Kongreß für Logik, Methodologie und Philosophie der Wissenschaften, 17–22.08.1987, Moskau, DDR-Beiträge, Berlin 1987, S. 123–132.

H. Wessel, Logische, dialektische und mystische Widersprüche, in: Wissen, Wertung, Wirkung. „Philosophische Logik". Philosophische Beiträge, Humboldt-Universität zu Berlin, Berlin 1989, S. 121–127.

[15] H.-P. Krüger, Rückblick auf die DDR-Philosophie der 70er und 80er Jahre, in: B. Steinwachs (Hrsg.), Geisteswissenschaften in der ehemaligen DDR. Band 1: Berichte, Konstanz 1993, S. 174/75.

[16] H.-P. Krüger, Demission der Helden, Kritiken von innen 1983–1992, Berlin 1992, S. 84.

Inhaltsverzeichnis

Einleitung

Die Wissenschaft der Logik bildete sich im antiken Griechenland als eine philosophische Grunddisziplin heraus, und diese Stellung wurde ihr auch bis zur Mitte des vorigen Jahrhunderts uneingeschränkt zugestanden. Das Verhältnis der Logik zur Philosophie war bis zu dieser Zeit überhaupt kein Problem, man diskutierte nur die Stellung der Logik zu anderen philosophischen Teildisziplinen. Wenn wir von einigen irrationalistischen Strömungen in der Geschichte der Philosophie absehen, wurde die Logik noch vor hundert Jahren als ein fester Bestandteil der Philosophie angesehen.

Seit Mitte des vorigen Jahrhunderts trat in dieser Hinsicht ein grundsätzlicher Wandel ein. Innerhalb der Mathematik ergaben sich logische Schwierigkeiten, die mit Hilfe des intuitiven logischen Denkens der Mathematiker und auch mit den damals von der Logik bereitgestellten Mitteln nicht bewältigt werden konnten. Deshalb richteten einige bedeutende Mathematiker ihr Hauptaugenmerk zunächst auf eine Entwicklung der Logik, um diese den Bedürfnissen der Mathematik anzupassen. In der zweiten Hälfte des vorigen und in den ersten Jahrzehnten unseres Jahrhunderts wurde so von einigen Mathematikern und Philosophen eine neue Gestalt der Logik ausgearbeitet, die *mathematische Logik*, *Logistik* oder auch *symbolische Logik* genannt wurde.

Vor allem durch die Verwendung mathematischer Methoden erreichte die Logik dabei ein qualitativ neues Entwicklungsniveau, sie verlor aber weitgehend ihre Bindung an die Philosophie. Die mit den Arbeiten von G. Boole, G. Frege, Ch. S. Peirce u. a. einsetzende moderne Entwicklungsetappe der Logik wurde von den meisten Philosophen, mit Ausnahme der unmittelbar auf dem Gebiet der Logik arbeitenden, gar nicht zur Kenntnis genommen. Die Mehrzahl der Philosophen ignorierte – übrigens in trauter Gemeinschaft mit sehr vielen Mathematikern der damaligen Zeit – die neue Gestalt der Logik entweder vollkommen oder versuchte, die Logik als eine rein mathematische oder einzelwissenschaftliche Disziplin ohne philosophische Relevanz abzutun. Auch heute ist die Auffassung weit verbreitet, die Logik sei eine rein mathematische oder einzelwissenschaftliche Disziplin. Mit der Tendenz

zur Absonderung der Logik von der Philosophie ergab sich auch die Frage
nach dem Verhältnis von Logik und Philosophie. Gegenwärtig wird die Bestimmung dieses Verhältnisses als ein schwieriges Problem angesehen. Davon
zeugt schon allein die umfangreiche Literatur, die zu diesem Themenkreis in
den letzten Jahren erschienen ist. Viele dieser Schriften haben die Tendenz,
die behandelte Problematik unnötig zu komplizieren, statt sie einer Klärung
zuzuführen. Viele Probleme bzw. Scheinprobleme entstehen dabei nur, weil
man den Gegenstand logischer Untersuchungen falsch versteht und der Logik
Aufgaben zumutet, die deren Kompetenz bei weitem überschreiten.

Ziel des vorliegenden Buches ist es, zur Klärung des Verhältnisses von Logik und Philosophie beizutragen und in allgemeinverständlicher Form einige
wesentliche Aspekte dieses Verhältnisses darzustellen. Zwei Einschränkungen
unserer Thematik seien bereits an dieser Stelle hervorgehoben.

Erstens beschränken wir uns nur auf einige Probleme, die aus der Entwicklung der europäischen Philosophie und Logik resultieren, d. h., wir behandeln
nur Themenkomplexe, die sich aus der griechischen und mittelalterlichen Philosophie und Logik in Europa ergeben haben, und klammern die chinesische,
indische, arabische Philosophie und Logik vollkommen aus. Dabei gehen wir
nicht historisch vor, und unsere philosophiehistorischen Bemerkungen dienen nur der Verdeutlichung der jeweiligen Problematik. Zweitens hat die Logik nur Bedeutung für philosophische Lehren und Richtungen, die mit dem
Anspruch auf Wissenschaftlichkeit auftreten. Wir schließen deshalb alle irrationalistischen, mystizistischen, alogischen philosophischen Lehren – kurz
gesagt, alle höchstens feuilletonistische Philosophie – aus unserer Betrachtung aus.

Neben der Tendenz der gegenseitigen Absonderung von Philosophie und
Logik ist eine andere Tendenz in unserem Jahrhundert stark ausgeprägt. Sie
besteht in dem Versuch, der vor allem von einigen Vertretern des Positivismus unternommen wurde und wird, die gesamte Philosophie auf Logik
(Wissenschaftslogik) zu reduzieren und die Logik als einzige sinnvolle philosophische Disziplin zu akzeptieren. Wir zeigen in der vorliegenden Schrift,
daß sich die beiden genannten Tendenzen sowohl auf die Entwicklung der
Logik als auch der Philosophie negativ auswirken. Dabei werden die diesen
Tendenzen zugrundeliegenden Auffassungen über den Charakter der Logik
als falsch nachgewiesen. Eine direkte Polemik mit den genannten und anderen falschen Auffassungen wird allerdings nicht geführt. Wir untersuchen
vielmehr konstruktiv an konkreten Problemen das Wechselverhältnis von Logik und Philosophie. Denn allgemein läßt sich recht wenig über das Verhältnis
von Philosophie und Logik in verbindlicher und begründeter Form sagen. Es
sind vor allem drei wichtige Thesen, die unsere Auffassung über die allgemeinen Beziehungen zwischen Logik und Philosophie charakterisieren: Erstens

ist die Logik als wissenschaftliche Disziplin aus der Philosophie hervorgegangen und hat sich mit dieser entwickelt. Auch gegenwärtig gehen viele wichtige Stimuli für die Entwicklung der Logik von der Philosophie aus. Zweitens läßt sich kein philosophisches System auf Logik reduzieren, und die Logik bildet kein System der Philosophie. Diese These gilt insbesondere auch für die positivistische Philosophie, in der häufig die Reduzierbarkeit der Philosophie auf Wissenschaftslogik behauptet wird. Auch ihre Auffassungen überschreiten den Rahmen rein logischer Untersuchungen. Drittens kommt keine Philosophie, die mit dem Anspruch auf Wissenschaftlichkeit auftritt, ohne Logik aus. Eine Verwendung von Methoden und Ergebnissen der Logik war stets für philosophische Untersuchungen nützlich, und gegenwärtig wird sie bei der Lösung einer ganzen Reihe von philosophischen Problemen unvermeidlich. Den Schwerpunkt des Buches bildet eine Begründung und Erläuterung der zweiten und dritten These, denn der fördernde Einfluß von philosophischen Auffassungen auf die Entwicklung der Logik kann relativ kurz behandelt werden, da er kaum bestritten wird und historisch offensichtlich ist. Wir verweisen den Leser auf die Arbeit von G. Schenk „Zur Geschichte der logischen Form", Erster Band, Berlin 1973, in der der historische Zusammenhang von Logik und Philosophie detailliert nachgewiesen wird. Die zweite und dritte These demonstrieren wir durch die Behandlung einiger konkreter Probleme.

Die wachsende Bedeutung der Logik für philosophische Untersuchungen hat objektive Gründe, von denen wir einige anführen wollen. Als wichtigster Grund ist hier die Verwendung von logischen Methoden in einer Anzahl von Einzelwissenschaften zu nennen. Vor allem in den Grundlagenfragen der Mathematik und Physik, aber auch in einigen anderen Wissenschaftsdisziplinen ist die bewußte Verwendung der Logik zu einer Alltagserscheinung geworden. Damit nehmen aber auch die philosophischen Probleme dieser Disziplinen einen solchen Charakter an, daß sie ohne fundierte logische Kenntnisse gar nicht formuliert, geschweige denn gelöst werden können. Auch die Ausarbeitung einer ganzen Reihe von traditionellen Problemen der Philosophie erfordert neue präzise Methoden der Logik. Vor allem in unserem Jahrhundert begann man verstärkt, die Bedeutung der Sprache im Erkenntnisprozeß und insbesondere die Sprache der Philosophie zu untersuchen. Dabei zeigte sich, daß viele jahrhundertelang umstrittene philosophische Probleme rein sprachlogischen Charakter haben. Doch auch solche philosophischen Fragen, die nicht mit Hilfe der Logik allein gelöst werden können, lassen sich durch eine Verwendung logischer Methoden präziser formulieren und lösen. Schließlich führte die Entwicklung der Logik selbst in den letzten Jahrzehnten wieder zu einer engeren Bindung von Logik und Philosophie. Seit den zwanziger Jahren unseres Jahrhunderts, vor allem aber nach dem zweiten Weltkrieg begann man in der Logik an Problemen zu arbeiten, die bisher in traditioneller Weise von der Philosophie untersucht wurden. Wir wollen hier nur einige solcher Probleme nennen. Die Beziehungen zwischen Normen, Wertungen und Aussagen werden traditionsgemäß in der Philosophie, insbesondere in der Ethik untersucht. Diese Problematik wurde von Logikern aufgegriffen, und es bildeten sich zwei neue Bereiche der Logik heraus, nämlich die Normenlogik oder deontische Logik und die Logik von Wertungen. Raum, Zeit, Bewegungen, Veränderungen und Entwicklungen bestimmter empirischer Objekte werden von verschiedenen Einzelwissenschaften untersucht, aber die Begriffe „Raum", „Zeit", „Bewegung", „Veränderung", „Entwicklung" etc. wurden zuerst in der Philosophie eingeführt, und die allgemeinen Eigenschaften dieser Begriffe bestimmt man in der Philosophie. Mit all diesen Termini sind in der Philosophie aber Schwierigkeiten verbunden, es traten Paradoxien und die verschiedensten Fehldeutungen von Termini auf. Viele dieser Paradoxien und Fehldeutungen haben rein sprachlogischen Charakter, d. h., sie beruhen auf einer Nichtbeachtung der logischen Technik zur Einführung einer korrekten Terminologie. In den letzten Jahren wurde von Logikern der Versuch unternommen, die genannten und ähnliche Termini logisch korrekt einzuführen. Aus diesen Untersuchungen entstanden neue Zweige der Logik – Zeitlogik, Logik von Raumtermini, Logik der Veränderung, der Entwicklung usw. Dabei wurden im einzelnen sehr interessante Ergebnisse erzielt, die von großer philosophischer Relevanz sind. Nehmen wir ein letztes Beispiel. In der Erkenntnistheorie spielen solche Termini wie „wahr", „falsch", „glauben", „wissen", „meinen", „behaupten" eine große Rolle. Die logischen Eigenschaften der ersten beiden Termini werden in der logischen Semantik untersucht, die heute ein hochentwickelter Bereich der modernen Logik ist, während in der epistemischen Logik präzise Regeln für den Gebrauch der übrigen genannten Termini aufgestellt werden.

In den genannten neuen Bereichen der Logik knüpft man an die jeweilige traditionelle philosophische Problematik an und wählt aus ihr gewisse Aspekte aus. Genauer gesagt sind es sprachliche Aspekte, die von der Logik untersucht werden. Die dabei entstehenden neuen Bereiche der Logik schöpfen aber in keinem der genannten Fälle die gesamte philosophische Problematik aus. In der Philosophie werden ganz konkrete Normen und Wertungen aufgestellt, es werden inhaltliche Aussagen über die objektiven Eigenschaften von Raum und Zeit behauptet, es werden Aussagen über Wissen, Glauben, Meinen usw. formuliert, die nicht rein logisch begründet werden können und die die Kompetenz der Logik überschreiten. Die Logik arbeitet nur Vorschläge für Regeln des korrekten Sprachgebrauchs in diesen Gebieten der Philosophie aus. Doch dabei zeigt sich, daß schon der logisch korrekte Aufbau einer philosophischen Terminologie zu interessanten Ergebnissen führt. Einige jahrhundertealte Streitpunkte und Undurchsichtigkeiten lassen sich rein logisch als trivial oder als Scheinproblem nachweisen, denn in einer korrekt aufgebauten Terminologie lassen sich einige Behauptungen aus rein terminologischen Gründen als wahr oder falsch nachweisen. Wenn wir nur diesen Aspekt der Sache betrachten, so scheint N. Goodman recht zu haben, wenn er schreibt: „Sich in der Philosophie um die Aufklärung des Undurchsichtigen zu bemühen, ist nicht besonders verlockend; denn als Strafe für Mißerfolg droht bloß Konfusion, als Lohn des Erfolgs winkt bloß Banalität. Jede Lösung, ist sie erst einmal gefunden, ist bald langweilig; und es bleibt nur die Bemühung übrig, das ebenso langweilig zu machen, was noch dunkel genug ist, um uns zu fesseln." [1]

Die Logik hat nicht nur eine analytische Funktion in bezug auf die Philosophie, obwohl diese Funktion einen großen Teil logischer Untersuchungen ausmacht. Es ist eine der Hauptaufgaben der Logik in der Philosophie, das Komplizierte und Schwerdurchschaubare einfach und verständlich zu gestalten, Wortmystifikationen als solche zu entlarven, die Diktatur der Sprache über den menschlichen Verstand zu brechen und die Sprache zu einem Mittel zur Bewältigung menschlicher Probleme zu machen. Doch mit dieser kritischen oder analytischen Funktion sind die Aufgaben der Logik in der Philosophie nicht erschöpft.

Goethe läßt seinen Mephistopheles im „Faust" in bezug auf die damalige Schullogik ironisch sagen:

„Mein teurer Freund, ich rat Euch drum

Zuerst Collegium Logicum.

Da wird der Geist Euch wohl dressiert,

In spanische Stiefeln eingeschnürt,

Daß er bedächtiger so fortan

Hinschleiche die Gedankenbahn,

Und nicht etwa, die Kreuz und die Quer,

Irrlichteliere hin und her."

Die Ironie Goethes in bezug auf die Logik, wie sie damals an den Universitäten gelehrt wurde, mag durchaus berechtigt sein. Doch in seiner Ironie hat Goethe jedenfalls eine wichtige Aufgabe der Logik in der Philosophie erfaßt. Eine Beschäftigung mit der Logik dient der Disziplinierung des philosophischen Redens und Schreibens.

Natürlich reicht eine Kenntnis der Logik allein nicht zum Philosophieren aus. Goethes Trugschluß besteht darin, daß er meint, diszipliniertes und logisch genormtes Sprechen und Schreiben seien mit Einfallsreichtum und Phantasie nicht vereinbar, würden sich gegenseitig ausschließen. Das ist aber

---

[1]N. Goodman, The Structure of Appearance, Cambridge, Mass. 1951, S. XV, Deutsche Übersetzung zitiert nach: G. Patzig, Sprache und Logik, Göttingen 1970, S. 45.

offenbar nur manchmal der Fall. Es sei hier an eine Anekdote über David Hilbert, einen der bedeutendsten deutschen Logiker und Mathematiker, erinnert, der auf die Frage, warum einer seiner Schüler Schriftsteller geworden sei, geantwortet haben soll, für die Mathematik reiche seine Phantasie eben nicht aus.

Die Logik gehört zum Handwerkszeug des Philosophen, sie ist Bestandteil seiner Grundausbildung. Ein Vergleich mit dem Militär mag ihre Rolle verdeutlichen. Jeder, der eine militärische Grundausbildung absolviert hat, weiß, wie langweilig und stupide sie häufig ist. Immer wieder werden dieselben Kommandos und Bewegungen, immer wieder dieselben Handgriffe zum Bedienen einer Waffe geübt, bis sie automatisch sitzen. Jeder weiß auch, daß mit einer automatischen Beherrschung des in der militärischen Grundausbildung Gelernten allein keine Schlacht zu gewinnen ist. In der offenen Feldschlacht wird von den Soldaten und Offizieren weitaus mehr verlangt als in der Ausbildung – eine genaue Kenntnis des Gegners, größere Opferbereitschaft, Initiative beim Auftreten unerwarteter Situationen usw. Sehr häufig treten dabei Gefechtslagen auf, die in der Ausbildung nie durchgespielt wurden, und es sind Phantasie und Ideenreichtum erforderlich, um sie zu meistern. Doch eine Grundwahrheit aller Kriegskunst bleibt, daß keine Schlacht mit einer Mannschaft ohne zureichende Grundausbildung und mit mangelnder Disziplin gewonnen werden kann. Wenn bei den Soldaten die Gewehrgriffe und Kommandos nicht automatisch beherrscht werden, ist die Schlacht schon verloren. Verwenden wir die militärische Terminologie im übertragenen Sinne weiter, so kann man sagen, daß es in der offenen Feldschlacht der Philosophie analog ist. Eine Kenntnis der Logik allein macht noch keine vollwertige Philosophie aus und verhilft auch keiner Philosophie zum Sieg. Doch zeigen sich beim Philosophen mangelnde Kenntnisse im elementaren Bereich der Logik, verstrickt er sich in den Fängen seiner eigenen Sprache, so ist es dem Gegner ein Leichtes, ihn ad absurdum zu führen. Mag deshalb auch mancher Philosophiestudent stöhnen und sich wie in spanischen Stiefeln gefoltert vorkommen, wenn er sich mit den Formeln der Logik herumschlagen muß, obwohl er lieber geniale Einfälle über den Ursprung der Welt oder den Sinn des Lebens durchdenken würde, er muß die logische Grundausbildung gründlich absolvieren, wenn er ein Philosoph werden will.

Doch Logik ist natürlich nicht nur eine Sprachdressur. Legt man die strengen Maßstäbe der modernen Logik an die großen philosophischen Systeme der Vergangenheit an, etwa an die Systeme von Aristoteles, Kant oder Hegel, so halten diese Systeme einer Kritik nicht stand. Ihre Termini werden nicht korrekt eingeführt und mehrdeutig verwendet, ihre Behauptungen sind unscharf formuliert, ihre Beweise und Widerlegungen halten häufig einer logischen Analyse nicht stand. Würde sich der Logiker mit dieser kritischen analytischen Tätigkeit zufriedengeben, so hätte er offenbar seine Aufgabe verfehlt. Er würde dann nämlich geniale Denker wie Aristoteles, dessen philosophische Auffassungen noch heute in unserem Wissenschaftsbetrieb nachwirken, wie Hegel und Kant, die über Marx und Engels zu einer revolutionären Veränderung der Welt beitrugen, in einen Topf mit philosophischen Scharlatanen, Mystikern und Irrationalisten werfen, deren Systeme natürlich erst recht einer logischen Kritik nicht standhalten. Die Logik entwickelt sich wie jede andere Wissenschaft, und viele Stimuli für ihre Entwicklung kommen von den großen philosophischen Systemen der Vergangenheit. Viele Gedanken vergangener Philosophen sind gerade deshalb logisch nicht korrekt formuliert, weil die Ausdrucksmittel der damaligen Logik zu arm waren. Die Logik hat also auch eine synthetische Funktion, d. h., sie muß solche logischen Ausdrucksmittel entwerfen, die es gestatten, die richtigen, aber teilweise nur erahnten und unscharf formulierten Thesen vergangener philosophischer Systeme logisch korrekt zu formulieren. Damit leistet sie einen wesentlichen Beitrag zur Erhöhung des theoretischen Niveaus in der Philosophie selbst, weil es nur unter Verwendung von logischen Methoden möglich ist, von der Ebene allgemeiner und unverbindlicher Erörterungen auf die Ebene strenger Beweise und Widerlegungen überzugehen.

Ist man sich über die kurz geschilderte Situation im klaren, so ist eine Beantwortung der Frage, ob die Logik eine philosophische Disziplin ist oder nicht, im wesentlichen eine reine Sache der Konvention. Antwortet man mit „Ja", so muß man in Kauf nehmen, daß es dann eine philosophische Disziplin gibt, die für alle Philosophen, die mit dem Anspruch auf Wissenschaftlichkeit auftreten, im wesentlichen gleich ist. Das heißt, es gäbe dann eine philosophische Teildisziplin, die sich von anderen philosophischen Disziplinen daduch unterscheidet, daß sie nicht zum ideologischen Überbau der Gesellschaft gehört. Will man diese Konsequenz vermeiden, so wird man auf die oben gestellte Frage mit „Nein" antworten. Dieses „Nein" schließt dann aber ein, daß sich ein Philosoph in seiner Ausbildung gründliche Kenntnisse in der „nichtphilosophischen" Disziplin Logik anzueignen hat und in seiner philosophischen Forschung ständig mit den Mitteln dieser „nichtphilosophischen" Disziplin arbeiten muß. Wie diese Arbeit im einzelnen aussieht, werden wir im vorliegenden Buch an einigen Beispielen demonstrieren.

Die Hauptschwierigkeit bei der Behandlung unserer Problematik besteht darin, daß wir eigentlich beim Leser gute Kenntnisse in der Philosophie und Logik voraussetzen müßten, es aber faktisch nicht können. Wir wählen deshalb folgenden Kompromiß. Im ersten Kapitel beschreiben wir kurz, womit sich die moderne Logik beschäftigt, ohne die Logik selber darzustellen. In der weiteren Darstellung geben wir jeweils nur diejenigen logischen Mittel an, die zur Behandlung des betreffenden philosophischen Problems unumgänglich sind, verzichten dabei weitgehend auf logisch-technische Probleme und schwierige Beweise. Wir vermitteln keine Einführung in die Logik. Den Leser, der die diesem Buch zugrundeliegende Logikkonzeption näher kennenlernen möchte, verweisen wir auf die Arbeit A. Sinowjew/H. Wessel „Logische Sprachregeln. Eine Einführung in die Logik", Berlin 1975.

In bezug auf die Philosophie ist die Situation noch schwieriger. Wir können weder eine kurzgefaßte Geschichte der Philosophie bieten, noch eine Definition geben, was Philosophie eigentlich ist, noch auch nur ein einziges philosophisches System insgesamt vorstellen. Wir wählen vielmehr nur einige Termini und Thesen aus, die in der Geschichte der Philosophie und in der gegenwärtigen philosophischen Diskussion eine Rolle spielen, und versuchen, an ihrem Beispiel die Möglichkeiten und Grenzen der Logik zu demonstrieren. Wir hoffen, daß schon auf dieser elementaren Ebene derNutzen der Logik deutlich wird.

An dieser Stelle möchte ich Prof. A. A. Sinowjew für all das danken, was ich in langjähriger Zusammenarbeit von ihm lernen konnte. Auch die Konzeption des vorliegenden Buches wurde durch viele Diskussionen mit ihm beeinflußt. Insbesondere wurde das erste Kapitel, in dem eine knappe Charakteristik der Logik gegeben wird, auf dem Hintergrund der von Sinowjew entwickelten Logikauffassung geschrieben, obwohl ich natürlich allein die Verantwortung für eventuelle Mängel in der Darstellung trage. Einige Kapitel bauen auf bereits veröffentlichten Arbeiten auf.

                                                                    Horst Wessel

Berlin, im Dezember 1974

Kapitel 1

Skizze der Logik

1.1 Gegenstand der Logik

Dem Wort „Logik" begegnet man in der deutschen Sprache sehr häufig. Von einem Logiker wurde sogar einmal scherzhaft behauptet, es sei von allen deutschen Worten, die mit „L" anfangen, nach dem Wort „Liebe" das am meisten mißbrauchte. In philosophischen Texten liest man etwa von der transzendentalen Logik Kants und der dialektischen Logik Hegels. Die Logik der Dinge oder Ereignisse wird beschworen, und man scherzt über Frauen- oder Demagogenlogik. Oft wird das Wort „Logik" bloß als Synonym für „Regelmäßigkeit" oder „Gesetzmäßigkeit" verwendet.

Wir verwenden das Wort „Logik" in einem eingeschränkten Sinne. Unter Logik verstehen wir immer die von Aristoteles begründete Wissenschaft der formalen Logik, die heute – wie bereits gesagt – in ihrer modernen Gestalt auch *mathematische Logik*, *symbolische Logik*, *theoretische Logik*, *Logistik* u. a. genannt wird.

Diese Wissenschaft untersucht Termini, Aussagen und logische Operatoren unter bestimmten Aspekten. Termini, Aussagen und logische Operatoren sind vom Menschen für bestimmte Zwecke geschaffene sprachliche Gebilde, die wahrnehmbar und in bestimmter Weise in Raum und Zeit angeordnet sind. *Termini* sind Worte und Wortgruppen, die Gegenstände bezeichnen oder Merkmale ausdrücken. Beispiele für Termini sind etwa: „Sokrates", „Tisch", „bellen", „durch 5 teilbar", „quadratischer Kreis", „die Tatsache, daß sich die Erde um die Sonne dreht" usw.

Logische Operatoren sind Worte (oder Wortgruppen oder andere sprachliche Mittel wie Satzzeichen), die für sich genommen keine Bedeutung haben, d. h., die keine Gegenstände bezeichnen oder Merkmale ausdrücken. Beispiele für logische Operatoren sind etwa die Worte: „ist", „und", „nicht", „oder",

„wenn ..., so ...", „alle", „einige", „die Tatsache, daß ..." usw. Aus Termini und logischen Operatoren werden *Aussagen* gebildet, die etwas behaupten. Beispiele für Aussagen sind: „Der Tisch ist aus Holz", „Der Hund bellt nicht", „Alle Menschen sind sterblich", „Nicht alle Philosophen sind weise", „Berlin ist die Hauptstadt der DDR, und es liegt an der Spree".

Eine abgeschlossene Definition der Termini „Aussage", „Terminus" und „logischer Operator" ist aus prinzipiellen Gründen nicht möglich. Aussagestrukturen, Terministrukturen und logische Operatoren werden von den Menschen zusammen mit der Sprache geschaffen, und es gibt keine apriorischen Schranken für die Einführung neuer logischer Operatoren sowie neuer Aussage- und Terministrukturen. Deshalb wurden hier die betreffenden Termini auch nur an Beispielen erläutert. In jedem Bereich der Logik wird hingegen genau bestimmt, welche logischen Operatoren, Aussage- und Terministrukturen untersucht werden.

In der Logik werden nicht die speziellen Termini und Aussagen einer bestimmten Sprache, etwa der deutschen oder russischen Sprache, der Sprache der Mathematik oder Philosophie untersucht, sondern die Logik stellt Regeln und Gesetze auf, die in beliebigen Sprachen verwendet werden können.

Ausgangspunkt für die Untersuchungen der Logik sind die im faktischen Sprachgebrauch anzutreffenden Verwendungsregeln für logische Operatoren, man kann auch sagen, die logische Intuition der Menschen. Die Logik beschränkt sich aber seit ihrer Herausbildung als Wissenschaft nicht auf eine Beschreibung dieser Regeln. Die Aufgabe der Logik besteht vielmehr darin, die Mängel der natürlichen Sprachen in logischer Hinsicht zu beseitigen, indem sie die Verwendungsregeln für Termini, Aussagen und Operatoren präzisiert, systematisch untersucht und darstellt. Außerdem werden in der Logik auch Verwendungsregeln für eine Reihe von konkreten Termini aufgestellt, die in den Umgangssprachen und in den Sprachen verschiedener Wissenschaften verwendet werden. Solche speziellen Termini sind etwa die Termini „Klasse", „Anhäufung", „möglich", „notwendig", „zufällig", „verboten", „erlaubt", „gut", „schlecht" usw.

In der Logik werden Regeln verschiedenen Typs untersucht. Die wichtigsten Typen sind Form- oder Bildungsregeln von Aussagen und Termini, Regeln des logischen Folgerns der einen Aussagen aus anderen sowie Regeln über die Bedeutungsbeziehungen zwischen Termini. Die Formregeln legen in jedem Bereich der Logik fest, welche sprachlichen Gebilde jeweils als Aussagen oder Termini anzusehen sind.

Durch solche Regeln wird festgelegt, wie man aus gegebenen Termini mit Hilfe von logischen Operatoren andere Termini oder aber Aussagen bzw. wie man aus gegebenen Aussagen mit Hilfe von logischen Operatoren komplizierte Aussagen usw. erhält. Beispiele solcher Regeln sind etwa: Wenn X und

Y Aussagen sind, so ist „X und Y" eine Aussage; wenn X und Y Termini sind, so ist „X und Y" ein Terminus; wenn X eine Aussage ist, so sind die Wendungen „die Tatsache, daß X" und „die Aussage X" Termini.

Eine der wichtigsten Aufgaben der Logik ist es, Regeln der logischen Folgebeziehung aufzustellen. Häufig nennt man solche Regeln auch *logische Schlußregeln*. Wir verdeutlichen an einem Beispiel eine solche Regel. Wenn die Mutter zu ihrem Sohn Fritz sagt: „Heute gibt es als Nachtisch Schokoladenpudding oder Blaubeeren", der bei der Zubereitung des Mittagessens helfende Vater aber einwirft: „Pudding können wir heute nicht machen, da die Milch sauer ist" und Fritz ausruft: „Dann gibt es heute also Blaubeeren", so hat Fritz einen einfachen logischen Schluß vollzogen. Wir wollen uns die von Fritz hier durchgeführte Tätigkeit etwas näher ansehen. Dazu verwenden wir folgende Abkürzungen: Für die Aussage „Heute gibt es als Nachtisch Schokoladenpudding" schreiben wir A, für die Aussage „Heute gibt es Blaubeeren" schreiben wir B, für „und", „oder", „nicht" verwenden wir entsprechend die Zeichen $\wedge$, $\vee$, $\sim$. Von seinen Eltern wußte Fritz dann, daß die Voraussetzung $(A \vee B) \wedge \sim A$ gilt, außerdem beherrschte er – sicher nur an Beispielen – die logische Regel „Aus $(A \vee B) \wedge \sim A$ folgt logisch B", und durch Anwendung dieser Regel kam er zu dem Ergebnis, daß die Folgerung B gilt. Wenn wir für „folgt logisch" das Zeichen $\vdash$ schreiben, so hat die angewendete Regel folgende Form:

$$(X \vee Y) \wedge \sim X \vdash Y.$$

Solch eine Regel der logischen Folgebeziehung besitzt folgende Eigenschaft: Ganz gleich, welche konkreten Aussagesätze wir für die Variablen X und Y auch einsetzen, stets wenn die Voraussetzung einer Regel der logischen Folgebeziehung gilt, so gilt auch die Folgerung. Dies bedeutet, daß die Korrektheit eines logischen Schlusses ausschließlich von der logischen Form der Voraussetzungen und Folgerungen, jedoch nicht vom konkreten Inhalt der Sätze abhängt. Deshalb nennt man die Logik auch *formale Logik*.

Betrachten wir noch an einem Beispiel eine logische Regel eines anderen Typs, die die Bedeutungsbeziehungen von Termini betrifft: Wenn jeder Gegenstand, der mit dem Terminus a bezeichnet wird, auch mit dem Terminis b bezeichnet wird, und jeder Gegenstand, der mit dem Terminus b bezeichnet wird, auch mit dem Terminus c bezeichnet wird, so wird auch jeder Gegenstand, der mit dem Terminus a bezeichnet wird, mit dem Terminus c bezeichnet.

Wenn jeder Gegenstand, der mit dem Terminus a bezeichnet wird, auch mit dem Terminus b bezeichnet wird, so sagen wir auch, der Terminus a schließt der Bedeutung nach den Terminus b ein, und verwenden zur Abkürzung das Symbol $ta \rightharpoonup tb$ (t heißt Terminus). Die oben umgangssprachlich formulierte Regel läßt sich dann folgendermaßen schreiben:

$$(ta \rightharpoonup tb) \wedge (tb \rightharpoonup tc) \vdash (ta \rightharpoonup tc).$$

Die Beziehung $\rightharpoonup$ wird in der Umgangssprache häufig als „ist" gelesen. Eine Anwendung der eben formulierten Regel wäre etwa: Aus den beiden Aussagen „Ein Stichling ist ein Fisch" und „Ein Fisch ist ein Lebewesen" folgt logisch „Ein Stichling ist ein Lebewesen".

Unsere beiden als Beispiele angeführten logischen Regeln haben recht unterschiedlichen Charakter. Um die erste Regel als gültig einzusehen, mußte man die innere logische Struktur der Aussagen A und B nicht berücksichtigen, während das bei der zweiten Regel durchaus erforderlich ist, denn ohne Berücksichtigung der inneren Struktur der in ihr vorkommenden Aussagen hätte sie die Form $X \wedge Y \vdash Z$ und wäre nicht gültig. Die beiden Regeln gehören zu verschiedenen Bereichen der Logik, die erste – zur allgemeinen Theorie der logischen Folgebeziehung, die zweite – zur Terminitheorie. Um zu verstehen, wie man zu Regeln der ersten Form kommt, geben wir eine kurze Skizze der klassischen Aussagenlogik.

1.2   Klassische Aussagenlogik

In der Aussagenlogik werden die Eigenschaften von Aussagen mit den logischen Operatoren „nicht", „und", „oder" und anderen von ihnen abgeleiteten Operatoren untersucht. Dabei wird der logische Aufbau der einfachen Aussagen, die mit Hilfe der genannten Operatoren zu zusammengesetzten Aussagen verknüpft werden, nicht berücksichtigt, d. h., es werden Regeln aufgestellt, die für beliebige Aussagen mit diesen Operatoren gelten.

Um die Mehrdeutigkeit der Umgangssprache auszuschalten und die logischen Regeln und Gesetze übersichtlicher darzustellen, werden beim Aufbau von logischen Theorien künstliche Sprachen verwendet, die nach genau formulierten Regeln aufgebaut werden und deren Symbole eine fest umrissene Bedeutung haben. Beim Aufbau der Aussagenlogik werden folgende Grundzeichen verwendet:

1. die Buchstaben p, q, r, s mit und ohne Indizes als Aussagenvariablen, die als Leerstellen für beliebige konkrete Aussagesätze betrachtet werden können;
2. die logischen Operatoren $\sim$, $\wedge$, $\vee$, $\supset$ und $\equiv$, die in der angegebenen Reihenfolge in etwa den Worten „nicht", „und", „oder", „nicht ... oder ..." (manchmal auch „wenn ..., so ...") und „... genau dann, wenn ..." der

Umgangssprache entsprechen und in der gleichen Reihenfolge als *Negation*, *Konjunktion*, *Adjunktion* (*Alternative*), *Subjunktion* (*materiale Implikation*) und *Bisubjunktion* (*materiale Äquivalenz*) bezeichnet werden (die hier angegebene Zuordnung von logischen Operatoren zu bestimmten Satzbindeworten der Umgangssprache ist nicht genau und nur als eine gewisse Orientierung für den Leser gedacht; die genauen Eigenschaften der Operatoren werden im weiteren angegeben);

3. außerdem werden die Klammern (,) als technische Zeichen verwendet.

Aus den angegebenen Grundzeichen lassen sich durch einfaches Aneinanderreihen beliebige Zeichenreihen bilden. Für die Logik sind nun nicht beliebige Zeichenreihen interessant, sondern nur solche, die sich sinnvoll in die Umgangssprache übersetzen lassen. Diese Zeichenreihen werden logische *Ausdrücke* oder *Formeln* genannt und durch die folgende Definition festgelegt.

Aussagenlogische Formeldefinition:

1. Alleinstehende Aussagenvariablen sind aussagenlogische Formeln.
2. Ist Z eine aussagenlogische Formel, so ist auch $\sim Z$ eine aussagenlogische Formel.
3. Sind Z_1 und Z_2 aussagenlogische Formeln, so sind auch $(Z_1 \wedge Z_2)$, $(Z_1 \vee Z_2)$, $(Z_1 \supset Z_2)$, $(Z_1 \equiv Z_2)$ aussagenlogische Formeln.
4. Eine aussagenlogische Formel liegt nur dann vor, wenn es auf Grund von 1–3 der Fall ist.

Zur Vereinfachung unserer Schreibweise vereinbaren wir: 1. In aussagenlogischen Formeln können die beiden Außenklammern weggelassen werden; 2. die aussagenlogischen Operatoren besitzen verschiedene Bindungsstärke. Die Bindungskraft der zweistelligen Operatoren nimmt in folgender Reihenfolge ab: $\wedge$, $\vee$, $\supset$, $\equiv$, während der Negationsoperator $\sim$ die größte Bindungskraft besitzt. Diese Vereinbarung gestattet es, einige Klammern in Formeln wegzulassen, ohne deren Eindeutigkeit aufzuheben.

Der weitere Aufbau der Aussagenlogik kann auf verschiedene Weise erfolgen. Wir skizzieren kurz den wahrheitsfunktionalen und den axiomatischen Aufbau. Beim wahrheitsfunktionalen Aufbau der Aussagenlogik postuliert man das sogenannte Prinzip der Zweiwertigkeit der Aussagen und untersucht, was sich daraus für Folgerungen ergeben. Das Prinzip der Zweiwertigkeit besagt folgendes: Jede Aussage ist entweder wahr oder falsch. Die beiden Termini „wahr" und „falsch" werden als *Wahrheitswerte* bezeichnet, und man könnte das Prinzip der Zweiwertigkeit auch so formulieren: Es werden nur die beiden Wahrheitswerte „wahr" (symbolisch: 1) und „falsch" (symbolisch: 0) zugelassen, und jede Aussage besitzt einen und nur einen dieser beiden Wahrheitswerte.

Die Operatoren $\sim$, $\wedge$, $\vee$, usw. sind satzbildende Operatoren, da mit ihrer Hilfe aus Aussagesätzen neue zusammengesetzte Aussagesätze gebildet werden. Beim wahrheitsfunktionalen Aufbau der Aussagenlogik werden nicht konkrete Sätze betrachtet, sondern man abstrahiert vom konkreten Inhalt der Sätze, betrachtet nur deren Wahrheitswerte und untersucht alle möglichen Beziehungen, die zwischen den Wahrheitswerten von einfachen Sätzen und denen von zusammengesetzten Sätzen bestehen. Die logischen Operatoren werden mit Hilfe von Wahrheitstabellen (Wahrheitsfunktionen) definiert. Die Negation ($\sim$) wird duch die Tabelle

X	$\sim X$
1	0
0	1

definiert, wobei X eine beliebige Formel ist. In Sätzen läßt sich diese Tabelle wie folgt schreiben: Wenn X den Wert 1 hat, so hat $\sim X$ den Wert 0; wenn X den Wert 0 hat, so hat $\sim X$ den Wert 1; wenn $\sim X$ den Wert 0 hat, so hat X den Wert 1; wenn $\sim X$ den Wert 1 hat, so hat X den Wert 0.

Die Konjunktion ($\wedge$), Adjunktion ($\vee$), Subjunktion ($\supset$) und Bisubjunktion ($\equiv$) werden entsprechend durch die folgenden Tabellen definiert, in denen X und Y beliebige Formeln sind:

X	Y	$X \wedge Y$	$X \vee Y$	$X \supset Y$	$X \equiv Y$
1	1	1	1	1	1
1	0	0	1	0	0
0	1	0	1	1	0
0	0	0	0	1	1

Mit Hilfe der hier angegebenen logischen Operatoren (genauer: schon mit einigen von ihnen) lassen sich alle überhaupt möglichen logischen Operatoren der zweiwertigen Aussagenlogik definieren.

Werden jetzt jeder in einer Formel vorkommenden Aussagenvariablen einer der beiden Wahrheitswerte „wahr" und „falsch" zugeordnet und alle möglichen Wertkombinationen für die in der Formel vorkommenden Variablen aufgestellt, so läßt sich nach den angegebenen Wahrheitstabellen der Wert einer beliebigen Formel bei jeder möglichen Wertkombination für die in ihr vorkommenden Variablen ermitteln. Man nennt eine Formel, die bei jeder möglichen Kombination von Wahrheitswerten für die in ihr vorkommenden Variablen den Wahrheitswert „wahr" annimmt, eine *Tautologie*. Eine Formel, die bei jeder Wertkombination für die in ihr vorkommenden Variablen den Wert „falsch" annimmt, nennt man eine *Kontradiktion*. Eine Formel, die weder eine Tautologie noch eine Kontradiktion ist, nennt man eine *empiri-sche Formel*. Tautologien und empirische Formeln nennt man auch *erfüllbare Formeln*. Beispiele:

$$
\begin{array}{lll}
\text{1.} \; p \wedge q \supset q \wedge p & \text{2.} \; p \equiv \sim p & \text{3.} \; p \vee q \supset p \\
\quad 1\ 1\ 1\ 1\ 1\ 1 & \quad 1\ 0\ 0\ 1 & \quad 1\ 1\ 1\ 1\ 1 \\
\quad 1\ 0\ 0\ 1\ 0\ 0\ 1 & \quad 0\ \underline{0}\ 1\ 0 & \quad 1\ 1\ 0\ 1\ 1 \\
\quad 0\ 0\ 1\ 1\ 1\ 0\ 0 & & \quad 0\ 1\ 1\ 0\ 0 \\
\quad 0\ 0\ 0\ \underline{1}\ 0\ 0\ 0 & & \quad 0\ 0\ 0\ \underline{1}\ 0
\end{array}
$$

Der Wahrheitswert der Gesamtformel bei den verschiedenen Wertkombina-tionen für die Aussagenvariablen steht jeweils unter dem Zeichen der letzten Operation (oder – wie man sagt – dem Hauptoperator), und wir haben die-se Spalte zweimal unterstrichen. Die erste Formel nimmt immer den Wert „wahr" an und ist also eine Tautologie, die zweite ist eine Kontradiktion, da sie immer den Wert „falsch" hat, während die dritte eine empirische Formel ist, da sie sowohl den Wert „wahr" als auch den Wert „falsch" annehmen kann.

Aufgabe der Aussagenlogik ist es, die Tautologien zu untersuchen, da diese aus rein logischen Gründen wahr sind und da man aus ihnen Regeln der logischen Folgebeziehung erhält.

Mit den angegebenen Wahrheitstabellen haben wir für die klassische Aus-sagenlogik ein allgemeines Entscheidungsverfahren, nach dem man für eine beliebige aussagenlogische Formel entscheiden kann, ob sie eine Tautologie ist oder nicht. Die Aussagenlogik kann aber auch axiomatisch aufgebaut werden.

Beim axiomatischen Aufbau werden einige aussagenlogische Formeln ohne Beweis gesetzt, und es werden Schlußregeln angegeben, nach denen man aus den Axiomen weitere Formeln ableiten kann.

Beispielsweise kann man folgendes Axiomensystem wählen:

Axiome:

A1. $p \supset (q \supset p)$;

A2. $(p \supset (q \supset r)) \supset ((p \supset q) \supset (p \supset r))$;

A3. $(\sim p \supset \sim q) \supset (q \supset p)$.

Schlußregeln:

R1. Abtrennungsregel: Aus den Formeln $X \supset Y$ und X erhält man Y.

R2. Einsetzungsregel: Aus einer Formel X erhält man $X\{a/Y\}$, wobei das Symbol $X\{a/Y\}$ die Formel bezeichnet, die man aus X erhält, indem man für die Aussagenvariable a an allen Stellen ihres Vorkommens in X die Formel Y einsetzt.

Der Beweisbegriff wird für dieses Axiomensystem wie folgt definiert: Ein Beweis ist eine endliche Folge von Formeln des Systems, von denen jede entweder ein Axiom ist oder aus vorhergehenden Gliedern der Folge nach den Regeln R1 oder R2 gewonnen wurde. Die letzte Formel eines Beweises nennt man eine *beweisbare Formel* oder ein *Theorem*.

Die in dem Axiomensystem nicht vorkommenden logischen Operatoren der Adjunktion, Konjunktion, Bisubjunktion usw. können etwa durch folgende Definitionen eingeführt werden:

$$(X \vee Y) \equiv_{Def} (\sim X \supset Y),$$
$$(X \wedge Y) \equiv_{Def} \sim (\sim X \vee \sim Y),$$
$$(X \equiv Y) \equiv_{Def} (X \supset Y) \wedge (Y \supset X).$$

Unser Axiomensystem ist so gewählt, daß der folgende Vollständigkeitssatz gilt: Alle Tautologien der klassischen zweiwertigen Aussagenlogik sind im vorliegenden Axiomensystem Theoreme. Außerdem gilt auch der Satz, daß alle Theoreme des Systems Tautologien sind. Aus dem zuletzt genannten Satz folgt die Widerspruchsfreiheit des Axiomensystems im folgenden Sinne: Es gibt keine Formel X derart, daß X und $\sim X$ beide im System beweisbar sind. Denn wären X und $\sim X$ beide beweisbar, so müßten beide Tautologien sein, das ist aber auf Grund der Definition einer Tautologie nicht möglich. Wenn eine der beiden Formeln eine Tautologie ist, so ist die andere nämlich eine Kontradiktion. Beim wahrheitsfunktionalen und beim axiomatischen Aufbau handelt es sich also nur um verschiedene Darstellungen ein und derselben Logik.

1.3 Allgemeine Theorie der logischen Folgebeziehung

Eine der wichtigsten Aufgaben der Logik besteht darin, Regeln für das logische Folgern der einen Aussagen aus anderen aufzustellen, die man dann beim praktischen Schließen verwenden kann. Das Symbol $X \vdash Y$ lesen wir als „Aus der Aussage X folgt logisch die Aussage Y", X nennen wir *Voraussetzung* und Y *Folgerung*, $\vdash$ ist das Zeichen der logischen Folgebeziehung. Im weiteren verwenden wir $X \dashv\vdash Y$ als Abkürzung für „$X \vdash Y$ und $Y \vdash X$". Als *allgemeine Theorie der Folgebeziehung* wird der Bereich der Theorie der logischen Folgebeziehung bezeichnet, in dem Regeln der Folgebeziehung für Aussagen des in der Aussagenlogik betrachteten Typs aufgestellt werden, d. h., in dem der innere Aufbau der einfachen Aussagen nicht berücksichtigt wird.

In der klassischen Logik wird folgende Forderung an eine logische Folgebeziehung gestellt: Wenn die Voraussetzung einer Folgebeziehung wahr ist, so muß stets auch die Folgerung wahr sein. Eine dieser Forderung genügende allgemeine Theorie der logischen Folgebeziehung erhält man, wenn man in den

Tautologien (Theoremen) der klassischen Aussagenlogik der Form $X \supset Y$
den Hauptoperator durch das Zeichen der logischen Folgebeziehung $\vdash$ ersetzt.
Beispielsweise erhält man aus den Tautologien der klassischen Aussagenlogik

$p \wedge q \supset q \wedge p,$
$(p \supset q) \supset (\sim q \supset \sim p),$
$(p \equiv q) \supset (p \supset q)$

entsprechend die folgenden Regeln der Folgebeziehung

$p \wedge q \vdash q \wedge p,$
$(p \supset q) \vdash (\sim q \supset \sim p),$
$(p \equiv q) \vdash (p \supset q).$

Da in der klassischen Aussagenlogik aber Formeln wie

$(p \wedge \sim p) \supset q,$
$q \supset (p \vee \sim p)$

beweisbar sind, erhält man für die klassische allgemeine Folgebeziehung auch
Regeln wie

$p \wedge \sim p \vdash q,$
$q \vdash p \vee \sim p,$

bei denen die Voraussetzung eine Kontradiktion (logisch falsch) ist bzw. die
Folgerung eine Tautologie (logisch wahr) ist. Solche Regeln kann man folgendermaßen deuten: „Aus einer logisch falschen Aussage folgt logisch eine
beliebige Aussage" und „Eine logisch wahre Aussage folgt logisch aus einer
beliebigen Aussage". Diese Regeln widersprechen der intuitiven Auffassung
der logischen Folgebeziehung, deshalb bezeichnet man die oben angegebenen
Formeln auch als *Paradoxien der materialen Implikation (Subjunktion)*.

Wir betonen, daß die klassische Theorie der Folgebeziehung nicht etwa
widersprüchlich ist, denn aus der Widerspruchsfreiheit der klassischen Aussagenlogik folgt auch die Widerspruchsfreiheit der klassischen Theorie der Folgebeziehung. Die sogenannten paradoxen Regeln der Folgebeziehung führen
beim praktischen Schließen auch nicht zu unannehmbaren Folgerungen, man
wendet sie nämlich praktisch gar nicht an. Der paradoxe Charakter einiger
Regeln besteht vielmehr in ihrer Nichtübereinstimmung mit der intuitiven
Auffassung der logischen Folgebeziehung. Nebenbei sei vermerkt, daß die betreffenden paradoxen Regeln der klassischen Theorie der Folgebeziehung vor
allem beim Aufbau anderer Bereiche der Logik (z. B. der deontischen Logik)
zu Schwierigkeiten und negativen Auswirkungen führen.

Seit Beginn unseres Jahrhunderts gab es verschiedene Versuche, eine pa-
radoxienfreie Theorie der Folgebeziehung aufzubauen. C. I. Lewis, W. Ackermann, A. R. Anderson u. a. versuchten eine Theorie der Folgebeziehung zu

konstruieren, in der ein sogenannter inhaltlicher Zusammenhang zwischen den Voraussetzungen und Folgerungen besteht. Diese Versuche sind jedoch mißglückt. Erst A. A. Sinowjew gelang in den 60er Jahren eine befriedigende Lösung des Problems.[1] An eine gültige Regel der Folgebeziehung $X \vdash Y$ stellt er außer der in der klassischen Logik üblichen Forderung, daß sich aus einer wahren Voraussetzung X stets eine wahre Folgerung Y ergeben muß, noch zusätzlich apriorische Forderungen bezüglich der in X und Y vorkommenden Variablen. Je nachdem, wie diese Forderungen beschaffen sind, erhält man verschiedene Formen der logischen Folgebeziehung. Wird etwa gefordert, daß in Y nur solche Variablen vorkommen, die auch in X vorkommen, so erhält man die *Theorie der strengen logischen Folgebeziehung*. Fordert man hingegen, daß in X und Y mindestens eine gemeinsame Variable vorkommt, so erhält man die *Theorie der abgeschwächten logischen Folgebeziehung*. Von den übrigen Formen der Folgebeziehung, die von Sinowjew untersucht wurden, erwähnen wir nur noch die entartete Folgebeziehung. Wir legen fest: Wenn X eine Tautologie der klassischen Aussagenlogik ist, so ist $\vdash X$ eine gültige Regel der *entarteten Folgebeziehung*, d. h., die Formel X ist allein aus logischen Gründen wahr (ist logisch wahr). Alle hier angeführten Formen der logischen Folgebeziehung sind entscheidbar, d. h., wir können von einer beliebigen Formel der Folgebeziehung prüfen, ob sie gültig ist oder nicht. Dazu brauchen wir nur festzustellen, ob die $X \vdash Y$ (bzw. $\vdash X$) entsprechende Formel $X \supset Y$ (bzw. X) der klassischen Aussagenlogik eine Tautologie ist oder nicht, und außerdem zu überprüfen, ob die entsprechenden zusätzlichen Variablenbedingungen erfüllt sind oder nicht.

Für die verschiedenen Formen der allgemeinen logischen Folgebeziehung wurden axiomatische Systeme aufgestellt und deren Widerspruchsfreiheit, Vollständigkeit und Paradoxienfreiheit bewiesen. Da wir hier keine systematische Darstellung der Logik geben, genügen die angeführten Informationen. In der weiteren Darstellung werden wir sowohl Regeln der klassischen Folgebeziehung als auch andere Formen der Folgebeziehung verwenden, ohne deren Gültigkeit jeweils nachzuweisen.

1.4 Einfache Aussagen

Einfache Aussagen bestehen aus (logischen) Subjekten, Prädikaten und einem Prädikationsoperator. Unter den logischen Subjekten einer einfachen

---

[1]Die Entwicklung von Sinowjews Theorie der Folgebeziehung läßt sich anhand der folgenden Arbeiten in der angegebenen Reihenfolge verfolgen: A. A. Zinov'ev, Logika vyskazyvanij i teoriâ vyvoda, Moskva 1962; Osnovy logičeskoj teorii naučnyh znanij, Moskva 1967; Kompleksnaâ logika, Moskva 1970.

Aussage versteht man die Termini, die das bezeichnen, worüber in der Aussage gesprochen wird, während die logischen Prädikate die Termini sind, die das ausdrücken, was über die Subjekte ausgesagt wird. Beispiele für einfache Aussagen sind: „Ein Elektron ist negativ geladen", „Sokrates läuft", „Anton liebt Gerda nicht", „Berlin liegt zwischen Rostock und Leipzig". Die logischen Subjekte sind in diesen Aussagen entsprechend: „Ein Elektron", „Sokrates", „Anton" und „Gerda", „Berlin", „Rostock" und „Leipzig". Als Symbole für logische Subjekte verwenden wir die Buchstaben s, s_1, s_2, ... Die logischen Prädikate sind entsprechend die Termini „negativ geladen", „läuft", „liebt", „liegt zwischen". Für Prädikate verwenden wir die Symbole P, Q, P_1, P_2, ... Man unterscheidet Prädikate in ein-, zwei- und allgemein n-stellige Prädikate, je nachdem, mit wieviel Subjekttermini sie zu Aussagen verknüpft werden. So haben wir in unserem ersten und zweiten Beispielsatz einstellige Prädikate, im dritten ein zweistelliges und im vierten ein dreistelliges Prädikat. Im weiteren möge s für eine beliebige Gruppe von Subjekttermini $(s_1, \ldots, s_n)$ mit $n \geq 1$ und P für ein entsprechend n-stelliges Prädikat stehen.

Die Prädikationsoperatoren werden in der Umgangsprache auf die verschiedenste Weise ausgedrückt, durch die Worte „ist" und „ist nicht", durch „hat" und „hat nicht", durch einfaches Aneinanderreihen von Subjekt und Prädikat bzw. Aneinanderreihen von Subjekt, Prädikat und ein Hinzufügen des Wortes „nicht". Wir verwenden für das Zusprechen eines Prädikates zu einem Subjekt das Symbol $\leftarrow$ und für das Absprechen das Symbol $\neg \leftarrow$.

Wenn wir für ein gegebenes Subjekt s feststellen können, daß es die Eigenschaft P besitzt, so können wir die Aussage bilden „s besitzt die Eigenschaft P" (symbolisch: $s \leftarrow P$). Wenn wir für ein gegebenes Subjekt s feststellen können, daß es die Eigenschaft P nicht besitzt, so können wir die Aussage bilden „s besitzt nicht die Eigenschaft P" (sybolisch: $s \neg \leftarrow P$). Damit sind aber noch nicht alle Möglichkeiten der Prädikation erschöpft, obwohl man sich in der klassischen und auch in der intuitionistischen Logik auf sie beschränkt. Es ist nämlich noch der Fall möglich, daß weder $s \leftarrow P$ noch $s \neg \leftarrow P$ gilt. Dies wird durch eine Aussage der Form $s\,? \leftarrow P$ ausgedrückt (? ist das Zeichen der Unbestimmtheit). Die in einfachen Aussagen der Form $s \neg \leftarrow P$ vorkommende Negation $\neg$ nennen wir *innere Negation* im Unterschied zu der früher behandelten aussagenlogischen Negation $\sim$, die wir *äußere Negation* nennen. Zwischen der inneren Negation $\neg$ und der äußeren Negation $\sim$ bestehen folgende Beziehungen. Während sich die innere Negation immer nur auf den jeweiligen logischen Operator bezieht, bezieht sich die äußere Negation nur auf Aussagen als Ganzes. Die äußere Negation ist ein aussagenlogischer Operator, und die Gesetze für die äußere Negation gelten unabhängig von der inneren Struktur der Aussagen. Ihren Sinn kann man wie folgt erklären: Wenn jemand eine Aussage A behauptet, und ein anderer

sagt „Nein, A gilt nicht" („Es ist nicht so, daß A"), so können wir dies als
$\sim A$ wiedergeben. Für die äußere Negation gelten alle Gesetze der klassischen
Logik. Systematisch einführen läßt sich die äußere Negation mit Hilfe der inneren Negation und des Unbestimmtheitszeichens. Beispielsweise kann man
$\sim(s \leftarrow P)$ definieren als „Entweder $(s \neg \leftarrow P)$ oder $(s\,? \leftarrow P)$", während
sich $\sim(s \neg \leftarrow P)$ als „Entweder $(s \leftarrow P)$ oder $(s\,? \leftarrow P)$" und $\sim(s\,? \leftarrow P)$ als
„Entweder $(s \leftarrow P)$ oder $(s \neg \leftarrow P)$" definieren lassen. Es ist offensichtlich,
daß „$s \leftarrow P$ oder $s \neg \leftarrow P$" kein logisches Gesetz ist, es gilt nur „$s \leftarrow P$ oder
$s \neg \leftarrow P$ oder $s\,? \leftarrow P$". Ebenso folgt aus $\sim(s \neg \leftarrow P)$ nicht $s \leftarrow P$, sondern
nur „$s \leftarrow P$ oder $s\,? \leftarrow P$", während natürlich für beliebige Aussagen X die
Gesetze $X \vee \sim X$ und $\sim\sim X \supset X$ erhalten bleiben.

In der klassischen (und intuitionistischen) Logik wird nicht zwischen den
beiden verschiedenen Formen (verschiedenen Positionen) der Negation unterschieden, und es werden die folgenen Regeln akzeptiert:

$$(s \neg \leftarrow P) \dashv\vdash \sim(s \leftarrow P).$$

In der klassischen Logik ergibt sich daraus insbesondere die Regel

$$\sim(s \neg \leftarrow P) \vdash (s \leftarrow P).$$

Diese Regeln sind aber im allgemeinen nicht gültig. Wir sehen uns einige
Gegenbeispiele an, die das verdeutlichen. Aus dem Satz: „Es gilt nicht: Der
Mond ist nicht gerade (ist ungerade)" folgt logisch nicht der Satz „Der Mond
ist gerade"; aus dem Satz „Es gilt nicht: N hat nicht aufgehört seine Frau
zu schlagen" folgt nicht „N hat aufgehört seine Frau zu schlagen"; aus dem
Satz „Es gilt nicht: In der Dezimalentwicklung von π kommt die Null nicht
10^{10} mal hintereinander vor" folgt logisch nicht „In der Dezimalentwicklung
von π kommt die Null 10^{10} mal hintereinander vor". In all diesen Beispielen
ist nämlich ein dritter Fall möglich. Im allgemeinen gilt also nicht die oben
angegebene Regel, sondern nur:

$$\sim(s \neg \leftarrow P) \vdash (s \leftarrow P) \vee (s\,? \leftarrow P).$$

Diesen allgemeinen Fall nennen wir in Anschluß an Sinowjew den *nichtklassi-*
schen Fall. In ihm werden die verschiedenen Positionen der Negation und die
Unbestimmtheit berücksichtigt. Der speziellere Fall, in dem es nicht nötig ist,
diese beiden verschiedenen Positionen der Negation und die Unbestimmtheit
zu berücksichtigen, wird hingegen *klassischer Fall* genannt.

Bei unseren angeführten Beispielsätzen handelt es sich um nichtklassische
Fälle. Es sind logisch nicht nur die beiden Fälle möglich, daß der Mond gerade
oder nicht gerade ist, sondern auch der dritte Fall, daß der Mond weder
gerade noch nicht gerade ist, und dieser Fall ist in unserem Beispiel sogar

der zutreffende, weil das Prädikat „gerade" für Gegenstände wie Monde gar nicht definiert ist. N kann nicht nur aufgehört haben oder nicht aufgehört haben, seine Frau zu schlagen, sondern es kann auch weder das eine noch das andere gelten, wenn N seine Frau nämlich überhaupt nicht geschlagen hat. Auch in unserem dritten Beispiel liegt Unbestimmtheit vor, denn wir können weder feststellen, daß in der Dezimalentwicklung von π die Null 10^{10} mal hintereinander vorkommt, noch daß sie nicht vorkommt. Manchmal wird gegen solche Beispiele wie das letztere eingewendet, man könne zwar nicht feststellen, welcher der beiden Fälle $s \leftarrow P$ und $s\neg \leftarrow P$ gelte, aber „an sich" gelte natürlich einer der beiden Fälle, d. h., $(s \leftarrow P) \vee (s\neg \leftarrow P)$ sei ein logisches Gesetz. Dieser Einwand ist aber unberechtigt, denn bekanntlich ist π ein nichtperiodischer unendlicher Dezimalbruch. Es ist zwar klar, wie man in unserem Beispiel $s \leftarrow P$ als gültig nachweisen könnte. Man müßte nämlich die Dezimalentwicklung von π so weit treiben, bis die Null 10^{10} mal hintereinander vorkommt. Gelingt dies nicht, so besteht keine Möglichkeit $s\neg \leftarrow P$ als gültig nachzuweisen, da es sich bei der Dezimalentwicklung von π um einen potentiell unendlichen Prozeß handelt und prinzipiell keine abgeschlossene Dezimalentwicklung von π „an sich" existieren kann. Wer trotzdem behauptet, im vorliegenden Fall gelte $(s \leftarrow P) \vee (s\neg \leftarrow P)$, dem kann man nur mit Wittgenstein antworten: Gott sieht es – aber wir wissen es nicht (und können es auch nicht wissen).

Die logische Analyse von Beispielen wie dem eben betrachteten führte einige Logiker – *Intuitionisten* oder *Konstruktivisten* genannt – dazu, die aussagenlogischen Gesetze $A \vee {\sim}A$, ${\sim}{\sim}A \supset A$ u. a. zu verwerfen. Eine genauere logische Analyse dieser Beispiele zeigt aber, daß die Intuitionisten eigentlich die Formeln $(s \leftarrow P) \vee (s\neg \leftarrow P)$ und ${\sim}(s\neg \leftarrow P) \supset (s \leftarrow P)$, die bei der hier dargestellten Auffassung keine logischen Gesetze sind, verwerfen müßten. Da sie jedoch die nicht gültigen Regeln $(s\neg \leftarrow P) \dashv\vdash {\sim}(s \leftarrow P)$ akzeptieren, sind sie gezwungen, solche aussagenlogischen Gesetze wie $A \vee {\sim}A$, ${\sim}{\sim}A \supset A$ usw. zu verwerfen.

Zur Verdeutlichung des Unterschiedes zwischen innerer und äußerer Negation sowie zwischen klassischem und nichtklassischem Fall betrachten wir noch ein interessantes Beispiel. Auch heute gilt noch für religiöse Gemeinschaften und für einige nichtmarxistische politische Parteien die aus der Bibel übernommene Feststellung: „Wer nicht für mich (uns) ist, der ist gegen mich (uns)" (1). Manchen Mitgliedern dieser sozialen Gruppen scheint diese Losung zu intolerant, und sie setzen die scheinbar tolerantere entgegen: „Wer nicht gegen mich (uns) ist, der ist für mich (uns)" (2). In Wirklichkeit haben beide (im allgemeinen Fall) unrecht. Es gibt hier nämlich nicht nur die beiden Möglichkeiten, für oder gegen etwas zu sein, sondern auch noch die dritte Möglichkeit, weder dafür noch dagegen zu sein. Benutzen wir $s \leftarrow P, s\neg \leftarrow P$

und $s\,? \leftarrow P$ entsprechend als Abkürzungen für die Aussagen über die drei Möglichkeiten, so läßt sich die Behauptung 1 als $\sim(s \leftarrow P) \supset (s\,\neg \leftarrow P)$ und die Behauptung 2 als $\sim(s\,\neg \leftarrow P) \supset (s \leftarrow P)$ wiedergeben. Beide Behauptungen sind aber nicht logisch gültig, logisch gelten nur $\sim(s \leftarrow P) \supset$ $\supset (s\,\neg \leftarrow P) \vee (s\,? \leftarrow P)$ und $\sim(s\,\neg \leftarrow P) \supset (s \leftarrow P) \vee (s\,? \leftarrow P)$. Sie gelten nur im speziellen klassischen Fall, wenn $s\,? \leftarrow P$ nicht auftritt, d. h., wenn $\sim(s\,? \leftarrow P)$ gilt und die beiden Formen der Negation nicht unterschieden werden müssen. Dieser Fall kann natürlich faktisch in bestimmten Situationen vorliegen. Ist dies der Fall, so sind die Behauptungen 1 und 2 aber logisch gleichwertig, und sie sind folglich auch in gleicher Weise „tolerant" (bzw. intolerant).

Im weiteren benutzen wir für die drei Formeln $(s \leftarrow P)$, $(s\,\neg \leftarrow P)$ und $(s\,? \leftarrow P)$ in der gleichen Reihenfolge auch die Schreibweise $P(s)$, $\neg P(s)$ und $?P(s)$.

Die Theorie einfacher Aussagen ist bezüglich der folgenden semantischen Regeln widerspruchsfrei und (in einem bestimmten Sinn) vollständig:

R1. Einfachen Aussagen werden die Wahrheitswerte 1 und 0 genauso zugeschrieben wie den Aussagenvariablen. Dabei sind zwei einfache Aussagen verschieden, wenn sie sich graphisch unterscheiden.

R2. Wenn $P(s)$ den Wert 1 hat, so hat $\neg P(s)$ den Wert 0.

R3. Wenn $\neg P(s)$ den Wert 1 hat, so hat $P(s)$ den Wert 0.

R4. $?P(s)$ ist äquivalent mit $\sim P(s) \wedge \sim\neg P(s)$.

R5. Wenn $P(s)$ den Wert 0 hat, so hängt der Wert von $\neg P(s)$ nicht vom Wert von $P(s)$ ab (d. h., $\neg P(s)$ kann sowohl den Wert 1 als auch den Wert 0 haben).

R6. Wenn $\neg P(s)$ den Wert 0 hat, so hängt der Wert von $P(s)$ nicht vom Wert von $\neg P(s)$ ab.

Tautologien sind wieder Formeln, die immer den Wert 1 annehmen.

1.5 Klassische Quantorenlogik

In der klassischen Quantorenlogik werden der innere Aufbau einfacher Aussagen und die logischen Eigenschaften der Worte (Quantoren) „alle" und „einige" untersucht. Die beiden Formen der Negation $\sim$ und $\neg$ werden nicht unterschieden, und als logische Subjekte werden nur Eigennamen (individuelle Namen) zugelassen. (Nach dieser Auffassung sind Aussagen wie „Hunde bellen" keine einfachen Aussagen.) Einfache Aussagen werden wieder durch Symbole der Form $P(s)$, $Q(s_1, \ldots, s_n)$ dargestellt, wobei jetzt s, s_1, …, s_n Subjektvariablen (Individuenvariablen), P, Q Prädikatenvariablen sind. $P(s)$ wird gelesen als „s ist (hat) P". Die Individuen- und Prädikatenvariablen können mit Hilfe der Quantoren „alle" ($\forall$) und „einige" ($\exists$) gebunden werden. Wir beschränken uns auf den Fall, daß Individuenvariablen gebunden werden. Wir erhalten dann Formeln der Form

$$\forall s\, P(s) \quad \text{und} \quad \exists s\, P(s),$$

die entsprechend als „Für alle s gilt: $P(s)$", und „Für einige s gilt: $P(s)$" gelesen werden. Die unmittelbar auf einen Quantor folgende Formel nennen wir den *Wirkungsbereich* dieses Quantors. Kommt eine Individuenvariable d unmittelbar hinter einem Quantor oder aber im Wirkungsbereich eines Quantors $\forall d$ oder $\exists d$ vor, so sagen wir, sie kommt *gebunden* vor. Alle anderenVorkommen einer Individuenvariablen nennt man *freie Vorkommen*. Aus der angegebenen Erweiterung der Symbolik gegenüber der Aussagenlogik ergibt sich folgende quantorenlogische Formeldefinition:

1. Alleinstehende Aussagenvariablen sind quantorenlogische Formeln.
2. Wenn T eine n-stellige Prädikatenvariable ($n \geq 1$) ist und d_1, ..., d_n Individuenvariablen sind, so ist $T(d_1, \ldots, d_n)$ eine Prädikatformel. Prädikatformeln sind quantorenlogische Formeln.
3. Ist Z eine quantorenlogische Formel, so sind auch $\sim Z$, $\forall d\, Z$ und $\exists d\, Z$ quantorenlogische Formeln, wobei d eine Individuenvariable ist.
4. Sind Z_1 und Z_2 quantorenlogische Formeln, so sind auch $(Z_1 \wedge Z_2)$, $(Z_1 \vee Z_2)$, $(Z_1 \supset Z_2)$, $(Z_1 \equiv Z_2)$ quantorenlogische Formeln.
5. Eine quantorenlogische Formel liegt nur dann vor, wenn es auf Grund von 1–4 der Fall ist.

Die klassische Quantorenlogik ist eine Theorie beliebiger nichtleerer Individuenbereiche, d. h., ihre Formeln werden als Aussagen über beliebige nichtleere Inidivuenbereiche interpretiert, und Aufgabe der Quantorenlogik ist es, die aus rein logischen Gründen wahren Aussagen über solche Individuenbereiche zu ermitteln. Wir definieren einige Begriffe und geben Regeln an, nach denen in der klassischen Quantorenlogik den Formeln Wahrheitswerte zugeschrieben werden.

Angenommen, U sei ein beliebiger nichtleerer Individuenbereich. Für die Individuenvariablen können dann als Werte beliebige Individuen aus diesem Bereich eingesetzt werden. Dann bilden den Wertbereich einer Prädikatformel $T(d_1, \ldots, d_n)$ alle möglichen Ausdrücke der Form $T(k_1, \ldots, k_n)$, wobei k_1, ..., k_n Individuen aus U sind.

Den Formeln aus dem Wertbereich einer Prädikatformel werden die beiden Wahrheitswerte „wahr" und „falsch" genauso zugeschrieben wie den Aussagenvariablen in der Aussagenlogik. Zwei solche Formeln werden als verschieden angesehen genau dann, wenn sie sich graphisch unterscheiden. Die Regeln für die Operatoren $\sim$, $\wedge$, $\vee$, $\supset$ und $\equiv$ sind die gleichen wie in der Aussagenlogik.

Weiter möge der Ausdruck $X\{d_1,\ldots,d_n/k_1,\ldots,k_n\}$ die Formel sein, die man aus der Formel X durch Ersetzen aller freien Vorkommen einer Individuenvariablen d_i $(i=1,\ldots,n)$ in X durch das entsprechende Individuum k_i aus dem Individuenbereich U erhält. Den Wertbereich einer beliebigen quantorenlogischen Formel X im Inidividuenbereich U bilden alle möglichen Formeln der Form $X\{d_1,\ldots,d_n/k_1,\ldots,k_n\}$.

Eine Formel $\forall d\,X$ hat in dem Inidividuenbereich U den Wert „wahr" genau dann, wenn die Formel $X\{d/k\}$ für ein beliebiges Individuum k aus dem Bereich U den Wert „wahr" hat. Eine Formel $\exists d\,X$ ist gleichwertig mit der Formel $\sim\forall d\sim X$.

Weiter nennt man eine Formel X *in einem Individuenbereich U gültig* genau dann, wenn alle Formeln aus dem Wertbereich von X im Bereich U den Wert „wahr" haben. Schließlich nennt man eine Formel X allgemeingültig (oder eine Tautologie) genau dann, wenn sie in jedem beliebigen nichtleeren Individuenbereich gültig ist.

Aufgabe der klassischen Quantorenlogik ist es, die allgemeingültigen quantorenlogischen Formeln zu untersuchen. Die oben angegebenen Definitionen und Regeln gestatten es aber nicht, nach einem allgemeinen Verfahren für eine beliebige Formel der Quantorenlogik zu entscheiden, ob sie eine quantorenlogische Tautologie ist oder nicht. Für die klassische Quantorenlogik gibt es (im Unterschied zur Aussagenlogik) kein allgemeines Entscheidungsverfahren. Deshalb ist hier ein axiomatischer Aufbau (wieder im Unterschied zur Aussagenlogik) erforderlich.

Wir geben ein Axiomensystem der klassischen Quantorenlogik an. Bei seiner Formulierung verwenden wir Axiomenschemata, d. h., wir setzen die unendlich vielen Formeln, die die logische Form der jeweiligen Schemata haben, als Axiome.

Axiomenschemata:

A1. $X\supset(Y\supset X)$;

A2. $(X\supset(Y\supset Z))\supset((X\supset Y)\supset(X\supset Z))$;

A3. $(\sim X\supset\sim Y)\supset(Y\supset X)$;

A4. $\forall d\,(X\supset Y)\supset(X\supset\forall d\,Y)$, wobei d eine Individuenvariable ist, die nicht frei in X vorkommt;

A5. $\forall d\,X\supset X\{d/e\}$, wenn es in X keine Vorkommen der Form $\forall e\,Y$ derart gibt, daß d in $\forall e\,Y$ frei vorkommt; das Symbol $X\{d/e\}$ bezeichnet die Formel, die man aus X erhält, wenn man alle freien Vorkommen der Individuenvariablen d durch die Individuenvariable e ersetzt.

Schlußregeln:

R1. Abtrennungsregel: Aus den Formeln $X \supset Y$ und X erhält man Y.

R2. Generalisierungsregel: Aus der Formel X erhält man $\forall d\, X$, wobei d eine Individuenvariable ist.

Die Axiome und die Formeln, die man mit Hilfe der Schlußregeln aus den Axiomen erhält, nennt man *Theoreme*. Die in den Axiomen nicht vorkommenden aussagenlogischen Operatoren werden mit Hilfe der gleichen Definitionen wie in der Aussagenlogik eingeführt. Der Existenzquantor wird folgendermaßen definiert: $\exists d\, X \equiv_{Def} {\sim}\forall d {\sim} X$.

Das angegebene Axiomensystem ist widerspruchsfrei und im folgenden Sinne vollständig: Jede quantorenlogische Tautologie ist ein Theorem des Systems.

1.6 Nichttraditionelle Quantorentheorie

Wird die klassische Quantorenlogik als Theorie der logischen Folgebeziehung für Aussagen mit den Quantoren „alle" und „einige" gedeutet, d. h., interpretiert man die Tautologien (Theoreme) der klassischen Quantorenlogik der Form $X \supset Y$ als „Aus X folgt logisch Y" ($X \vdash Y$), so ergeben sich außer den bereits in der Aussagenlogik auftretenden noch zusätzliche Paradoxien. Insbesondere sind Formeln der Form

$$\forall s_1\, P(s_1) \supset P(s_2) \quad \text{und}$$
$$P(s_1) \supset \exists s_2\, P(s_2)$$

Tautologien der klassischen Quatorenlogik. Entsprechend werden in der klassischen Theorie der Folgebeziehung die Regeln

$$\forall s_1\, P(s_1) \vdash P(s_2) \quad \text{und}$$
$$P(s_1) \vdash \exists s_2\, P(s_2)$$

als gültig akzeptiert, bei denen im Konsequent Individuenvariablen vorkommen, die im Antezedent fehlen. Man sieht sofort, daß diese Regeln nicht akzeptabel sind, wenn man für die Individuenvariablen s_1 und s_2 entsprechend die individuellen Termini „Erdmond" und „B. Russell" und für P das Prädikat „bewegt sich um die Erde" einsetzt. Man erhält dann nämlich die falschen Aussagen: „Aus der Aussage ‚Alle Erdmonde bewegen sich um die Erde' folgt logisch ‚B. Russell bewegt sich um die Erde'" und „Aus der Aussage ‚Ein Erdmond bewegt sich um die Erde' folgt logisch die Aussage ‚Es gibt einen B. Russell, der sich um die Erde bewegt'". Um die oben angeführten Regeln der klassischen Theorie der Folgebeziehung doch noch zu retten, darf man jetzt – nach Meinung der Vertreter dieser Theorie – plötzlich für die Individuenvariablen nicht mehr beliebige individuelle Termini und für die Prädikatenvariablen nicht mehr beliebige Prädikattermini einsetzen, wie es eigentlich in einer logischen Theorie sein müßte, sondern für die Individuenvariablen Namen von Individuen aus einem vorgegebenen Bereich (einer Individuenmenge oder -klasse) und für die Prädikatenvariablen sogenannte Aussagenfunktionen, d. h. Funktionen, die jedem Ausdruck $P(k)$, wo P ein Prädikat und k ein Individuum aus dem gegebenen Bereich ist, einen Wahrheitswert zuordnen. Beim Aufbau der klassischen Prädikatenlogik werden also faktisch sowohl der Mengen- oder Klassenbegriff als auch der Funktionsbegriff vorausgesetzt. Wir kommen später, wenn wir den Klassenbegriff erläutern, auf diese Bemerkung zurück. In bezug auf die zugrundeliegenden Individuenmengen werden in der klassischen Quantorenlogik folgende Voraussetzungen getroffen: 1) die Individuenbereiche sind nicht leer; 2) alle Individuenvariablen haben den gleichen Individuenbereich; 3) die Individuenbereiche enthalten nur solche Individuen, für die jedes Prädikat als Aussagefunktion gedeutet werden kann, d. h., jedes Prädikat ist für jedes Subjekt eindeutig definiert, es gilt der klassische Fall $P(s) \vee \neg P(s)$, und die Unbestimmtheit ist ausgeschlossen. Alle diese Voraussetzungen haben außerlogische Natur, und die klassische Quantorenlogik muß als eine mathematische Theorie beliebiger Individuenmengen mit den oben charakterisierten Eigenschaften angesehen werden. Im Rahmen der klassischen Quantorenlogik kann beispielsweise die Aussage „Gott existiert nicht" nicht formuliert werden, da im Rahmen dieser Theorie keine leeren Termini auftreten dürfen.

Eine logische Quantorentheorie, die die genannten ontologischen und mathematischen Annahmen nicht voraussetzt, wurde von A. A. Sinowjew aufgebaut.[2] In dieser Theorie können für die Subjektvariablen beliebige Subjekttermini (auch leere) und für die Prädikatenvariablen beliebige Prädikattermini eingesetzt werden. Es werden die beiden Formen der Negation unterschieden. Die Theorie ist widerspruchsfrei, in einem bestimmten Sinne vollständig und entscheidbar. Außerdem können in ihr die erwähnten Paradoxien nicht abgeleitet werden, da in ihren Theoremen der Form $X \vdash Y$ die Formel Y nur solche Variablen enthält, die auch in X vorkommen. Wir können diese Theorie hier nicht darstellen. Für ein richtiges Verständnis der Logik ist es jedoch wichtig zu wissen, daß es eine solche Quantorentheorie gibt.

1.7 Konditionale Aussagen

Konditionale Aussagen sind Aussagen der Form „Wenn X, so Y". Symbolisch schreiben wir sie mit Hilfe des Konditionaltätsoperators $\to$ wie folgt: $X \to Y$.

---

[2]Vgl. A. A. Sinowjew, Nichttraditionelle Quantorentheorie; ders., Semantische Entscheidbarkeit der Quantorentheorie, in: Quantoren, Modalitäten, Paradoxien, Berlin 1972.

Als Abkürzung für $(X \to Y) \land (Y \to X)$ schreiben wir $(X \leftrightarrow Y)$, was als „X genau dann, wenn Y" gelesen wird. Konditionale Aussagen können auf verschiedene Art und Weise gewonnen werden, insbesondere (1) als Ergebnis empirischer Untersuchungen, (2) aus Aussagen über die logische Folgebeziehung, (3) aus Definitionen, (4) aus anderen Aussagen nach logischen Regeln und (5) durch das Setzen von Axiomen oder Postulaten. Für unsere Zwecke ist es nicht erforderlich, die logische Theorie der konditionalen Aussagen darzustellen.[3]

Da es aber in der mathematisch-logischen Literatur generell und in der philosophisch-logischen Literatur häufig üblich ist, konditionale Aussagen mit Hilfe des Subjunktionsoperators darzustellen, wollen wir kurz den Unterschied dieser beiden logischen Operatoren erläutern. Wir verdeutlichen den Unterschied zwischen einer Subjunktion und einer Konditionalaussage an einem Beispiel. Eine aus empirischer Beobachtung gewonnene Konditionalaussage ist etwa „Wenn es regnet, so wird die Straße naß" (symbolisch $X \to Y$). Stellen wir uns jetzt folgende Situation vor. Es ist herrlicher Sonnenschein (es regnet nicht, $\sim X$) und der Sprengwagen ist eben vorbeigefahren und hat die Straße naß gesprengt. Unter diesen Umständen ist sowohl die Aussage $\sim X$ als auch die Aussage Y wahr. Das heißt aber, daß unter diesen Umständen auch die Subjunktion $\sim X \supset Y$ auf Grund der Wahrheitstabelle der Subjunktion wahr ist. Wir sagen aber in einer solchen Situation nicht: „Wenn es nicht regnet, so wird die Straße naß". Es ist also in einem solchen Falle nicht korrekt, die Subjunktion als „wenn . . . , so . . . " zu lesen. In solchen Aussagen über empirische Ereignisse X und Y sagen wir nur „wenn X, so Y", wenn jedesmal mit X auch Y auftritt.

Die Darstellung von Konditionalaussagen mit Hilfe der Subjunktion ist aus der Mathematik übernommen, für die die klassische mathematische Logik ja ausgearbeitet wurde. Mathematische Aussagen haben aber folgende Besonderheit: Der Wahrheitswert mathematischer Aussagen hängt nicht von Ort, Zeit und Bedingungen ab, d. h., ist eine mathematische Aussage wahr, so ist sie an jedem Ort, zu jeder Zeit und unter allen Bedingungen wahr. Das gleiche gilt für andere Wahrheitswerte. Diese Besonderheit mathematischer Aussagen hat ihren Grund darin, daß in Aussagen der Mathematik nur über abstrakte Objekte gesprochen wird. Mathematische Aussagen werden allein aus Definitionen nach logischen Regeln gewonnen. Die Definitionen werden dabei gerade so gewählt, daß der Wahrheitswert mathematischer Aussagen unabhängig von Ort, Zeit und Bedingungen ist. Da auch in anderen Wis-

---

[3]Vgl. A. A. Sinowjew, Komplexe Logik. Grundlagen einer logischen Theorie des Wissens, Berlin 1970; A. Sinowjew/H. Wessel, Logische Sprachregeln. Eine Einführung in die Logik, Berlin 1975.

senschaften und in der Philosophie Aussagen auftreten, deren Wahrheitswert sich in Abhängigkeit von Ort, Zeit und Bedingungen nicht ändert, nennen wir solche *universale Aussagen*. Aussagen, deren Wahrheitswert sich hingegen in Abhängigkeit von Ort, Zeit und Bedingungen ändert, nennen wir *lokale Aussagen*. Ein Beispiel für lokale Aussagen ist die Aussage „Es regnet", die verglichen mit der einen objektiven Situation, wenn es wirklich regnet, wahr ist und verglichen mit einer anderen objektiven Situation, wenn es nicht regnet, falsch ist. Nur für einige Arten universaler Aussagen lassen sich konditionale Aussagen adäquat mit Hilfe der Subjunktion wiedergeben, bei lokalen Aussagen muß hingegen streng zwischen diesen beiden logischen Formen unterschieden werden.

Ein weiterer Unterschied zwischen der Subjunktion und dem Konditionalitätsoperator besteht darin, daß die Subjunktion ein wahrheitsfunktionaler Operator ist, d.h., der Wahrheitswert einer Subjunktion $X \supset Y$ ist definitionsgemäß eindeutig durch die Wahrheitswerte von X und Y bestimmt, während eine konditionale Aussage keine wahrheitsfunktionale Aussage ist. Nur in einem der vier möglichen Fälle erlaubt uns eine Kenntnis der Wahrheitswerte von X und Y, den Wahrheitswert von $X \rightarrow Y$ anzugeben. Wie bei der Subjunktion gilt nämlich: Wenn X wahr und Y falsch ist, so ist $X \rightarrow Y$ falsch. In allen anderen Fällen ist die Kenntnis der Wahrheitswerte von X und Y allein nicht ausreichend, um den Wahrheitswert von $X \rightarrow Y$ anzugeben.

Zwischen Subjunktion und Konditionalitätsoperator bestehen natürlich auch logische Beziehungen. Da insbesondere folgende Behauptungen gelten:

$$\vdash (X \rightarrow Y) \rightarrow (X \supset Y),$$
$$\vdash \sim(X \supset Y) \rightarrow \sim(X \rightarrow Y),$$

formulieren wir im weiteren einige Behauptungen, die auch als Konditionalaussagen gültig sind, mit Hilfe der Subjunktion, weil der Subjunktionsoperator bekannter und mit ihm einfacher zu operieren ist.

1.8   Terminitheorie

Bisher haben wir nur Bereiche der Logik skizziert, die logische Beziehungen zwischen Aussagen (Sätzen) untersuchen. Genauso wichtig sind die Bereiche der Logik, die sich mit den logischen Eigenschaften von Termini und den logischen Beziehungen zwischen Termini beschäftigen. Obwohl diese Bereiche der Logik in der traditionellen (vormathematischen) Logik gleichberechtigt neben der Satzlogik entwickelt wurden, bildete sich in der modernen mathematischen Logik eine starke Disproportion zuungunsten der Terminilogik heraus. Häufig faßt man gegenwärtig die Logik überhaupt als eine Wissenschaft vom logischen Schließen auf und verbannt die Terminitheorie ganz aus der Logik oder sieht sie als trivial an, da alle ihre Probleme in der klassischen Quantorentheorie darstellbar seien. Wir sind nicht dieser Auffassung, können hier aber die Terminitheorie nicht systematisch darstellen. Wir geben nur einige wesentliche Begriffe der von A. A. Sinowjew in den Grundzügen entworfenen Terminitheorie an, die für ein Verständnis der folgenden Darstellung unbedingt erforderlich sind. Die wichtigste Beziehung der Terminitheorie ist die Beziehung des Bedeutungseinschlusses von Termini. Wir sagen, ein Terminus *a schließt der Bedeutung nach den Terminus b ein* genau dann, wenn alle Gegenstände, die mit dem Terminus a bezeichnet werden, auch mit dem Terminus b bezeichnet werden. Wenn wir t als terminibildenden Operator einführen, der aus einem Terminus (und aus einer Aussage) einen Namen dieses Terminus (dieser Aussage) bildet und $\rightharpoonup$ als das zweistellige Prädikat „der erste schließt der Bedeutung nach den zweiten ein", so läßt sich die eben angegebene Beziehung zwischen ta und tb folgendermaßen schreiben: $\rightharpoonup (ta, tb)$ oder $ta \rightharpoonup tb$.

In der hier genannten Beziehung stehen beispielsweise die Termini „Dackel" und „Hund", weil jeder Gegenstand, der „Dackel" genannt wird, auch „Hund" genannt wird. In der Umgangssprache sagt man anstelle von $ta \rightharpoonup tb$ meist einfach „a ist b" (oder „a sind b"). So verwendet man etwa anstelle von „Der Terminus ‚Dackel' schließt der Bedeutung nach den Terminus ‚Hund' ein" die kürzere Wendung „Ein Dackel ist ein Hund". Hier wird eine Aussage über Termini in eine Aussage über die mit diesen Termini bezeichneten Gegenstände transformiert, und es entsteht der Eindruck, es handele sich um eine ontologische Aussage, die durch empirische Feststellungen gewonnen wurde. Wenn man sich jedoch überlegt, warum eine solche Aussage akzeptiert wird, so sieht man, daß es auf Grund terminologischer Festsetzungen geschieht. Die Gründe für solche terminologischen Festsetzungen können dabei recht unterschiedlich sein und sollen hier nicht untersucht werden. Aussagen der Form $ta \rightharpoonup tb$ werden häufig mit einer Prädikation verwechselt, da auch diese oft mit Hilfe des Wortes „ist" („sind") ausgedrückt wird. So schreibt Hobbes richtig, daß der Satz „Der Mensch ist ein Lebewesen" wahr ist, „weil das, was immer Mensch genannt wird, auch Lebewesen genannt wird".[4] Doch sieht er fälschlicherweise diesen Satz als eine Aussage mit dem Subjekt „der Mensch" und dem Prädikat „ein Lebewesen" an, während eine genauere logische Analyse ergibt, daß der betreffende Satz eine Abkürzung für einen Satz mit den beiden Subjekten „der Terminus Mensch" und „der Terminus Lebewesen" und dem zweistelligen Prädikat des Bedeutungsein-

---

[4]Th. Hobbes, Vom Körper, Berlin 1967, S. 31.

schlusses ist. Diese Verwechselung hängt mit der Mehrdeutigkeit des Wortes „ist" zusammen, auf die wir im dritten Kapitel ausführlich eingehen. Hier sei nur auf folgenden Umstand hingewiesen: Drückt das Wort „ist" („sind") die Beziehung des Bedeutungseinschlusses aus, so werden mit ihm nur Termini gleichen Typs, d. h. entweder zwei Subjekttermini oder aber zwei Prädikattermini, verknüpft, während „ist" bei der Prädikation stets einen Subjektterminus mit einem Prädikatterminus verbindet.

Zwei Termini a und b werden als *bedeutungsgleich* angesehen, wenn a der Bedeutung nach b und b der Bedeutung nach a einschließt oder symbolisch: $(ta \rightleftharpoons tb) \equiv_{Def} (ta \rightharpoonup tb) \wedge (tb \rightharpoonup ta)$. Bedeutungsgleich sind etwa die Termini „gleichseitiges Dreieck" und „gleichwinkliges Dreieck".

Einen Terminus a nennt man einen *Gattungsterminus* (einen *allgemeinen Terminus*) bezüglich eines Terminus b und b einen *Artterminus* (einen *speziellen Terminus*) bezüglich a genau dann, wenn der Terminus b der Bedeutung nach den Terminus a einschließt, während a den Terminus b bedeutungsmäßig nicht einschließt, d. h. wenn $(tb \rightharpoonup ta) \wedge \sim(ta \rightharpoonup tb)$. Beispielsweise ist der Terminus „Lebewesen" Gattungsterminus bezüglich des Terminus „Mensch" und der letztere Artterminus bezüglich des ersteren.

Einen Terminus nennt man *individuell* genau dann, wenn er für keinen Terminus Gattungsterminus ist.

Wichtige Operationen zur Einführung neuer Termini sind die Verallgemeinerung und die Einschränkung von Termini. Unter einer *Verallgemeinerung* von Termini versteht man folgende Operation. Angenommen, die Termini a_1, …, a_n, die entweder alle Subjekt- oder alle Prädikattermini sind, seien gegeben. Diese Termini verallgemeinern bedeutet dann, einen solchen Terminus b einzuführen, daß alle Termini a_1, …, a_n der Bedeutung nach b einschließen, d. h., daß gilt:

$$(ta_1 \rightharpoonup tb) \wedge \ldots \wedge (ta_n \rightharpoonup tb).$$

Nehmen wir beispielsweise an, wir hätten die Termini „Apfel", „Birne", „Pflaume" usw. und der Terminus „Frucht" wäre in unserer Sprache noch nicht eingeführt, dann könnten wir ihn durch Verallgemeinerung durch folgende Festsetzungen einführen: „Ein Apfel ist eine Frucht", „Eine Birne ist eine Frucht", „Ein Pflaume ist eine Frucht" usw. Unter einer *Einschränkung* von Termini versteht man folgende Operation. Angenommen, ein Terminus a sei gegeben. Ihn einschränken bedeutet dann, einen solchen Terminus b einzuführen, daß b bedeutungsmäßig a einschließt, während nicht gilt, daß a bedeutungsmäßig b einschließt, d. h., daß gilt:

$$(tb \rightharpoonup ta) \wedge \sim(ta \rightharpoonup tb).$$

Nehmen wir an, wir hätten den Terminus „Elementarteilchen" und der Terminus „Elektron" wäre in unserer Sprache noch nicht eingeführt, dann könnten wir ihn durch folgende Festsetzung einführen: Ein Elektron ist ein Elementarteilchen, aber nicht jedes Elementarteilchen ist ein Elektron. Eine Verallgemeinerung bedeutet, einen neuen Gattungsterminus zu bilden, und mit einer Einschränkung wird ein neuer Artterminus eingeführt.

Wir haben Operationen der Verallgemeinerung und Einschränkung ganz allgemein beschrieben. Wenn in der Wissenschaft und Philosophie verallgemeinert oder eingeschränkt wird, so geschieht dies nach bestimmten Ähnlichkeiten oder Merkmalen der Gegenstände $a, a_1, \ldots, a_n$ oder nach bestimmten Zwecken, denen diese Gegenstände dienen usw. Das ändert aber nichts am logischen Charakter der hier beschriebenen Operationen.

1.9 Analyse, Explikation und Definition von Termini

Analysen, Explikationen und Definitionen von Termini spielen eine wichtige Rolle beim Aufbau und bei der Bearbeitung einer philosophischen Terminologie. Wir geben hier nur an, was man unter diesen Operationen versteht. Beginnen wir mit der Definition, der wichtigsten der drei genannten Operationen. Wir geben dabei keine Einführung in die Definitionstheorie, sondern beschränken uns auf eine kurze Beschreibung der logisch einfachsten Definitionen. Eine *Definition* ist eine Festsetzung, nach der ein neuer Terminus a, der bis zu dieser Festsetzung kein Terminus war, mit Hilfe von anderen, bereits eingeführten Termini $b_1, \ldots, b_n$ und dem Prädikat des Bedeutungseinschlusses (der Bedeutungsgleichheit) in die Sprache eingeführt wird. Das Schema für eine solche Definition läßt sich folgendermaßen formulieren: „Wir sehen a als einen Terminus an, der dem Terminus b bedeutungsgleich ist", wobei b ein zusammengesetzter Terminus ist, der aus den bekannten Termini $b_1, \ldots, b_n$ und bekannten logischen Operatoren aufgebaut ist. Symbolisch schreiben wir dies in folgender Form:

$$ta \rightleftharpoons_{Def} tb \qquad \text{oder} \qquad a \rightleftharpoons_{Def} b.$$

Den neu eingeführten Terminus a nennt man *Definiendum* und den Terminus b *Definiens*.

Nehmen wir das Beispiel wieder auf, mit dem die Operation der Einschränkung erklärt wurde. Angenommen, der Subjektterminus „Elementarteilchen" (b) sei bekannt und für Subjekttermini dieses Typs seien die Prädikattermini „leicht" (P) (Ruhemasse $m_o = 0,9108 \cdot 10^{-27}g$) und „negative

Elementarladung" (Q) $(1,602 \cdot 10^{-19}$ Coulomb) bestimmt, dann läßt sich der Terminus „Elektron" (a) folgendermaßen definieren:

$$„Elektron" \quad \rightleftharpoons_{Def} \quad „Elementarteilchen, das leicht ist und eine negative Elementarladung besitzt"$$

oder symbolisch

$$ta \rightleftharpoons_{Def} t(b{\downarrow}P \wedge Q),$$

wobei $b{\downarrow}P \wedge Q$ gelesen wird „b mit der Eigenschaft $P \wedge Q$". Nach der traditionellen Definitionslehre sollte jede Definition so aufgebaut werden, daß man den neu einzuführenden Terminus a durch Angabe der „nächsthöheren" Gattung b und des artbildenden Unterschiedes P definiert. Das Schema solcher Definitionen kann man so schreiben:

$$ta \rightleftharpoons_{Def} t(b{\downarrow}P).$$

Das ist aber nur ein Spezialfall von Definitionen. Wir sahen schon an unserem Beispiel, in dem das Definiens eine ähnliche Struktur hat, daß für P ein zusammengesetzter Terminus stand. Das Definiens kann aber auch eine ganz andere Struktur haben. Betrachten wir als Erläuterung noch einmal das Beispiel, das wir zur Erklärung der Operation der Verallgemeinerung verwendet haben. Die Termini $a_1, \ldots, a_n$ seien entsprechend „Apfel", „Birne" usw., kurz alle bekannten Fruchtarten, und der Terminus „Frucht" (b) sei noch nicht eingeführt. Wenn wir außer der bereits beschriebenen Verallgemeinerung auch noch sagen wollen, daß nur $a_1, \ldots, a_n$ Früchte sind, erhalten wir eine Definition des Terminus „Frucht" mit folgender Struktur:

$$tb \rightleftharpoons_{Def} t(a_1 \vee \ldots \vee a_n).$$

Aus der Definition des Terminus „Definition" folgen einige Theoreme, die man in der traditionellen Logik als Forderungen an eine Definition stellte (als Definitionsregeln aufstellte). Wir nennen nur das wichtigste: In einer Definition $ta \rightleftharpoons_{Def} tb$ kommt in b weder der Terninus a noch ein mit Hilfe des Terminus a definierter Terminus c vor, da ja a vor dem Akzeptieren der Definition kein Terminus war, während b nur bekannte Termini und logische Operatoren enthalten darf (Zirkelfreiheitsprinzip). Dieses Prinzip gilt in analoger Form auch für Definitionen, die Variablen enthalten. Wir kommen später auf dieses Prinzip zurück.

Es gibt Definitionen, die folgende Form haben:

$$tA \rightleftharpoons_{Def} tB,$$

wo A und B Aussagen sind, d. h., bei diesen Definitionen wird eine ganze
Aussage als bedeutungsgleich mit einer anderen eingeführt. Solche Definitionen haben wir bereits in der Aussagenlogik kennengelernt. Wir schreiben sie
in der Form:

$$A \equiv_{Def} B.$$

Es sei noch auf eine Besonderheit bei der Definition von Prädikattermini hingewiesen. Prädikate werden häufig nicht für beliebige Subjekttermini, sondern nur für Subjekttermini einer bestimmten Art oder aber für Subjekttermini verschiedener Art unterschiedlich definiert. Schließlich sei noch auf
die Unterscheidung von Nominal- und sogenannten Realdefinitionen hingewiesen. Nach der traditionellen Auffassung, die auch heute manchmal noch
vertreten wird, werden mit Hilfe von Nominaldefinitionen neue Termini eingeführt, während die sogenannten Realdefinitionen die Gegenstände selbst
oder gar das Wesen der Gegestände definieren sollen. Hier liegt eine Verwechselung verschiedener logischer Formen vor. Bei den sprachlichen Gebilden, die
in diesem Sinne als Realdefinitionen angesehen werden, handelt es sich offensichtlich um Aussagen, die bestimmte Gegenstände charakterisieren. Und
die Bedeutung aller in diesen Aussagen vorkommenden Termini muß vor der
Fomulierung dieser Aussagen bekannt sein. Es handelt sich hier also offenbar
um keine Definitionen. Unter dem Gesichtspunkt der modernen Logik läßt
sich der traditionellen Unterscheidung von Nominal- und Realdefinitionen
aber folgender vernünftige neue Sinn geben. Zwar sind alle Definitionen Nominaldefinitionen, d. h., mit Hilfe jeder Definition wird ein neuer Terminus
eingeführt, der vor dem Akzeptieren dieser Definition kein Terminus war.
Angenommen, es sei eine Definition $a \rightleftharpoons_{Def} b$ getroffen. Aus einer solchen
Definition folgt – selbst, wenn sie den logischen Normen gemäß korrekt gebildet ist – im allgemeinen nicht die Behauptung „a existiert". Insbesondere
folgt dies nicht, wenn man es mit empirischen Gegenständen und nicht mit
abstrakten zu tun hat. Man kann nun eine Nominaldefinition und die entsprechende begründete Existenzbehauptung als *Realdefinition* bezeichnen.
Die Untersuchung von Realdefinitionen in diesem Sinn übersteigt dann aber
die Kompetenz der Logik, da die entsprechenden Existenzbehauptungen mit
außerlogischen Mitteln nachgewiesen werden müssen.

Da in philosophischen und wissenschaftlichen Texten die verwendeten
Termini meist nicht durch präzise Definitionen eingeführt werden, haben
für die logische Bearbeitung einer Terminologie zwei andere Operationen,
nämlich die Analyse und die Explikation von Termini, eine wichtige Funktion.

Unter der *Analyse* eines Terminus (Begriffsanalyse) versteht man die
faktische Feststellung, in welchen verschiedenen Bedeutungen ein Wort ver-

wendet wird. Bekanntlich sind viele Worte der Umgangsprache, der Wissenschaftssprache und der Sprache der Philosophie mehrdeutig, viele Prädikate
werden für Subjekte verschiedenen Typs unterschiedlich verwendet usw. Insofern bildet eine Analyse des faktischen Gebrauchs von Termini eine wichtige
Voraussetzung für ihre weitere logische Bearbeitung.

Unter einer *Explikation* von Termini versteht man folgende Operation.
Angenommen, durch eine Analyse sei der faktische Gebrauch eines Terminus
a festgestellt. Dieser Gebrauch von *a* sei aber für bestimmte Zwecke in der
Wissenschaft oder Philosophie zu unbestimmt. Für diese Zwecke legt man
dann durch gewisse Regeln den Gebrauch eines neunen Terminus *a'* fest, der
in mancher Hinsicht dem Gebrauch von *a* ähnlich ist, sich aber in anderer
Hinsicht von diesem unterscheidet. Den Terminus *a* nennt man dabei *Explikans* und den Terminus *a' Explikandum.* Es ist offensichtlich, daß auf Grund
des Charakters einer Explikation Explikans und Explikandum nicht bedeutungsgleich sind. Weiter ist offensichtlich, daß verschiedene Explikationen ein
und desselben Terminus möglich sind. Am Ende einer Explikation steht meist
die Definition eines neuen Terminus. Das Explikandum kann aber auch durch
die Operationen der Verallgemeinerung, der Einschränkung u. a. eingeführt
werden.

Wir werden im weiteren Definitionen, Analysen und Explikationen anhand konkreter Beispiele kennenlernen.

1.10   Klassen und Anhäufungen

Der Mengen- oder Klassenbegriff (die Termini „Menge" und „Klasse" verwenden wir synom) ist einer der Grundbegriffe der klassischen Mathematik
und Logik. Auch in der methodologischen und philosophischen Literatur wird
der Mengenbegriff immer häufiger verwendet. Eingeführt und systematisch
untersucht wurde der Mengenbegriff von G. Cantor, dem Begründer der mathematischen Mengentheorie. Er definiert eine Menge folgendermaßen: „Unter einer Menge verstehen wir jede Zusammenfassung M von bestimmten
wohlunterschiedenen Objekten m unserer Anschauung oder unseres Denkens
(welche die ‚Elemente' von M genannt werden) zu einem Ganzen."[5]

Ähnliche Definitionen finden wir auch in modernen Büchern zur Mengenlehre und Klassenlogik. So definiert etwa A. Monjallon: „Das Wort ‚Menge'
bedeutet eine Zusammenfassung bestimmter Objekte zu einem Ganzen."[6]

---

[5]G. Cantor, Abhandlungen mathematischen und philosophischen Inhalts, Hildesheim
1966, S. 282.

[6]A. Monjallon, Einführung in die moderne Mathematik, Leipzig 1970, S. 1, S. 3.

Als Beispiel für eine Menge führt er einen Korb Äpfel an. Über diese Menge ließe sich dann – nach Monjallon – aussagen, daß sie schwer sei, daß die Äpfel untereinander verschieden sind, daß ihre Gesamtzahl 97 ist. Auch L. Görke bestimmt Mengen als Zusammenfassungen von Individuen eines bestimmten Bereiches.[7] In der Kleinen Enzyklopädie der Mathematik finden wir Sätze wie: „Die Gesamtheit der auf einem Parkplatz abgestellten Fahrzeuge ist eine Menge. Die Gesamtheit der in einem Zimmer anwesenden Personen ist eine Menge."[8]

Alle diese Bestimmungen von Mengen sind keine Definitionen im strengen Sinne des Wortes. Aus ihnen lassen sich keine Folgerungen ableiten, und sie entsprechen auch nicht dem praktischen Vorgehen des Mathematikers bei der Bildung von Mengen. Außerdem werden hier stets Mengen fälschlicherweise mit Anhäufungen (Gegenstandsgesamtheiten) identifiziert.

Nach der heute in der mathematischen Grundlagenforschung üblichen Auffassung sind Klassen keine konkreten, sondern abstrakte Objekte, und gebildet werden sie nicht durch Zusammenfassung, sondern durch Abstraktion aus äquivalenten einstelligen Aussagefunktionen. Wenn für zwei Aussagefunktionen $P(s)$ und $Q(s)$ gilt: $\forall s\,(P(s) \equiv Q(s))$, so wird mit Hilfe der zwischen ihnen bestehenden Äquivalenzrelation bezüglich der Variablen s eine Abstraktion durchgeführt. Diese Abstraktion bedeutet, daß wir uns in unseren Aussagen über Aussagefunktionen auf solche beschränken, die für alle Aussagefunktionen, zwischen denen die genannte Äquivalenzrelation bezüglich der Variablen s besteht, in gleicher Weise gelten. Die durch diese Abstraktion gewonnenen abstrakten Objekte, die nichts anderes als eine eingeschränkte Redeweise über Aussagefunktionen darstellen, bezeichnen wir mit $\in_s P(s)$. Für diese Abstrakta gilt:

$$(\in_s P(s) = \,\in_s Q(s)) \equiv \forall s\,(P(s) \equiv Q(s)).$$

Auch endliche Mengen, die gewöhnlich durch ein Verzeichnis ihrer Elemente (durch „Zusammenfassung" zu einem „Ganzen") angegeben werden, lassen sich als Abstrakta von Aussagefunktionen darstellen. So kann etwa die Menge $\{a, b\}$, die aus den Elementen a und b besteht, als Abstraktum der Aussagefunktion $s = a \lor s = b$ definiert werden, d. h. als $\in_s (s = a \lor s = b)$. Die Elementrelation $\in$ läßt sich für eine Klasse $K = \,\in_s P(s)$ definieren durch $x \in K \equiv_{Def} P(x)$.[9]

---

[7]Vgl. L. Görke, Mengen, Relationen, Funktionen, Berlin 1967.

[8]Kleine Enzyklopädie der Mathematik, Leipzig 1967, S. 700.

[9]Vgl. P. Lorenzen, Metamathematik, Mannheim 1962.

Aus einer unerfüllbaren Aussagefunktion (z. B. $\sim(s = s)$) erhält man durch Abstraktion die leere Klasse ($\in_s \sim(s = s)$), die als abstraktes Objekt existiert, da es unerfüllbare Aussagefunktionen gibt. Aus einer allgemeingültigen Aussagefunktion (z. B. $s = s$) erhält man durch Abstraktion die universale Klasse ($\in_s (s = s)$), und auch diese existiert, da es allgemeingültige Aussagefunktionen gibt. Ist man sich auch in der mathematischen Grundlagenforschung im wesentlichen darüber einig, wie man Klassen bildet und mit ihnen operiert, so wird in der Philosophie der Mathematik ein heftiger Streit darum geführt, was Klassen (Mengen) denn nun eigentlich sind und in welchem Sinne sie existieren. Je nachdem, was unter einer Klasse verstanden wird, lassen sich verschiedene Richtungen in der Philosophie der Mathematik unterscheiden. Dem Wesen nach handelt es sich dabei um eine Fortsetzung des mittelalterlichen Universalienstreites auf moderner Ebene. So wie man im Mittelalter zwischen Realisten, Nominalisten und Konzeptualisten unterscheiden kann, so lassen sich heute die Richtungen in der Philosophie der Mathematik als *Platonismus (Neorealismus)*, *Neonominalismus* und *Neokonzeptualismus* klassifizieren. Diese Unterscheidung ergibt sich aus der unterschiedlichen Antwort auf die Frage, ob und in welchem Sinne Klassen existieren. Die Platoniker sind der Ansicht, daß für eine beliebige korrekt formulierte Bedingung (Aussagefunktion) eine Klasse genau derjenigen Gegenstände existiert, die diese Bedingung erfüllen. Diesen Mengen wird eine selbständige Existenz neben der Existenz der Elemente der Klassen zugeschrieben. Da diese Klassenauffassung zu Antinomien führt, werden gewisse Einschränkungen des Klassenbegriffs beispielsweise in Form der Typentheorie vorgenommen. Einige konsequente Platoniker gehen dabei so weit, daß sie die Einteilung der Klassen in Typen nicht nur als ein Mittel ansehen, um die Antinomien der Mengenlehre zu vermeiden, sondern dieser Typenhierarchie eine wirkliche Existenz zuschreiben. Der Neorealismus tritt in verschiedenen – gemäßigten und extremen – Formen auf und ist die vorherrschende Richtung in der Philosophie der Mathematik (A. Church, K. Gödel, R. Carnap seit seinen Arbeiten zur logischen Semantik), da er die größte Freiheit beim Operieren mit Klassen gewährleistet. Philosophisch ist er allerdings nicht zu rechtfertigen. Die Nominalisten (N. Goodman, W. V. O. Quine, L. Henkin) treten gegen den Platonismus auf und nehmen an, daß die Klassen als abstrakte Objekte nicht gesondert existieren und daß Gegenstand der Mathematik nur konkrete sinnlich wahrnehmbare Gegenstände sein können. Alles, was ist, ist eine Person oder ein Objekt, behauptete beispielsweise T. Kotarbiński. Der polnische Logiker L. Chwistek versuchte die Widerspruchsfreiheit der Mathematik dadurch zu beweisen, daß er ihre Aussagen als Aussagen über physische Objekte interpretierte. Für die Nominalisten sind Aussagen über Klassen (und allgemein über abstrakte Objekte) nur abgekürzte Ausdrucksweisen, in denen über konkrete Objekte gesprochen wird. Auch die Klassenauffassung von P. Lorenzen kann man als gemäßigten Nominalismus ansehen. Der ebenfalls nominalistisch orientierte Logiker St. Leśniewski verwarf die Mengenlehre und baute als Konkurrenzunterehmen seine Mereologie auf, die als eine Theorie konkreter Gegenstandsgesamtheiten oder als Teil-Ganzes-Theorie aufgefaßt werden kann. In dieser Theorie gibt es beispielsweise keine leeren Gegenstandsgesamtheiten.[10]

Die Neokonzeptualisten unterscheiden zwischen Konstruktionen und Entdeckungen. Bei Klassen handelt es sich um Konstruktionen. Eine Klasse existiert genau dann, wenn man sie aus bereits konstruierten Klassen oder aus intuitiv offensichtlich existenten Klassen konstruieren kann. Es werden also keine Klassen akzeptiert, die sich nicht konstruktiv charakterisieren lassen. Hauptvertreter dieser Richtung sind die Intuitionisten und Konstruktivisten.[11] Wir können die angegebenen philosophischen Richtungen hier nicht näher charakterisieren, sondern machen nur einige Bemerkungen, die in gewisser Hinsicht die Vertreter aller Richtungen betreffen (ausgenommen die strengen Nominalisten, die die Mengenlehre ganz verwerfen). Erstens ist die in den meisten philosophischen Disputen aufgeworfene Frage „Was ist eine Klasse?" falsch gestellt, und man kann keine verbindliche Antwort darauf erwarten. Zirkelfrei läßt sich, wie wir sehen werden, das Wort „Klasse" zunächst nur als logischer Operator in die Wissenschaftssprache einführen. Unter dieser Voraussetzung wird deutlich, daß die Frage „Was ist eine Klasse?" genauso sinnlos ist wie die Frage „Was ist ein Nichts?". Sinnvoll kann man nur angeben, wie Klassentermini gebildet werden und wie man mit ihnen operiert. Zweitens ist die dargestellte Auffassung von Klassen als Abstraktionen aus einstelligen Aussagefunktionen zirkulär. Bei der Darstellung der klassischen Quantorenlogik hatten wir gesehen, daß diese fest vorgegebene, wenn auch beliebige Individuenbereiche (Individuenmengen, Klassen von Individuen) voraussetzt und die Unbestimmtheit für Prädikate ausschließt. Faktisch wird also beim Aufbau der klassischen Quantorenlogik wie bei der Definition einer Aussagefunktion schon vom Klassenbegriff Gebrauch gemacht. Den mit Hilfe des Klassenbegriffs eingeführten Begriff der Aussagefunkion benutzt man dann wiederum, um den Begriff der Klasse einzuführen. Drittens wird aus dem Gesagten deutlich, daß der Klassenbegriff und die Klassenlogik in dieser Auffassung eigentlich überflüssig sind, da es sich bei ihnen bloß um andere Darstellungen des Begriffs der Aussagefunktion und der klassischen Quantorenlogik handelt.

---

[10]J. Słupecki, Towards a Generalised Mereology of Leśniewski, Studia Logica 8 (1958), 131–136.

[11]Vgl. A. Fraenkel/Y. Bar-Hillel, Foundations of Set Theory, Amsterdam 1958 (russische Ausgabe: Moskau 1966).

Einen Ausweg aus den hier genannten methodologischen Schwierigkeiten bietet die Klassenauffassung A. A. Sinowjews.[12] Er unterscheidet zwischen einem logischen Operator „Klasse" und einem Terminus „Klasse". Der logische Operator „Klasse", der mit dem Symbol K dargestellt wird, dient zur Bildung von ursprünglichen Klassentermini. Ursprüngliche Klassentermini werden dabei nach folgender Terminibildungsregel aufgebaut: Wenn a ein Subjektterminus ist, so ist Ka ein Subjektterminus. Ka ist ein individueller Terminus und die mit ihm bezeichneten Gegenstände sind ursprüngliche Klassen. Ursprüngliche Klassen existieren, wenn wir ihre Termini bilden. Wenn wir beispielsweise den Terminus „die Klasse der Amazonen" bilden, so existiert diese Klasse, obwohl natürlich keine Amazonen existieren und die betreffende ursprüngliche Klasse leer ist. Der Terminus „Klasse" wird von Sinowjew nach der folgenden Verallgemeinerungsregel für Termini ursprünglicher Klassen in den Gebrauch eingeführt: Wenn tA ein Klassenterminus ist, so ist A eine Klasse.

Eine wichtige Relation in der Klassenlogik ist die des Einschlusses eines Individuums a in eine Klasse A (symbolisch: $a \in A$). Diese Relation wird auch *Elementrelation* genannt, und a nennt man ein *Element der Klasse A*. Die Elementrelation ist irreflexiv, asymmetrisch und intransitiv.

Eine andere wichtige Relation der Klassenlogik ist die des Einschlusses einer Klasse in einer Klasse (Inklusionsbeziehung). Eine Klasse A ist in einer Klasse B genau dann enthalten (symbolisch: $A \subset B$), wenn jedes Element der Klasse A ein Element der Klasse B ist. Die Inklusionsbeziehung ist reflexiv, nicht symmetrisch und transitiv. Ist eine Klasse A in einer Klasse B enthalten und außerdem die Klasse B in einer Klasse A, so sind die beiden Klassen A und B identisch.

In der Klassenlogik werden meist zwei spezielle Klassen eingeführt, nämlich die Nullklasse (oder leere Klasse) und die Allklasse (oder universale Klasse). Die Nullklasse enthält kein Element und ist selber Element aller Klassen. Die Allklasse enthält alle in Betracht stehenden Objekte als Elemente. Aus gegebenen Klassentermini A und B lassen sich durch bestimmte logische Operationen andere Klassentermini bilden. Durch die Operation der Addition (oder Vereinigung) von zwei Klassen A und B erhält man die Vereinigungsklasse oder Summe dieser beiden Klassen (symbolisch $A \cup B$), die genau diejenigen Elemente enthält, die mindestens einer der beiden Klassen A und B angehören. Durch die Operation der Multiplikation (oder des Durchschnitts) von zwei Klassen A und B erhält man die Durchschnittsklasse oder das Produkt dieser beiden Klassen (symbolisch $A \cap B$), die genau diejenigen Elemente enthält, die beiden Klassen A und B angehören. Eine

---

[12]Vgl. A. A. Sinowjew, Komplexe Logik, A. Sinowjew/H. Wessel, Logische Sprachregeln.

weitere Operation ist die der Komplementbildung einer Klasse. Das Komplement einer Klasse A (oder die Komplementärklasse von A, symbolisch: $\bar{A}$) enthält alle die Elemente, die nicht Element der Klasse A sind.

Wir sagten bereits, daß St. Leśniewski die Klassenlogik (Mengenlehre) verwarf und an ihre Stelle seine Mereologie als Theorie konkreter Gegenstandsgesamtheiten setzen wollte. Unseres Erachtens besteht kein Grund, die Klassenlogik zu verwerfen. Man muß nur zwischen Klassentermini und Termini von Gegenstandsgesamtheiten (Anhäufungen, Kollektionen usw.) unterscheiden und die für diese verschiedenen Terminitypen unterschiedlichen logischen Regeln aufstellen. Obwohl bereits G. Frege auf den Unterschied zwischen Mengen (Klassen) und Anhäufungen (Kollektionen) aufmerksam machte, wurde dieser Unterscheidung in der Logik ungenügend Beachtung geschenkt. Durch die Interessen der Mathematik bedingt, wurde vor allem die logische Klassentheorie (Mengenlehre) entwickelt. Zu einer logischen Theorie von Anhäufungstermini gibt es viel weniger Literatur[13] und ihre Ausarbeitung ist in mancher Hinsicht noch eine Sache der Zukunft. Wir wollen hier nur auf einige intuitiv offensichtliche Unterschiede zwischen Klassen und Anhäufungen aufmerksam machen. Eine Anhäufung besteht aus ihren Teilen (Elementen), und wenn keine Teile existieren, so existiert auch keine Anhäufung. Es gibt also keine leeren Anhäufungen, während die leere Klasse existiert. Eine nur aus einem Teil bestehende Anhäufung ist mit diesem Teil identisch, während es zwischen Einermengen und ihren Elementen streng zu unterscheiden gilt. In Anhäufungen besteht eine Teil-Ganzes-Beziehung, die transitiv ist. Ein Ast, der Teil eines Baumes ist, der wiederum Teil eines Waldes ist, ist auch Teil Waldes. Die Elementrelation für Klassen ist hingegen nicht transitiv. Auf die Frage, wieviel Teile eine konkrete Anhäufung hat, ist im allgemeinen keine eindeutige Antwort möglich, während bei einer Menge die Zahl ihrer Elemente eindeutig bestimmt ist. Es ist sinnlos, nach den Raum- und Zeitkoordinaten, nach dem Gewicht, der Geschwindigkeit, nach einer Veränderung, Entwicklung usw. von Mengen oder Klassen zu fragen, während all diese Fragen für empirische Anhäufungen durchaus sinnvoll sind.

Wir haben hier diese Unterschiede zwischen Mengen (Klassen) und Anhäufungen angeführt, weil diese beiden logisch grundsätzlich verschiedenen Begriffsbildungen in unserer logisch-philosophischen Literatur sehr oft durcheinander geworfen werden. So sind die beiden folgenden Zitate nur verständlich, wenn man diese Begriffsverwirrung mitmacht: „In der griechischen Sagenwelt spielt der Begriff der Amazonen eine große Rolle. Kein Mensch be-

---

[13]In der englischsprachigen Literatur werden solche Theorien als *Individuenkalküle* bezeichnet. Ein Überblick über diese Systeme wird gegeben in: R. A. Eberle, Nominalistic Systems, Dordrecht-Holland 1970.

hauptet jedoch, daß es eine Klasse von Lebewesen gibt, die diesem Begriff entspricht."[14] „Die Extension eines Begriffs ist die gedankliche Widerspiegelung derjenigen Klasse von Gegenständen, deren invariante Merkmale durch die Intention dieses Begriffs widergespiegelt werden."[15]

Noch schlimmer wird die Verwirrung, wenn man etwa den Klassenbegriff in den Gesellschaftswissenschaften oder den Artbegriff der Biologie als Klassenbegriff im logischen Sinne auffaßt. Aus dieser zuletzt genannten Verwechselung wird aber manchmal wieder vollkommen unbegründet der Schluß gezogen, für solche Begriffsbildungen sei eben die Logik nicht zuständig, da es sich ja offenschtlich nicht um logische Klassenbegriffe handelt. Dieser Schluß wäre aber nur begründet, wenn die Logik nur Regeln zur Bildung von Klassentermini zur Verfügung stellen würde. Da dies nicht der Fall ist, zeugt dieser Trugschluß nur von der mangelnden Kenntnis der Logik bei denjenigen, die ihn vollziehen.

Wir unterscheiden wieder wie bei Klassen zwischen einem Anhäufungsoperator $\sum$ und dem Terminus „Anhäufung". Regeln zum Operieren mit Anhäufungstermini geben wir hier nicht an. Einige solcher Regeln werden wir später an konkreten Beispielen kennenlernen. In diesem Abschnitt kam es uns vor allem darauf an, den fundamentalen Unterschied zwischen Klassen- und Anhäufungstermini zu verdeutlichen, da seine Nichtbeachtung in der Philosophie manche Verwirrung stiftet.

1.11 Relationen

Ebenso, wie man in der logisch-methodologischen Literatur Klassen meist als Abstraktionen aus einstelligen Aussagefunktionen auffaßt, so versteht man Relationen als Abstraktionen aus zwei- und mehrstelligen Aussagefunktionen. Alle im vorigen Abschnitt bezüglich dieser Klassenauffassung geäußerten kritischen Bemerkungen beziehen sich also auch auf die eben genannte Auffassung von Relationen.

Wir verstehen im Anschluß an Sinowjew hier unter *Relationsaussagen* Aussagen mit zwei- und mehrstelligen Prädikaten folgender Art: „a ist größer als b", „a ist besser als b und c", „a befindet sich nicht zwischen b und c", „a ist wertgleich mit b" usw. Solche Aussagen stellen wir durch Symbole der Form

$$a \alpha R b$$

---

[14]G. Klaus, Moderne Logik, Berlin 1964, S. 171.
[15]Ebenda, S. 178.

dar, wobei α das Vorhandensein oder Fehlen der inneren Negation $\neg$ oder des Unbestimmtheitszeichens ? ist, a und b Subjekttermini sind (b kann ein n-Tupel von zwei oder mehr Subjekttermini sein), während R ein Teil des Prädikates von Aussagen der eben angeführten Art ist. Während in unserer ersten Beispielaussage „a ist größer b" das vollständige Prädikat lautet „das Erste ist größer als das Zweite", ist R in diesem Beispiel die Wendung „ist größer als".

Für unsere weitere Darstellung sind vor allem zwei Arten von Relationsaussagen wichtig, nämlich *Vergleichsaussagen* und *Ordnungsaussagen*. Wir verdeutlichen hier nur die logische Struktur solcher Aussagen, ohne ein Regelsystem zum Operieren mit ihnen anzugeben.[16] In beiden Aussagearten kommen die Relationen „untertrifft", „übertrifft" und „gleich" vor, die wir entsprechend durch $<$, $>$ und $=$ symbolisieren. Doch zwischen ihnen besteht ein wesentlicher Unterschied. In Vergleichsaussagen werden zwei Gegenstände a und b bezüglich eines bestimmten Merkmals P auf eine bestimmte Art und Weise verglichen, und im Ergebnis dieser Operation werden Aussagen folgenden Typs aufgestellt: „a übertrifft b bezüglich des Merkmals P", „a untertrifft b bezüglich des Merkmals P" und „a ist gleich b bezüglich des Merkamls P" sowie deren innere Negation und unbestimmte Formen. Wir schreiben solche Aussagen durch Symbole der Form:

$$a >_P b, \ a <_P b, \ a =_P b, \ a \neg >_P b \ \text{usw.}$$

Wir vereinbaren, daß der Index P hier sowohl das Merkmal, bezüglich dessen verglichen wird, als auch die Art und Weise, wie verglichen wird, angibt.

Mit Hilfe von Ordnungsaussagen wird eine Ordnung von Gegenständen, insbesondere etwa ihre gegenseitige räumliche und zeitliche Lage, angegeben. In Ordnungsaussagen wird die Ordnung von (mindestens) zwei Gegenständen a und b bezüglich eines dritten Gegenstandes (dem Bezugspunkt der Ordnung) c auf eine bestimmte Art und Weise (Verfahren zur Feststellung einer Ordnung) fixiert. Wenn wir den Bezugspunkt der Ordnung und das Verfahren zur Feststellung einer Ordnung zusammen als α symbolisieren, so lassen sich Ordnungsaussagen mit Hilfe der Relationen des Übertreffens, Untertreffens und der Gleichheit ähnlich wie Vergleichsaussagen formulieren. Wir stellen also Ordnungsaussagen durch Symbole folgender Art dar: $a >_\alpha b$, $a <_\alpha b$, $a =_\alpha b$, $a \neg >_\alpha b$, $a ? >_\alpha b$ usw.

Wesentlich bei der hier dargestellten Auffassung ist, daß bei Vergleichsaussagen das Merkmal, bezüglich dessen verglichen wird, und die Art und Weise des Vergleichs und bei Ordnungsaussagen der Bezugspunkt der Ordnung und das Verfahren zur Feststellung einer Ordnung in den Aussagen selber

---

[16]Vgl. A. Sinowjew/H. Wessel, Logische Sprachregeln.

fixiert werden. Nur in dieser Form sind Vergleichs- und Ordnungsaussagen
eindeutig.

1.12   Abstraktion

Der Terminus „Abstraktion" wird in der wissenschaftlichen und philosophischen Literarur sehr häufig und in recht unterschiedlichen Bedeutungen verwendet. Das Bedeutungsspektrum dieses Terminus reicht dabei vom negativen Wertungsprädikat bis zum methodologisch streng gefaßten Abstraktionsbegriff. Wir werden diese verschiedenen Verwendungsweisen hier nicht
analysieren, sondern nur einige Bemerkungen zu dem in der Logik und in der
mathematischen Grundlagenforschung vorherrschenden Abstraktionsbegriff
machen.

Die Vertreter der mathematischen Grundlagenforschung sind sich zwar
fast alle darin einig, wie die Abstraktionstechnik zu handhaben sei. Es besteht aber zwischen den Vertretern der klassischen mengentheoretisch orientierten Mathematik und denen der konstruktiven (operativen) Mathematik
keine Einmütigkeit bei der philosophischen Deutung der Abstraktion. Wir
wollen die beiden Standpunkte kurz charakterisieren. Beide Auffassungen der
Abstraktion setzen die (traditionelle) Relationslogik voraus. Eine Relation R
nennt man dabei eine *Äquivalenzrelation* (oder eine *abstrakte Gleichheit* oder
eine *Relation vom Typ der Gleichheit*) genau dann, wenn sie folgende Eigenschaften besitzt: 1) R ist reflexiv, d.h. $\forall a\, R(a,a)$, 2) R ist symmetrisch, d.h.
$\forall a\, \forall b\, (R(a,b) \supset R(b,a))$, 3) R ist transitiv, d.h. $\forall a\, \forall b\, \forall c\, (R(a,b) \wedge R(b,c) \supset$
$\supset R(a,c))$. Ist nun ein nichtleerer Gegenstandsbereich (eine nichtleere Indivi-
duenmenge) gegeben und läßt sich in diesem Bereich eine Äquivalenzrelation
R definieren, so kann eine Abstraktion durchgeführt werden. Wir veranschau-
lichen uns das zunächst an einem Beispiel. Gegeben sei ein Bereich von Waren. In diesem Bereich läßt sich eine Relation der Wertgleichheit definieren,
die offenbar die drei angegebenen Eigenschaften einer Äquivalenzrelation besitzt. Die Wertgleichheit zweier Waren läßt sich praktisch meist feststellen,
etwa durch Preisvergleich. Es sei jedoch schon hier hervorgehoben, daß bei
den meisten außermathematischen Abstraktionen Momente der Idealisierung
enthalten sind, da eine *praktische* Feststellung einer Gleichheitsrelation zwischen zwei Objekten a und b nicht immer möglich ist. In unserem Beispiel
setzen wir voraus, daß die Wendung „die Waren a und b sind wertgleich"
verständlich ist, da sich dies meist praktisch feststellen läßt. Geht man von
dieser Wendung zu dem Ausdruck „die Waren a und b haben den gleichen
Wert" über, so hat man mit der Einführung des Abstraktums „Wert" eine Abstraktion vollzogen. Bis zu diesem Punkt sind sich die Vertreter der

klassischen und der konstruktiven Richtung in der mathematischen Grundlagenforschung einig. Meinungsverschiedenheiten treten erst auf, wenn es zu
klären gilt, was eine solche Abstraktion eigentlich bedeuten soll.

Gewöhnlich wird das auf Russell zurückgehende Abstraktionsprinzip zu-
grundegelegt: Wenn wir über ein Merkmal verfügen, auf Grund dessen zwischen Paaren von Elementen einer Menge M eine Äquivalenzrelation aufgestellt werden kann, so wird die Menge M durch diese Relation eindeutig
in paarweise disjunkte Teilmengen zerlegt. Wir sehen uns diese mengentheoretische Auffassung der Abstraktion an unserer Relation „wertgleich" etwas
näher an. Auf Grund des Abstraktionsprinzips wird die Menge aller Waren,
die einer gegebenen Ware a wertgleich sind, „Wert der Ware a" genannt.
Werte sind nach dieser Auffassung also Mengen von Waren. Da die Beziehung der Wertgleichheit reflexiv, symmetrisch und transitiv ist, läßt sich jetzt
leicht beweisen, daß jede Ware zu einer und nur einer solchen Menge gehört,
zwei wertgleiche Waren zur selben Menge gehören und zwei Waren, die nicht
wertgleich sind, zu verschiedenen Mengen gehören. Hieraus ergibt sich die
Äquivalenz der beiden Wendungen „die Waren a und b sind wertgleich" und
„die Waren a und b haben denselben Wert".

Diese mengentheoretische Auffassung der Abstraktion hat den Vorzug,
daß sie alle Schwierigkeiten bei der *praktischen* Festellung der Wertgleichheit
zweier Waren a und b (und allgemein bei der Festellung einer Äquivalenz
zweier konkreter Gegenstände) vermeidet (verdrängt). Sie führt aber dazu,
daß neben den konkreten, sinnlich wahrnehmbaren Waren noch die Existenz
von Werten, d. h. die Existenz von neuen, sogenannten abstrakten Objekten
postuliert wird, ohne allerdings das Prädikat der Existenz für Mengen oder
allgemein für abstrakte Objekte einzuführen. Einerseits existieren die konkreten Waren, andererseits sollen daneben noch zueinander disjunkte Mengen
von gleichwertigen Waren in demselben Sinne existieren. Analog verhält es
sich bei allen anderen Abstraktionen, wenn man die abstrakten Objekte als
Mengen von konkreten Objekten auffaßt. Wie die Existenz dieser abstrakten Objekte im Falle unendlicher Mengen aufzufassen und nachzuweisen ist,
bleibt bei der mengentheoretischen Begründung eine offene Frage, wenn man
nicht zwischen formaler und empirischer Existenz unterscheidet.

Die operative Auffassung der Abstraktion von P. Lorenzen vermeidet einige mit dem klassischen Standpunkt verbundene Schwierigkeiten. Auch hier
geht man von einem nichtleeren Objektbereich aus, in dem eine Äquivalenzrelation festgelegt ist. Die Abstraktion wird aber so gedeutet, daß man auch
weiterhin nur über die gegebenen konkreten Objekte spricht, sich aber bei den
Aussagen über diese Objekte auf solche beschränkt, die mit der festgelegten
Äquivalenzrelation verträglich sind. Anders gesagt, in der Abstraktion beschränkt man sich auf Aussagen, die invariant bezüglich der entsprechenden

Äquivalenzrelation sind. Im Bereich der Waren mit der Äquivalenzrelation
„wertgleich" bedeutet das folgendes: Wir sprechen weiter nur über konkrete Waren, beschränken uns aber in unseren Aussagen auf solche, die wahr
(bzw. falsch) bleiben, wenn wir in solch einer Aussage für den Namen einer Ware a den Namen einer ihr wertgleichen Ware b einsetzen. Wir treffen
also, wenn wir in unserem Beispiel abstrahieren, nur Aussagen, die invariant bezüglich der Wertgleichheit sind. Wie wir sehen, ist es hier nicht nötig,
neben den konkreten Objekten noch abstrakte Objekte als Mengen von konkreten Objekten zu postulieren. Ist man sich aber einmal über die Abstraktion als Beschränkung in der Redeweise im klaren, so kann man natürlich
auch den Terminus „abstraktes Objekt" ohne Bedenken verwenden. Im Unterschied zur klassischen Auffassung der Abstraktion muß die operative Auffassung allerdings mit den Schwierigkeiten bei der praktischen Feststellung
einer Äquivalenzrelation zwischen konkreten Objekten fertig werden. Beide
skizzierten Auffassungen führen jedoch zu Schwierigkeiten bei außermathematischen Abstraktionen. Außerdem sind beide Auffassungen zirkulär, denn
den Relationsbegriff und Klassenbegriff führt man mit Hilfe des Abstrak-
tionsbegriffs und den Abstraktionsbegriff mit Hilfe des Klassenbegriffs und
Relationsbegriffs ein. Bei Abstraktionen außerhalb der Mathematik wird die
eigentliche Abstraktion oder Idealisierung bereits vor dem hier beschriebenen Abstraktionsverfahren vollzogen. Sie besteht darin, daß man aus einer
empirischen Gegenstandsgesamtheit eine Individuenmenge macht und eine
reine Äquivalenzrelation postuliert, die empirisch meist nicht nachweisbar
ist. Unbestimmtheiten werden generell ausgeschlossen. Aus der Ökonomie
wissen wir beispielsweise, daß die Waren nicht genau nach ihrem Wert aus-
getauscht werden. Die Wertgleichheit ist also eine abstrakte Beziehung, die
aber trotzdem ihren Sinn hat, weil der empirische Austausch ihr in etwa entspricht. Aus diesen Gründen unterscheiden wir in folgender Weise zwischen
empirischen und abstrakten Gegenständen: *Empirische Gegenstände* sind die
uns mit Hilfe unserer Sinneswahrnehmungen mittelbar oder unmittelbar gegebenen Gegenstände, während *abstrakte (oder fiktive) Gegenstände* nicht
empirisch existieren, sondern mit Hilfe von definitorischen Festsetzungen postuliert werden. Abstrakten Gegenständen werden dabei solche Eigenschaften
abgesprochen (zugeschrieben), ohne die (mit denen) empirische Gegenstände
nicht existieren. Abstrakte Gegenstände werden postuliert, um im gegebenen
Wissensbereich Theorien aufzustellen und die deduktiven Möglichkeiten zu
erweitern. Ihre Postulierung hat nur dann einen Sinn, wenn sie (in gewissen
Grenzen) als empirische Gegenstände interpretiert werden können.

1.13 Wissenschaftslogik

Wir haben bisher einige wichtige Bereiche der Logik skizziert, ohne sie im einzelnen darzustellen. Uns kam es dabei darauf an, dem Leser eine Vorstellung zu vermitteln, womit sich die Logik beschäftigt. Selbst für diese Bereiche haben wir das in der Logik erarbeitete Regelsystem nicht dargestellt und logisch-technische Probleme ganz ausgespart. Den Schwerpunkt haben wir auf einige wichtige Begriffsbildungen gelegt, die für die folgende Behandlung einiger philosophischer Probleme wichtig sind. Diese Schwerpunktsetzung geschah nicht zufällig, sondern wir gingen von der Überlegung aus, daß die Philosophie vor allem beim Aufbau ihrer Terminologie der Hilfe der Logik bedarf. In der Philosophie wird in ihrem gegenwärtigen Entwicklungsstadium weit weniger geschlossen und bewiesen, als angenommen wird, und die dabei auftretenden Mängel sind relativ leicht zu durchschauen. Viel wichtiger für die Philosophie ist der korrekte Aufbau ihrer Begriffssysteme. Hierauf wirken sehr viele Faktoren ein. Der Einfluß der Tradition, die Einwirkung sozialer Interessen und die Verarbeitung einzelwissenschaftlicher Ergebnisse auf philosophische Begriffsbildungen sind unverkennbar. Der Aufbau eines korrekten Begriffssystems in der Philosophie ist natürlich nicht Selbstzweck, sondern mit Hilfe der aufgebauten Terminologie werden in der Philosophie Aussagen über die Wirklichkeit formuliert. Es lassen sich also in gewisser Hinsicht zwei verschiedene Aufgabenstellungen in der Philosophie unterscheiden, die natürlich miteinander in einem engen Zusammenhang stehen: 1) der Aufbau einer korrekten philosophischen Terminologie; 2) die Formulierung von philosophischen Behauptungen über die Wirklichkeit in dieser Terminologie. Bei der Bewältigung der Aufgaben des ersten Komplexes leistet die Logik einen Beitrag, doch sie kann selbst diesen Komplex allein nicht lösen. Die logische Korrektheit ist eine notwendige, aber keine hinreichende Bedingung für eine präzise philosophische Terminologie, d. h., wenn beim Aufbau einer philosophischen Terminologie logische Fehler begangen werden, so ist diese Terminologie nicht korrekt, aber wenn sie logisch einwandfrei aufgebaut wurde, so ist damit noch nicht garantiert, daß die an diese Terminologie geknüpften philosophischen Erwartungen erfüllt werden. Trotzdem darf der Beitrag der Logik bei der Lösung der genannten Aufgabe nicht unterschätzt werden. Wir haben bereits in der Einleitung darauf hingewiesen, daß sich in den letzten fünfzig Jahren – vor allem aber nach dem zweiten Weltkrieg – der Untersuchungsbereich der Logik wesentlich erweitert hat. Waren es bis zu Beginn unseres Jahrhunderts vor allem die Interessen der Mathematik, die die Entwicklung der Logik förderten, so wendet sich die Aufmerksamkeit der Logiker gegenwärtig immer stärker logischen Problemen der Wissenschaft überhaupt, insbesondere der empirischen Wissenschaften und der Philosophie zu. Neben

einer gewissen Modifikation der traditionellen Bereiche der Logik zeigt sich
dies vor allem in der Ausarbeitung einer allgemeinen Terminitheorie, aber
auch an der logischen Bearbeitung vieler spezieller Termini, die in verschiedenen Wissenschaften und in der Philosophie verwendet werden. Das Ergebnis dieser logischen Untersuchungen ist eine Reihe neuer Bereiche der Logik. So werden etwa die modalen Termini „möglich", „notwendig", „zufällig"
usw. in der modalen Logik, die Wertungsprädikate „gut", „schlecht", „besser", usw. in der Wertungslogik, die Termini „früher", „später", „gleichzeitig" in der Zeitlogik, das Prädikat der Existenz in der Logik der Existenz,
die logischen Eigenschaften der Termini „Ursache", „Wirkung" in der Logik
von Kausalaussagen charakterisiert. Diese Aufzählung ließe sich noch fort-
setzen. Man faßt alle diese Untersuchungen unter der Sammelbezeichnung
Wissenschaftslogik zusammen. Die Wissenschaftslogik unterscheidet sich in
mancher Hinsicht von den traditionellen Bereichen der mathematischen Logik (der klassischen Aussagen- und Quantorenlogik). Ihre Untersuchungen
führen nicht immer zum Aufbau von logischen Kalkülen, sondern manchmal
nur zur Einführung einzelner Definitionen und Behauptungen, zur Präzisierung der Bedeutung bestimmter sprachlicher Ausdrücke, zur Formulierung
der Anwendungsbedingungen bestimmter Kalküle usw. Wir können hier die
Ergebnisse der Wissenschaftslogik nicht darstellen,[17] und machen nur auf
zwei Aspekte dieser Entwicklungstendenzen in der modernen Logik aufmerksam. Erstens zeigen diese Untersuchungen, daß sich die Logik genauso wie
alle anderen Wissenschaften entwickelt und daß es keine apriorischen Schranken für logische Untersuchungen gibt. Die Logik und ihre Methoden lassen
sich bei der Präzisierung beliebiger spachlicher Ausdrücke nutzbar machen.
Zweitens führen die genannten wissenschaftslogischen Untersuchungen wieder zu einer größeren Annäherung der Logik an die anderen philosophischen
Disziplinen. Ließ sich in bezug auf die traditionellen Bereiche der Logik die
Frage, ob die Logik eine philosophische Disziplin sei oder nicht, noch relativ leicht mit „Nein" beantworten, so ist der Zusammenhang der in den
neueren logischen Disziplinen behandelten Problematik mit der Philosophie
offensichtlich. Die Logik beschränkt sich dabei zwar nur auf einen sehr engen sprachlichen Aspekt dieser Problematik und baut keine Theorien über
Normen, Werte, Raum, Zeit usw. auf, die über den rein sprachlichen Aspekt
hinausgehen. Sie untersucht, wie die entsprechenden Termini gebildet werden,
wie sich aus ihnen sinnvolle Aussagen bilden lassen und stellt Schlußregeln
für solche Aussagen auf. Die dabei im Rahmen der Logik gewonnenen Aussagen sind wahr allein auf Grund der gewählten Definitionen. Damit sagen
sie aber auch nichts über die außersprachliche Wirklichkeit aus. Doch oh-

---

[17]Vgl. A. A. Zinov'ev, Logika nauki, Moskva 1971.

ne solche logischen Festsetzungen sind viele philosophische Probleme noch
nicht einmal präzise zu formulieren, geschweige denn zu lösen. Die folgende
Darstellung wird diese These erhärten.

Kapitel 2

Bemerkungen zum Begründungsproblem

2.1 Sprache, Denken, Logik

Die Sprache wurde in unserem Jahrhundert zu einem der beliebtesten Gegenstände des Philosophierens. Diese Hinwendung der Aufmerksamkeit auf die Sprache ist nicht zufällig, denn bei aller Unterschiedlichkeit der einzelnen Wissenschaftszweige sind ihre Ergebnisse in Form von Sätzen in Büchern, Artikeln und Vorträgen festgehalten. Untersucht man die Sprache der Wissenschaft und Philosophie, so erfaßt man mindestens einen wesentlichen Aspekt dieser menschlichen Tätigkeiten. Bei der Untersuchung der Sprache der Philosophie (und auch der Wissenschaften) muß man sich von einigen Vorurteilen freimachen. Einerseits darf man nicht glauben, daß jedes verwendete Wort und jeder Satz sinnvoll ist und etwas bedeutet, und muß sich Rechenschaft über die verwendeten sprachlichen Ausdrücke abgeben. Andererseits muß man sich von dem Vorurteil befreien, daß die Sprache von Natur, Gott oder dem Weltgeist gegeben ist und vom Menschen nur noch verwendet werden muß. Dieses Vorurteil ist hier vielleicht etwas zugespitzt formuliert, aber in gemäßigterer Form ist es sehr weit verbreitet. Der einzelne Mensch findet seine Muttersprache fest geformt vor. Seine ganze Erziehung ist darauf abgestellt, daß er die Sprache seiner Vorfahren erwirbt, um sie zu besitzen. Der Duden regelt die Rechtschreibung und Zeichensetzung, und jeder Verstoß gegen seine Festlegungen wird in der Schule geahndet. Dem einzelnen tritt die Sprache also als etwas Gegebenes gegenüber. Dabei wird häufig vergessen, daß die Sprache Ergebnis menschlicher Tätigkeit ist, die in dieser und durch diese Tätigkeit entstand und ständig vervollkommnet wird, um menschliche Bedürfnisse zu befriedigen. Zu diesem allgemeinen Problem der Sprache kommt bei der Sprache der Philosophie hinzu, daß Philosophie seit ihrer Entstehung auch eine ideologische Funktion hat. Um bestimmte Klassen- und Gruppeninteressen durchzusetzen, werden auch sprachliche Fangstricke gelegt. Eine logische Analyse der Sprache muß auf Grund des Charakters der Logik selbst von solchen ideologischen Funktionen der Sprache abstrahieren und die Worte und Sätze nur hinsichtlich ihrer logischen Korrektheit und ihrer Beziehung zur empirischen Wirklichkeit untersuchen.

Für ein richtiges Verständnis der Logik und ihrer Aufgaben in der Philosophie ist eine Klärung des Verhältnisses von Sprache und Denken erforderlich. In der traditionellen Logik wurden nämlich häufig die logischen Gesetze mit den sogenannten Denkgesetzen identifiziert. Die Identifizierung der logischen Gesetze mit den Denkgesetzen hatte in doppelter Hinsicht negative Auswirkungen. Einerseits wurde die Logik mit psychologischem und erkenntnistheoretischem Beiwerk vermengt, und das wirkte sich hemmend auf ihre Entwicklung aus. Andererseits führte diese Identifizierung zu einer vereinfachten Deutung der Denkprozesse. Das menschliche Denken – wie man es im umgangssprachlichen Sinne versteht – ist ein komplexes soziales Phänomen, das von den verschiedensten Wissenschaften untersucht wird. So beschäftigen sich Psychologie, Physiologie der höheren Nerventätigkeit, Neurokybernetik, Erkenntnistheorie und eine Reihe anderer Disziplinen mit den Denkprozessen.

Wie verhält es sich nun mit der Logik? Untersucht auch die Logik das Denken unter bestimmten Aspekten? Die Antwort auf diese Frage fällt bei verschiedenen Logikern recht unterschiedlich aus. Eine Identifizierung von Denkgesetzen und Gesetzen der Logik finden wir nicht nur in der psychologistisch orientierten traditionellen Logik des vorigen Jahrhunderts, sondern auch in Arbeiten neueren Datums. In der philosophischen, methodologischen und mitunter in der logischen Literatur findet man auch in jüngster Zeit häufig noch Wendungen wie: „Die Sprache ist die Form des Gedankens" oder „Die Aufforderung als Denkform" oder „Die Logik untersucht die Formen (Strukturen) des richtigen Denkens" usw. Unseres Erachtens werden diese Wendungen häufig unkritisch und gedankenlos gebraucht. Wenn man versucht, den Sinn beispielsweise der Wendung „Die Sprache ist die Form des Gedankens" zu erfassen, so stößt man sofort auf Schwierigkeiten. Um die Form eines Gedankens zu bekommen, müßten wir zunächst den Gedanken haben und ihm dann etwas entziehen. Wenn dabei der Anspruch auf Wissenschaftlichkeit erhoben wird, müßte dieser Vorgang außerdem intersubjektiv überprüfbar sein, da sonst allen möglichen subjektiven Spekulationen Tür und Tor geöffnet würden. Unseres Wissens hat bisher aber noch niemand einen Gedanken isoliert wahrgenommen. Einen Gedanken kann man nicht fühlen, sehen, riechen oder hören, er ist kein sinnlich wahrnehmbares Objekt. Wenn man Wendungen liest wie „Der Aussagesatz ist der materielle Ausdruck eines Gedankens", so kann man sich des Eindrucks nicht erwehren, als sei ein Gedanke irgend eine geheimnisvolle, geistige, ausdehnungslose, immaterielle Erscheinung, die irgendwo in unserem Kopf angesiedelt ist. Wie dessen Form allerdings ermittelt werden soll, ist zumindest rätselhaft. Die Autoren, die die oben genannten Wendungen publizieren, haben den Dualismus von Geist und Materie, von Gedanke und Sprache noch nicht restlos überwunden. Dieser Dualismus besteht darin, daß man den einheitlichen Menschen in zwei Sphären halbiert, in Körper und Seele (Geist), und sich anschließend abmüht, diese beiden Teile wieder zusammen zu bekommen.

Die Postulierung von zwei Seinsbereichen und die unkontrollierbare Verwendung von sogenannten Geistestermini wurde schon von Voltaire verspottet, wenn er schreibt: „Ich möchte, wenn mein Wille Arme und Beine in Bewegung setzt, auch über die Federkraft Bescheid wissen, durch die mein Wille sie aus ihrer Lage bringt, denn vorhanden ist eine solche Federkraft doch sicherlich. Ich bin zuweilen ganz erstaunt, daß ich meine Augen heben und senken, meine Ohren aber nicht bewegen kann. Ich denke – und ich möchte meine Gedanken ein wenig kennenlernen, sie mit dem Finger berühren. Das müßte recht merkwürdig sein. Ich möchte herausfinden, ob ich selbst meine Gedanken hervorbringe oder ob Gott sie mir eingibt, ob meine Seele in sechs Wochen oder in einem Tage in meinen Körper gekommen ist und wie sie sich in meinem Hirn niedergelassen hat. Und dann möchte ich wissen, ob ich auch denke, wenn ich fest schlafe oder betäubt bin."[1]

In Deutschland trugen die Arbeiten von Herder, Humboldt, Lichtenberg u. a. wesentlich zur Erkenntnis der fundamentalen Rolle der Sprache bei der Überwindung des Dualismus bei. An diese Tradition knüpften Feuerbach und im Anschluß an ihn Marx und Engels bei der Kritik des Dualismus und Idealismus an. In der „Deutschen Ideologie" heißt es: „Die unmittelbare Wirklichkeit des Gedankens ist die *Sprache*."[2] Und an anderer Stelle der gleichen Arbeit: „Der ‚Geist' hat von vornherein den Fluch an sich, mit der Materie ‚behaftet' zu sein, die hier in Form von bewegten Luftschichten, Tönen, kurz der Sprache auftritt. Die Sprache ist so alt wie das Bewußtsein – die Sprache *ist* das praktische, auch für andre Menschen existierende, also auch für mich selbst erst existierende wirkliche Bewußtsein, und die Sprache entsteht, wie das Bewußtsein, erst aus dem Bedürfnis, der Notdurft des Verkehrs mit andern Menschen. ... Das Bewußtsein ist also von vornherein schon ein gesellschaftliches Produkt und bleibt es, solange überhaupt Menschen exi-

---

[1]F. M. Voltaire, Der Mann mit den vierzig Talern, in: Sämtliche Romane und Erzählungen in zwei Bänden, Leipzig 1959, Bd. I, S. 315.

[2]K. Marx/F. Engels, Die deutsche Ideologie, in: Werke, Bd. 3, Berlin 1958, S. 432.

stieren."[3]

Wenn man hingegen sagt, die Sprache drücke die Gedanken aus, oder die Sprache sei die Form des Gedankens, so postuliert man damit implizit zwei verschiedene Seinsbereiche, und es fällt schwer, diesem Dualismus dann zu entfliehen. Mit den besagten Wendungen werden die wirklichen Verhältnisse umgekehrt. Anstatt zu erklären, wie das „Gespenst in die Maschine" kommt (mit dem Terminus „Gespenst in der Maschine" bezeichnet G. Ryle den bisher noch von niemand wahrgenommenen körperlosen Geist) und ihm seinen gespenstischen Charakter zu nehmen, d. h. zu untersuchen, wie sich im menschlichen Arbeitsprozeß die Sprache genetisch herausbildete und damit geistige Fähigkeiten der Menschen gegenüber den hochentwickelten Tieren vervielfachte,[4] nimmt man von vornherein den Gegensatz zwischen Körper und Geist an und versucht dann die Sprache, mit deren Hilfe man allein das Denken erklären kann, mit Hilfe solcher Geistestermini wie „Gedanke" etc. zur erklären, die sich bei dieser Vorgehensweise selber nicht korrekt einführen lassen.[5] Denken ist eine natürliche Fähigkeit (Eigenschaft) von Menschen. Und als solche muß es auch betrachtet werden. Erklären läßt sich die Entstehung dieser Fähigkeit nur, wenn die Entwicklung der menschlichen Sprachfähigkeit berücksichtigt wird. In der Literatur und in der Umgangssprache werden aber Denken und Sprechen (Schreiben) nicht identifiziert, sondern auf verschiedene Art und Weise unterschieden. Beispielsweise wird der Terminus „Gedanke" auf die folgenden beiden unterschiedlichen Arten eingeführt. Einerseits versteht man unter einem Gedanken einen nicht-geäußerten, nur „gedachten" Aussagesatz. Dieses Phänomen kennt jeder von uns, wir alle haben uns an Worte und Sätze erinnert, haben Sätze gebildet, ohne sie auszusprechen. Ein Gedanke wäre dann ein nicht geäußerter Satz, und denken könnte man als „inneres Sprechen" ansehen. Denken in diesem Sinne ist zwar eine äußerst wichtige soziale Erscheinung, und die Fähigkeit zu ihm ist eine wünschenswerte Eigenschaft, doch Denken in diesem Sinne ist weitgehend nicht intersubjektiv kontrollierbar, falls der Gedanke nicht doch noch als Aussagesatz ausgesprochen wird. Läßt man aber die intersubjektive Überprüfbarkeit einmal außer acht, so ist es etwa für das Wesen einer logischen Untersuchung gleichgültig, ob ein in diesem Sinne gedachter Satz auch noch laut geäußert wird.

Andererseits führt man den Terminus „Gedanke" auf folgende Art ein. Da die Logik sich nicht für die konkrete Laut- oder Buchstabenfolge eines gesprochenen oder geschriebenen Aussagesatzes interessiert, ist es gleichgültig,

---

[3]Ebenda, S. 30 f.

[4]Vgl. F. Engels, Dialektik der Natur, in: K. Marx/F. Engels, Werke, Bd. 20, Berlin 1962, S. 446 f.

[5]Vgl. F. Engels, Antidühring, ebenda, S. 33.

in welcher Sprache ein Satz formuliert ist. Sie trifft nur solche Aussagen, die invariant sind bezüglich einer Übersetzung eines Satzes oder Terminus von einer Sprache in eine andere. Wenn ein bestimmter Satz der deutschen Sprache etwa in den gleichen Situationen und in der gleichen Art und Weise verwendet wird wie ein entsprechender Satz der russischen Sprache (wenn der eine Satz eine korrekte Übersetzung des anderen darstellt), so trifft die Logik nur Aussagen, die für beide Sätze in gleicher Weise gelten. Man sagt in diesem Fall auch, daß die Logik von der konkreten Lautgestalt (Buchstabenfolge) und von der speziellen Form einer Sprache abstrahiert. Die Logik behandelt nach dieser Auffassung also nicht konkrete Termini einer bestimmten Sprache, sondern spricht nur über Eigenschaften, die bedeutungsgleichen Termini gemeinsam zukommen. Von den konkreten Termini geht sie durch eine Abstraktion mit Hilfe der Äquivalenzrelation „bedeutungsgleich" zu den Begriffen über. Dabei muß man sich im klaren sein, daß Begriffe nicht „an sich" existieren. Es existieren nur konkrete Termini. Begriffe kommen dadurch zustande, daß über Termini in einer bestimmten eingeschränkten Art und Weise gesprochen wird. Durch eine ähnliche Abstraktion kann man von den konkreten Aussagesätzen einer Sprache zu den bedeutungsgleichen Aussagesätzen übergehen. Man trifft über Aussagesätze nur solche Aussagen, die invariant bezüglich der Bedeutungsgleichheit sind. Die Abstrakta, die man durch eine solche Abstraktion mit Hilfe der Äquivalenzrelation „bedeutungsgleich" aus den Aussagesätzen erhält, kann man jetzt „Gedanken" nennen. In der Literatur werden diese Abstrakta manchmal auch „Urteile", „Aussage" (im Unterschied zu „Aussagesatz") genannt. Auch hier besitzen die Abstrakta (die Gedanken) natürlich keine gesonderte Existenz, sondern sie kommen nur durch eine Beschränkung in der Redeweise auf bezüglich ihrer Bedeutungsgleichheit invariante Aussagen zustande. Die hier skizzierte Auffassung ist in der logischen und philosophischen Literatur sehr weit verbreitet.[6] Neben gewissen Vorzügen weist sie aber auch einige Mängel auf. Erstens lassen sich die allgemeinen kritischen Bemerkungen zu der hier verwendeten Form der Abstraktion auf diesen konkreten Fall übertragen. Zweitens ist die Relation der Bedeutungsgleichheit, die hier als gegeben vorausgesetzt wird, selber eine fundamentale logische Relation, die in der Logik charakterisiert wird. Drittens ist es sachlich unrichtig, daß die Logik nur Regeln aufstellt, die für bedeutungsgleiche Termini und Sätze gelten, ihre Regeln haben vielmehr universalen Charakter und gelten für beliebige Termini und Aussagen. Viertens werden ja – selbst, wenn wir die obige Abstraktion zugestehen, – schließlich doch nur sprachliche Gebilde untersucht, da ja Gedanken und Begriffe auch nach dieser Auffassung nur als Sätze und Termini existieren.

---

[6]Vgl. etwa: W. Kamlah/P. Lorenzen, Logische Propädeutik, Mannheim 1967.

Die Unterscheidung zwischen Reden und Denken liegt unseres Erachtens auf einer anderen Linie. Wir sehen nicht jedes Reden und Schreiben als bedacht oder durchdacht an, sondern unterscheiden zwischen bedachter und unbedachter Rede, zwischen verworrenem und durchdachtem Schreiben. Das Sprechen als menschliche Lebensäußerung erfüllt die verschiedensten Funktionen. Es reicht von der reinen Konversation, die man häufig mit einem Terminus der Verhaltensforschung als Putzsprechen bezeichnen könnte, bis hin zur strengen wissenschaftlichen Abhandlung. Den durchdachten, kontrollierten Sprachgebrauch, der sich Rechenschaft über die verwendeten Worte ablegt und sich bemüht, die realen Verhältnisse richtig widerzuspiegeln, kann man als Denken bezeichnen. Die hier angedeutete Unterscheidung ist natürlich sehr vage. Trotzdem sehen wir sie als zweckmäßiger an, als die in der Literatur üblichen. Die Sprache ist eine Schöpfung der Menschen, und zwar nicht eines einzelnen Menschen, sondern ein Produkt der menschlichen Gesellschaft, auch kein einmaliger Schöpfungsakt, sondern ein langwieriger Prozeß und eine ständige Aufgabe der Gesellschaft. Mit jedem neuen Bereich der Wirklichkeit, den der Mensch sich praktisch erschließt, erweitert er auch seine Sprache. Zur Weiterentwicklung der Sprache tragen die Kunst und die verschiedensten Wissenschaften bei. Die Umgangsprache und die Wissenschaftsprachen und die in ihnen enthaltenen Regeln bilden die empirische Basis logischer Untersuchungen. Doch seit ihrer Herausbildung als Wissenschaft in der Antike beschränkte sich die Logik niemals auf eine Beschreibung des faktischen Sprachgebrauchs, von ihr wird vielmehr die ständige Aufgabe der Sprachverbesserung auf professioneller Ebene fortgesetzt. Die Logik ist vielmehr eine konstruierende als eine beschreibende Wissenschaft. Sie arbeitet Vorschläge für präzise sprachliche Regelsysteme aus, die dann, wenn sie zweckmäßig sind, mehr oder weniger in die allgemeine Sprachpraxis eingehen. Richtet man sich in seinem Sprechen und Schreiben nach den in der Logik aufgestellten Normen und Regeln, so spricht und schreibt man bedacht. Insofern in unserem Nachdenken logische Operatoren, logische Operationen mit Termini und Aussagen eine Rolle spielen, betrifft die Logik schon unser Denken, und man könnte die logischen Gesetze in diesem Sinne als Denkgesetze ansehen. Doch man kann sein Reden und Schreiben auch unter ganz anderen Gesichtspunkten bedenken. Und mit den Naturgesetzmäßigkeiten, die die in unserem Hirn sich vollziehenden Prozesse charakterisieren, haben die logischen Gesetze zunächst gar nichts zu tun. Deshalb ist es unweckmäßig, logische Gesetze als Denkgesetze zu bezeichnen.

2.2 Ontologische Begründungsversuche der Logik

Als Beispiel für eine ontologische Auffassung logischer Gesetze betrachten wir die Meinung B. Russells. Er wendet sich gegen die Auffassung logischer Gesetze als Denkgesetze und argumentiert wie folgt: „Der Name ‚Denkgesetze‘ ist ebenfalls irreführend; denn es kommt nicht darauf an, daß wir in Übereinstimmung mit ihnen denken, sondern es kommt darauf an, daß das Verhalten der Dinge ihnen entspricht, mit anderen Worten: der Punkt ist, daß wir *richtig* denken, wenn wir in Übereinstimmung mit ihnen denken."[7] Zur Begründung betrachtet er den Satz vom ausgeschlossenen Widerspruch: „Nichts kann zugleich sein und nicht sein" oder genauer „Nichts kann gleichzeitig eine bestimmte Eigenschaft haben und nicht haben". Dieses Prinzip wird häufig deshalb ein Denkgesetz genannt, weil wir uns von seiner Notwendigkeit durch Denken und nicht durch Beobachtung der Außenwelt überzeugen. Wir führen ein längeres Zitat an, um die Argumentationsweise Russells für eine ontologische Auffassung logischer Gesetze zu verdeutlichen. „Wenn wir einmal gesehen haben, daß ein Baum eine Buche ist, brauchen wir nicht noch einmal hinzusehen, um sicher zu sein, daß er nicht auch gleichzeitig keine Buche ist; der Gedanke allein gibt uns zu erkennen, daß so etwas unmöglich ist. Trotzdem ist die Folgerung, daß der Satz vom Widerspruch ein Denkgesetz ist, falsch. Was wir glauben, wenn wir an den Satz vom Widerspruch glauben, ist nicht, daß unser Bewußtsein so konstruiert ist, daß es den Satz vom Widerspruch für wahr halten muß. Diese Ansicht ist erst das Ergebnis einer psychologischen Reflexion, die den Glauben an den Satz vom Widerspruch schon voraussetzt. Der Glaube an den Satz vom Widerspruch betrifft Dinge, nicht bloß Gedanken. Wir glauben z. B. nicht, daß wir nicht gleichzeitig denken können, ein Baum wäre eine Buche und auch keine Buche. Wir glauben, daß, wenn der Baum eine Buche ist, er nicht gleichzeitig keine Buche sein kann. Der Satz vom Widerspruch ist also ein Satz über Dinge und nicht bloß über Gedanken; und wenn auch der Glaube an den Satz vom Widerspruch ein Gedanke ist, so ist doch der Satz vom Widerspruch selbst kein Gedanke, sondern ein Faktum, das die Dinge der Außenwelt betrifft. Wenn das, was wir glauben, wenn wir an den Satz vom Widerspruch glauben, nicht auf die Dinge der Außenwelt zuträfe, würde der Umstand, daß wir gezwungen sind, so zu denken, nicht garantieren, daß der Satz vom Widerspruch nicht falsch sein kann, und das zeigt, daß es sich bei diesem Satz nicht um ein Denkgesetz handeln kann."[8]

---

[7]B. Russell, Probleme der Philosophie, Frankfurt a. M. 1969, S. 65.
[8]Ebenda, S. 78 f.

Wir akzeptieren die Auffassung Russells, daß logische Gesetze keine Denkgesetze sind. Wir haben aber auch bereits gezeigt, in welchem Sinne logische Gesetze im Denken eine Rolle spielen. Die Auffassung Russells, nach der logische Gesetze Aussagen über die Dinge der Außenwelt darstellen, können wir allerdings nicht akzeptieren, und Russell liefert zum Teil selbst die Argumente gegen eine solche Auffassung. Russell sagt, daß man das Gesetz vom ausgeschlossenen Widerspruch nicht durch Beobachtung der Außenwelt gewinnt. Wenn wir es aber als gültig einsehen können, ohne die Außenwelt zu beobachten, dann gibt es uns auch keine Information über die Außenwelt. Die Gültigkeit des Satzes vom ausgeschlossenen Widerspruch ergibt sich einzig und allein aus der Festlegung der Verwendungsweise der sprachlichen Zeichen „und" und „nicht". Diese Operatoren werden eben gerade so eingeführt, daß der Satz $\sim(p \wedge \sim p)$ gültig ist. Natürlich hat der Satz vom ausgeschlossenen Widerspruch und auch der Satz vom ausgeschlossenen Dritten $p \vee \sim p$ die Form einer ontologischen Behauptung. Wenn diese Sätze aber ontologische Feststellungen sein sollen, woher haben wir dann die Gewißheit ihrer uneingeschränkten Gültigkeit? Alle generellen Sätze über die Welt, die sich nicht aus sprachlichen Festlegungen ergeben, haben keine absolute Gewißheit. Es ist immer die Möglichkeit offen, daß in der Natur doch noch ein Gegenbeispiel auftritt, das den betreffenden generellen Satz widerlegt, mag die Wahrscheinlichkeit dieser Möglichkeit auch noch so gering sein. Die genannten logischen Gesetze können gerade deshalb nicht durch die Erfahrung widerlegt werden, weil sie eben keine echten Aussagen über die objektive Realität sind. Sie haben nur die Form von Aussagen über die Welt, sind aber wahr allein auf Grund der Eigenschaften der in ihnen vorkommenden logischen Operatoren und liefern uns deshalb auch keine Information über die nichtsprachliche Außenwelt.

Neben der Auffassung der Logik als Lehre von den allgemeinen Gesetzmäßigkeiten des Seins wird auch noch eine andere ontologische Deutung logischer Gesetze vertreten. Man behauptet, es gäbe nicht nur eine Logik, die die allgemeinen Gesetzmäßigkeiten des Seins beschreibe, sondern für verschiedene Bereiche der Wirklichkeit gäbe es verschiedene Logiken.[9] So unterscheidet man etwa in der intuitionistischen Richtung der mathematischen Grundlagenforschung zwischen einer Logik für endliche und einer für unendliche Bereiche, oder im Zusammenhang mit gewissen methodologischen Schwierigkeiten der modernen Physik spricht man von einer besonderen Logik der Mikrophysik im Unterschied zur üblichen Logik der Makrophysik. Neben den Ungereimtheiten, die sich bei jeder ontologischen Deutung logischer Gesetze

---

[9]Vgl. A. A. Sinowjew, Über mehrwertige Logik. Ein Abriß, Berlin/Braunschweig/Basel 1968.

ergeben, entstehen hier noch zusätzliche Schwierigkeiten. Wir verweisen hier nur auf folgendes Dilemma, das sich aus einem Akzeptieren von sogenannten bereichsspezifischen Logiken ergibt. Um einen Bereich der Wirklichkeit zu beschreiben, benötigt man eine Logik (Sprachform). Wenn aber die jeweilige Logik vom Charakter (der Beschreibung) des jeweiligen Bereiches abhängt, wie soll man dann die zur Beschreibung dieses Bereiches notwendige Logik auswählen? Es ergibt sich folgende ausweglose Situation: Zur Beschreibung muß man eine Logik haben, um aber zu wissen, welche Logik, muß man vorher eine Beschreibung des betreffenden Bereiches haben. Man kommt also weder zu einer Logik noch zu einer Beschreibung des betreffenden Bereiches.

2.3 Konventionalistische Auffassung der Logik

Das Scheitern des Ontologismus in der Logik legte die Auffassung nahe, daß logische Regeln rein konventionellen Charakter haben. Eine extrem konventionalistische Auffassung logischer Gesetze vertrat etwa R. Carnap in seiner Arbeit „Logische Syntax der Sprache". Er schrieb: „*In der Logik gibt es keine Moral.* Jeder mag seine Logik, d. h. seine Sprachform, aufbauen wie er will."[10] Ein solch extremer Konventionalismus ist nicht akzeptabel, und gegen ihn lassen sich folgende Einwände vorbringen. Wenn logische Gesetze rein konventionellen Charakter haben, wie kommt es dann, daß in allen natürlichen Sprachen im wesentlichen gleiche logische Strukturen enthalten sind? Warum wurden in den verschiedenen Sprachen nicht grundsätzlich verschiedene Festlegungen über die Sprachform getroffen? Gegen das erste Argument könnte man zwar noch erwidern, daß in den verschiedenen natürlichen Sprachen zwar viele Gemeinsamkeiten hinsichtlich ihrer logischen Mittel auftreten, daß jedoch auch wesentliche Unterschiede bestehen. Während es beispielsweise im Deutschen oder Englischen bestimmmte Artikel gibt, haben wir im Russischen keine. Das belegt aber nur gewisse konventionelle Aspekte der Logik, beweist aber keineswegs den konventionellen Charakter der logischen Gesetze. Die Sprache wurde zwar von den Menschen geschaffen, jedoch ist das Entstehen der Sprache aus den Erfordernissen des Arbeitsprozesses und der dazu notwendigen menschlichen Kommunikation zu verstehen. Die Notwendigkeit des Satzes vom ausgeschlossenen Widerspruch, der in allen Logiksystemen, die eine Konjunktion und Negation enthalten, akzeptiert wird, ergibt sich beispielsweise daraus, daß erst sein Setzen sinnvolle sprachliche

---

[10]R. Carnap, Logische Syntax der Sprache, Wien/New York² 1968, S. 45.

Kommunikation mit diesen Operatoren ermöglicht. Er ist also eine notwendige Bedingung für eine sprachliche Kommunikation mit diesen Operatoren. Obwohl der Konventionalismus als Philosophie der Logik untauglich ist, muß natürlich beachtet werden, daß sprachliche Konventionen (Festlegungen) in der Logik – wie in der Wissenschaft und Philosophie überhaupt – eine wichtige Rolle spielen. Man darf dabei nur eine Konvention (sprachliche Festlegung, Definition) nicht mit Willkür verwechseln. Carnap hat sicher recht, wenn er sein Toleranzprinzip formuliert: „Wir wollen nicht Verbote aufstellen, sondern Festsetzungen treffen."[11] Doch wenn man nur sagt, logische Gesetze seien Konventionen, vereinfacht man die Problematik zu sehr. Erstens wird dabei nicht deutlich, daß natürlich jeder vernünftigen sprachlichen Festlegung eine Reihe von Überlegungen vorangehen. Jede sprachliche Festlegung ist an die bereits vorhandenen sprachlichen Mittel gebunden und muß die sprachliche Tradition berücksichtigen. Weiter hat jede Festlegung einen bestimmten Zweck, man will mit ihr etwas erreichen, und es werden sich nur zweckmäßige Konventionen durchsetzen. Außerdem ist – wie Wittgenstein gezeigt hat – eine Privatsprache (d. h. eine Sprache für nur eine Person) unmöglich. Für unsere Problematik bedeutet das, eine Konvention wird erst dann zu einem echten Element der Sprache, wenn sie von mehreren Personen akzeptiert wird.

2.4   Die dialogische Logikauffassung

Einen Ausweg aus dem scheinbaren Dilemma zwischen Ontologismus und Konventionalismus in der Logik sieht P. Lorenzen in seiner dialogischen Begründung der Logik. Er und sein Schüler Kuno Lorenz begründen logische Gesetze aus der inneren Gesetzlichkeit sprachlicher Kommunikation, genauer gesagt, sie begründen logische Gesetze anhand von Dialogspielen von zwei Personen.[12] Durch eine geschickte und einsichtige Wahl der Dialogregeln gelingt es ihnen dabei, sowohl die klassische als auch die intuitionistische Logik zu rechtfertigen.

P. Lorenzen versucht eine Rekonstruktion der Wissenschaftssprache zu geben, ohne dabei die heute existierenden Wissenschaftssprachen vorauszusetzen. Natürlich benutzt er bei der Darstellung und Erläuterung seiner Konzeption die Umgangssprache. Seine Logikonzeption selber aber versucht

---

[11]Ebenda, S. 44 f.

[12]Vgl. P. Lorenzen, Formale Logik, 3. Aufl., Berlin (West) 1967; K. Lorenz, Dialogspiele als semantische Grundlage von Logikkalkülen, in: Archiv für Math. Logik und Grundlagenforschung, 11/1968; W. Kamlah/P. Lorenzen, Logische Propädeutik, 2. Aufl., Mannheim/Wien/Zürich 1973.

er unabhängig von den vorhandenen Sprachgewohnheiten aufzubauen, d. h., er ist bemüht, alle Elemente seiner rekonstruierten Sprache neu einzuführen, ohne sich auf empirisches Sprachmaterial zu stützen.

In dem Streit zwischen Empiristen und Rationalisten in der Philosophie der Logik vertritt Lorenzen ausdrücklich den rationalistischen Standpunkt. Seiner Auffassung nach kommen die Meinungsverschiedenheiten zwischen Rationalismus und Empirismus bezüglich der Logik in den unterschiedlichen Antworten auf folgende Fragen zum Ausdruck: 1. Was sind logische Sprachregeln? 2. Sind diese Regeln zu akzeptieren, weil sie faktisch in einigen oder allen natürlichen Sprachen akzeptiert werden, oder sind sie deshalb zu akzeptieren, weil es vernünftig ist, diesen Regeln gemäß zu sprechen, unabhängig von ihrem faktischen Gebrauch? Die Empiristen sind der Auffassung, daß die logischen Regeln aus faktischen Gründen akzeptiert werden, während die Rationalisten meinen, dies geschehe aus Vernunftsgründen und die logischen Regeln seien eine Vorbedingung, um überhaupt Fakten ausdrücken zu können.[13] In klarer Ablehnung eines platten Empirismus bemüht sich Lorenzen um eine rationalistische Begründung logischer Regeln.

Wir halten die Arbeiten von Lorenzen zum Begründungsproblem der Logik für verdienstvoll, weil sie dazu beitragen, die Grundlagenproblematik der Logik aus der Sackgasse herauszuführen, in die sie in den letzten Jahrzehnten geraten ist. Die von Lorenzen behauptete Alternative von Rationalismus und Empirismus ist unseres Erachtens aber nicht aufrecht zu erhalten. Faktisch setzt Lorenzen die empirisch gegebene Umgangssprache mir ihren logischen Mitteln doch bei der Formulierung seiner Dialogregeln voraus. Er spricht dann vom praktischen „und", „wenn . . . , so . . . " usw. In gewisser Hinsicht verwendet er also bei seiner Begründung schon die logischen Mittel, die er begründen will. Wesentlich ist, daß er keine semantischen und ontologischen Annahmen beim Aufbau seiner Logik benutzt und durch seine Konzeption auf den engen Zusammenhang zwischen Logik und menschlicher Kommunikation aufmerksam macht. Er verdeutlicht, daß das Sprechen als menschliche Handlung eigenen Gesetzmäßigkeiten unterworfen ist. Die logischen Regeln der Sprache sind aber auch von anderen Faktoren abhängig, die Lorenzen bei seiner Begründung nicht berücksichtigt. Eine wichtige Rolle spielen dabei Zweckmäßigkeitsüberlegungen im Kommunikationsprozeß. Es besteht kein Grund, den dogmatischen Ontologismus durch einen Handlungsdogmatismus zu ersetzen. Bei der Aufstellung logischer Regeln spielen die verschiedensten Überlegungen eine Rolle. Auf einige wichtige macht der dialogische Aufbau der Logik aufmerksam. Es würde jedoch zu einer Vereinseitigung und Verarmung der Logik führen, wenn man nur dialogische Gründe für die Annahme

---

[13]Vgl. P. Lorenzen, Normative Logic and Ethics, Mannheim 1969, S. 13.

logischer Regeln gelten lassen würde. Es ist nicht einsichtig, daß die Logik auf einem einzigen Prinzip basieren soll.

2.5 Syntaktik, Semantik, Pragmatik

In der logischen und methodologischen Literatur unterscheidet man zwischen einem syntaktischen, semantischen und pragmatischen Aspekt der Sprache und unterteilt die Semiotik als allgemeine Theorie sprachlicher Zeichen entsprechend in die Teildisziplinen Syntaktik, Semantik und Pragmatik. Man sagt dann, in der Syntaktik werden die rein strukturellen oder formalen Beziehungen zwischen sprachlichen Zeichen untersucht, und man abstrahiert in ihr von der Bedeutung (dem Sinn) der Zeichen und vom Sprachbenutzer. Manchmal sagt man sogar, in der Syntaktik würden „sinnfreie Zeichen" untersucht.[14] In der Semantik werden die Beziehungen zwischen den sprachlichen Zeichen und ihrer Bedeutung (ihrem Sinn) untersucht, während man von ihren Beziehungen zu den Sprachbenutzern abstrahiert. In der Pragmatik werden schließlich die Beziehungen der Zeichen untereinander, zu ihren Bedeutungen und zu den Sprachbenutzern untersucht. Bei der Unterscheidung des syntaktischen, semantischen und pragmatischen Aspekts der Sprache handelt es sich um eine theoretische Unterscheidung, die in der Geschichte der Logik und der Sprachwissenschaft eine wichtige Rolle gespielt hat und auch noch spielt. Man muß sich darüber klar sein, daß es sich dabei um eine theoretische Vereinfachung bei der Beschreibung und Erklärung des faktischen Sprachgebrauchs handelt, die ihre Grenzen hat und zu einer Reihe von Schwierigkeiten führt, wenn man sie falsch versteht. Diese Unterscheidung verleitet manchen zu einer verzerrten Vorstellung von der Sprache. Wenn man von dem faktisch gegebenen Sprechen und Schreiben der Menschen ausgeht und diese drei unterschiedlichen Aspekte herausgliedert und untersucht, besteht keine Gefahr für die erwähnten Mißverständnisse. Man erhält jedoch sofort ein falsches Bild der Sprache, wenn man sie sich aus den drei gesonderten Komponenten zusammengesetzt vorstellt. Natürlich besitzt alles Gesprochene und Geschriebene wie jeder physische Gegenstand eine bestimmte Struktur, und man kann in der Syntaktik die Struktur von sprachlichen Zeichen untersuchen, ohne die anderen Eigenschaften dieser sprachlichen Zeichen zu berücksichtigen und ohne überhaupt zu berücksichtigen, daß es sich um sprachliche Zeichen handelt. Doch wenn man anfängt, von „sinnfreien Zeichen" zu reden, so wird diese Rede selbst „sinnfrei". Ein physischer Gegenstand, der nichts bedeutet (keinen Sinn hat), ist eben kein Zeichen. Genauso ist es mit dem semantischen Apekt. Termini und Aussagen bedeu-

---

[14]Vgl. Philosophisches Wörterbuch, Leipzig 1969, Bd. 2, S. 1057.

ten natürlich etwas. Und auf die ernstgemeinte Frage (etwa eines Ausländers) „Was bedeutet der Terminus ‚Tisch'?" kann man mit der Übersetzung dieses Terminus in eine andere Sprache antworten, man kann ihm einen Tisch oder ein Bild eines Tisches zeigen usw. Aber schon die Frage nach *der Bedeutung* des Terminus „Tisch" kann mißverstanden werden. Und sie wird mißverstanden, wenn man anfängt, die Bedeutung des Terminus „Tisch" als besonderen Gegenstand zu suchen, ganz gleich ob man meint, sie in den mit dem Terminus „Tisch" bezeichneten Gegenständen zu finden (die Unsinnigkeit dieser Auffassung wird deutlich, wenn man die folgenden beiden Sätze vergleicht: „Müller geht spazieren" und „Die Bedeutung des Terminus ‚Müller' geht spazieren") oder aber in besonderen idealen (manchmal sogar objektiv idealen) Gegenständen, die allerdings den Mangel haben, daß sie bisher noch niemand wahrgenommen hat. Auch die Gleichsetzung der Bedeutung eines Terminus mit seiner Verwendung ist nicht richtig. Bei logisch einfachen Termini wird die Frage nach ihrer Bedeutung dadurch beantwortet, daß man angibt, welche Gegenstände oder Eigenschaften sie bezeichnen, d. h., daß man die Zuordnung erklärt, die zwischen dem Terminus und dem mit ihm Bezeichneten besteht. Darin erschöpft sich die Antwort auf die Frage nach der Bedeutung eines logisch einfachen Terminus. Die Bedeutung von logisch zusammengesetzten Termini und von Aussagen ergibt sich aus der Bedeutung der in ihnen vorkommenden Termini und den Eigenschaften der in ihnen vorkommenden logischen Operatoren.

Manchmal sagt man, die Logik untersuche nur den syntaktischen und semantischen Aspekt der Sprache und sehe von ihrem pragmatischen Aspekt ab, oder sagt, die logische Syntax untersuche nur den syntaktischen Aspekt, während sie vom semantischen und pragmatischen abstrahiere. Diese Aussagen können wieder verschieden verstanden werden. Versteht man die logische Syntax als Lehre von sogenannten sinnfreien Zeichen und die logische Semantik als Lehre von sprecherfreien Zeichen, so liegt wieder ein Mißverständnis vor. In der Logik werden auf syntaktischer Ebene Regeln formuliert, die für beliebige Termini und Aussagen gelten. Dabei muß aber stets vorausgesetzt werden, daß Termini und Aussagen etwas bedeuten und für jemanden etwas bedeuten, sonst handelt es sich nicht um Termini und Aussagen. Auf semantischer Ebene werden Regeln formuliert, die für beliebige Sprecher, die die Logik akzeptieren, gelten. Außerdem gilt die oben aufgestellte Behauptung selbst in diesem Verständnis nicht allgemein, da beispielsweise in der epistemischen Logik verschiedene logische Typen von Sprechern unterschieden werden. Wie bereits gesagt, hat die Unterscheidung des syntaktischen, semantischen und pragmatischen Aspekts der Sprache in bestimmten Grenzen ihre Berechtigung, sie darf jedoch nicht falsch verstanden und verabsolutiert werden.

2.6 Ist die Logik eine empirische oder eine apriorische Wissenschaft?

Die Suche nach einer Antwort auf die Frage, ob die Logik eine empirische oder eine apriorische Wissenschaft sei, nimmt in der philosophischen Literatur zur Logik einen breiten Raum ein. In der Nachfolge Kants entscheiden sich die meisten Autoren dafür, daß die Logik eine apriorische Wissenschaft sei, da ihre Sätze nicht empirisch durch Beobachtung der Wirklichkeit überprüft werden. Nur wenige Autoren entscheiden sich für die Logik als empirische Wissenschaft.[15] Unseres Erachtens ist schon die Frage falsch oder ungenau gestellt.

Zunächst ist nicht klar, was man eigentlich unter einer apriorischen Wissenschaft versteht. Sollte damit nur gemeint sein, daß die Sätze dieser Disziplin nicht durch Beobachtung der objektiv realen Wirklichkeit überprüft werden, so ist die Logik eine apriorische Disziplin. Doch sollte man auch dann den durch die philosophische Tradition sehr belasteten Terminus „a priori" besser vermeiden und direkt sagen, was man meint. Wird das „a priori" hingegen als „unabhängig von aller Erfahrung", „vor aller Erfahrung" usw. verstanden, so ist die Logik – wie auch jede andere Wissenschaft – keine apriorische Disziplin.

Jede Wissenschaft geht von der Erfahrung (der Empirie) aus, das gilt auch für die Logik und Mathematik. Logische Untersuchungen können erst einsetzen, wenn eine relativ weit entwickelte Sprache empirisch gegeben ist. Die Geschichte der Logik bestätigt diese These. In ihrer Philosophie vertreten sowohl Materialisten als auch Empiristen einen empirischen Ausgangspunkt. Engels schreibt dazu: „,Der Mensch' ist immer eine Spukgestalt, solange er nicht an dem empirischen Menschen seine Basis hat. Kurz, wir müssen vom Empirismus und Materialismus ausgehen, wenn unsre Gedanken und namentlich unser ,Mensch' etwas Wahres sein sollen; wir müssen das Allgemeine vom Einzelnen ableiten, nicht aus sich selbst oder aus der Luft à la Hegel."[16] Doch wie drückt sich diese philosophische Grundhaltung bezüglich der Logikauffassung aus? Der logische Empirismus (logische Positivismus) hat sich ausführlich mit dieser Problematik beschäftigt und hat sie letztlich doch nicht bewältigen können. Zu verschiedenen Zeiten und von verschiedenen Vertretern des Positivismus wurden unterschiedliche Meinungen zum Verhältnis von Empirie und Logik vertreten. Die einen Vertreter des Neopositivismus waren und sind bezüglich der Logik zu wenig empiristisch, die anderen zu sehr. Bei den einen wird ein scharfer Trennstrich zwischen Logik

---

[15]Vgl. G. Frey, Die Logik als empirische Wissenschaft, Logique et Analyse, 21–24/1963.
[16]K. Marx/F. Engels, Briefe, in: Werke, Bd. 27, Berlin 1963, S. 12.

(und Mathematik) einerseits und den empirischen Wissenschaften andererseits gezogen. Während in den empirischen Wissenschaften nur das empirisch Überprüfbare akzeptiert wird, wird die Logik im wesentlichen in der von Frege, Peirce und Russell ausgearbeiteten Form übernommen. Diese Logik wird unhistorisch als etwas Gegebenes hingenommen. Und alle philosophischen Fragen, die sich nicht in dieser Gestalt der Logik formulieren lassen, werden als Scheinprobleme der Philosophie abgetan. Die Gründe für diesen Dogmatismus der klassischen mathematischen Logik werden bei einzelnen Vertretern unterschiedlich gewählt und reichen von einem extremen Konventionalismus bis zu einem dem Kantschen verwandten Apriorismus. Der letztere drückt sich etwa in der langjährigen vergeblichen Suche nach einem endgültigen Abgrenzungskriterium für analytische und synthetische Aussagen aus.

Zu empirisch sind die Vertreter der analytischen Philosophie, die die Aufgabe der Logik darin sehen, die Regeln des faktischen Sprachgebrauchs zu fixieren. Diese Auffassung wird in verschiedenen Varianten vertreten. In der Philosophie des späten Wittgenstein und der englischen Philosophie der normalen Sprache wird die Aufgabe der Philosophie überhaupt (einschließlich der Logik) eingeschränkt auf eine Rückführung der philosophischen Sprache auf die Umgangssprache. Obwohl wir dieser philosophischen Richtung die Aufklärung vieler Wortmystifikationen verdanken, leidet sie an einem Hauptmangel, der bereits von Lichtenberg erkannt wurde, wenn er schreibt: „Ich und mich. Ich fühle mich – sind zwei Gegenstände. Unsere falsche Philosophie ist der ganzen Sprache einverleibt; wir können sozusagen nicht räsonieren, ohne falsch zu räsonieren. Man bedenke nicht, daß Sprechen, ohne Rücksicht von was, eine Philosophie ist. Jeder, der Deutsch spricht, ist ein Volksphilosoph, und unsere Universitätsphilosophie besteht in Einschränkungen von jener. Unsere ganze Philosophie ist Berichtigung des Sprachgebrauchs, also die Berichtigung einer Philosophie, und zwar der allgemeinsten.

Allein die gemeine Philosophie hat den Vorteil, daß sie im Besitz der Deklination und Konjugation ist. Es wird also immer von uns wahre Philosophie mit der Sprache der falschen gelehrt. Wörter erklären hilft nichts; denn mit Wörtererklärungen ändere ich ja die Pronomina und ihre Deklination noch nicht."[17]

Die Umgangssprache (normale Sprache) und ihre Grammatik bedürfen selber der logischen Analyse und Verbesserung. Ein ähnliches Mißverständnis liegt vor, wenn man davon spricht, in der Logik würden abstrakte Modelle der natürlichen Sprache aufgestellt, oder wenn man fordert, die Logik der Umgangssprache anzunähern. Hier wird die Aufgabe der Logik mit der der Grammatik verwechselt. Würde die Logik sich mit einer Beschreibung des fak-

---

[17]G. Lichtenberg, Aphorismen, Essays, Briefe, Leipzig 1970, S. 133 f.

tischen Sprachgebrauchs begnügen, so wäre sie als Wissenschaft überflüssig.

Unseres Erachtens muß man bei dem sogenannten Begründungsproblem zwei verschiedene Aspekte auseinanderhalten, nämlich den genetischen und den methodischen Aspekt. Genetisch entwickelt sich die Logik wie alle anderen Wissenschaften. Stimuli für ihre Entwicklung gehen dabei von der natürlichen Sprache, der Philosophie und von vielen anderen Wissenschaften aus. Doch die Logik hat sich nie mit einer Beschreibung des üblichen Sprachgebrauchs im alltäglichen Leben, in der Wissenschaft und Philosophie begnügt. Sie war immer mehr eine normierende und konstruierende als eine beschreibende Disziplin. In genetischer Hinsicht kann von einem apriorischen Charakter der Logik gar keine Rede sein, ihre Entwicklung war stets in die allgemeine kulturelle und soziale Entwicklung der Menschheit eingebettet und von ihr abhängig. Diese genetische Betrachtung der Logik verdeutlicht auch, daß es keine starren apriorischen Grenzen für logische Untersuchungen gibt. Im Prinzip läßt sich Sprache überall, wo sie verwendet wird, in logischer Hinsicht bearbeiten und verbessern. Ebenso wird deutlich, daß die Suche nach einer endgültigen, absoluten oder gar voraussetzungslosen Begründung der Logik erfolglos sein muß. Anders verhält es sich mit der Logik in methodischer Hinsicht. Jede wissenschaftliche Disziplin und auch jedes philosophische System, das den Anspruch auf Wissenschaftlichkeit erhebt, setzt in methodischer Hinsicht die Logik voraus. Bei der Formulierung ihrer Behauptungen werden logische Operatoren verwendet, und aus akzeptierten Behauptungen werden nach logischen Regeln Folgerungen abgeleitet. In dieser methodischen Hinsicht ist die Logik eine Vorgängerdisziplin für alle anderen wissenschaftlichen Disziplinen.

Setzt man zur Begründung der Logik eine andere Disziplin voraus, so ergibt sich sofort ein methodischer Zirkel. Das gilt sowohl bei der mengentheoretischen Begründung, wo eine einzelwissenschaftliche (mathematische) Disziplin zur Grundlegung der Logik dienen soll, die ihrerseits allerdings bei ihrem Aufbau bereits Logik benutzt, als auch bei philosophischen Begründungsversuchen, die philosophische Disziplinen (z. B. Ontologie) voraussetzen.

Die Logik muß sich selbst begründen. Insofern wird die Logik stets eine philosophische Disziplin bleiben, im Unterschied zu anderen Einzelwissenschaften, die sich im Laufe der Geschichte von der Philosophie abgespalten haben. Diese Begründung der Logik verstehen wir nicht als eine Entfaltung aus einem dogmatisch gewählten Prinzip. Bei jeder neuen logischen Regel sind vielmehr die verschiedensten Überlegungen erforderlich, bevor wir eine solche Regel akzeptieren.

2.7 Logik und Dialektik

Zu den Beziehungen von Logik und Dialektik ist sehr viel geschrieben worden, und es werden die unterschiedlichsten Standpunkte vertreten. Doch zeichnen sich zu dieser Problematik zwei Richtungen ab, die wir die *konstruktive* und die *destruktive Richtung* nennen wollen. Die Vertreter der destruktiven Richtung gehen davon aus, daß Logik und Dialektik einen unversöhnlichen Gegensatz bilden und sich einander widersprechen. Die Gründe für diese Auffassung sind wieder sehr unterschiedlich, aber meist liegen sie darin, daß entweder die Logik oder die Dialektik oder aber beide philosophische Lehren falsch verstanden werden. Faßt man etwa die Logik als allgemeine Ontologie auf und die Dialektik ebenso, so ist auf Grund der unterschiedlichen Aussagen beider Disziplinen ein Gegensatz unvermeidlich. Unter den Philosophen, die diese Auffassung vertreten, entscheiden sich dann die einen für die Logik (genauer: für eine bestimmte Gestalt der Logik) und werden zu Gegnern der Dialektik, die anderen für die Dialektik und verwerfen die Logik. Eine ähnliche Situation entsteht, wenn man beide Disziplinen undifferenziert als Denklehren deklariert. Als Beispiele für solche einseitigen Entscheidungen auf Grund falscher philosophischer Voraussetzungen können etwa die Auffassungen von Hegel und H. Scholz dienen. (Hier wird natürlich keine Gesamteinschätzung dieser Philosophen gegeben.) Die Diskussionen über das Verhältnis von Logik und Dialektik mit destruktiver Tendenz halten wir für unfruchtbar und teilweise für schädlich. Faßt man die Dialektik hingegen als „die Wissenschaft von den allgemeinen Bewegungs- und Entwicklungsgesetzen der Natur, der Menschengesellschaft und des Denkens"[18] auf und die Logik als eine Wissenschaft, die Termini, Aussagen und logische Operatoren unter bestimmten Aspekten untersucht, so kann es auf Grund des verschiedenen Gegenstandes dieser beiden Disziplinen gar keinen Gegensatz zwischen ihnen geben. Das Verhältnis der Logik zur Dialektik ist ihrem Verhältnis zu anderen philosophischen Disziplinen analog. Eine konstruktive Bearbeitung der Beziehungen von Logik und Dialektik besteht darin, die Methoden und Verfahren der Logik beim Ausbau einer präzisen Terminologie der Dialektik zu nutzen und die logischen Beziehungen zwischen den verschiedenen Prinzipien der Dialektik zu ermitteln. In der vorliegenden Arbeit stellen wir uns diese Aufgabe nicht. Im Laufe der Darstellung machen wir aber einige Bemerkungen zu konkreten Problemen, die das Verhältnis von Logik und Dialektik betreffen.

---

[18]F. Engels, Antidühring, S. 131 f.

Kapitel 3

Logische Analyse einiger philosophischer Termini

Wir betrachten in diesem Kapitel solche philosophischen Termini wie „Sein", „Nichts", „Ding an sich", „Existenz", „Werden", „Veränderung", „Entwicklung", „Identität", „Gott" u. a. unter logischem Gesichtspunkt. Zusammenfassend nennen wir solche Termini *ontologische Termini*, wobei wir das Wort „ontologisch" nicht im Sinne einer der traditionellen Ontologien verwenden. Für uns ist eine ontologische Behauptung schlicht eine Behauptung über die vom Menschen unabhängige Wirklichkeit, und ein ontologischer Terminus ist ein solcher, der in diesen Aussagen vorkommt und für sie charakteristisch ist. Die logischen Überlegungen in diesem und im folgenden Kapitel bestätigen dabei die marxistische Auffassung, daß die traditionelle Trennung von Ontologie und Gnoseologie unbegründet ist. Wir machen hier auf einige Probleme der philosophischen Sprache aufmerksam und zeigen Wege zu ihrer Lösung, ohne das in der Logik zu den betreffenden Fragen erreichte Niveau im Detail darzustellen.

3.1   Der Streit zwischen Heraklit und Parmenides

Die beiden großen griechischen Philosophen Heraklit und Parmenides vertraten zwei genau entgegengesetzte philosophische Grundprinzipien, deren Auswirkungen in der gesamten Geschichte der Philosophie sichtbar und deren Einfluß noch heute in manchem philosophischen Disput spürbar sind.

Wir wollen die Lehren dieser markanten Denker nicht darstellen,[1] sondern ihre beiden wesentlichen Prinzipien verdeutlichen. Heraklit wandte in seiner Lehre vor allem dem Wechsel der Erscheinungen, dem ewigen Entstehen und Vergehen in der Natur seine Aufmerksamkeit zu. „Wer in denselben Fluß steigt, dem fließt anderes und wieder anderes Wasser zu.“[2] Oder etwas paradox: „Wir steigen in denselben Fluß und doch nicht in denselben; wir sind es, und wir sind es nicht.“[3] Die Ursache hierfür sieht er in den Gegensätzen. „Alles Geschehen erfolge infolge eines Gegensatzes.“[4] „Das Kalte wird warm, Warmes kalt, Feuchtes trocken, Trockenes feucht.“[5] Durch den Kampf der Gegensätze ist bei Heraklit alles in Veränderung begriffen, und nichts dauert. Später faßte man seine Lehre in der bekannten Formel „Pànta rhei“ („Alles fließt“) zusammen.

Heftig bekämpft wurde die Lehre des Heraklit von Parmenides. Der Heraklitschen Lehre vom ewigen Werden setzt er seine Lehre eines ewigen, einzigen, ungewordenen, unveränderlichen und unvergänglichen Seins entgegen. Parmenides geht bei der Konstruktion seiner Lehre von einer Einheit von Denken und Sein aus. „Denn nur ein und dasselbe kann gedacht werden und sein.“[6] Im weiteren versucht er sich in einer „rein logischen“ Argumentation, die sich etwa folgendermaßen wiedergeben läßt: Das Seiende müsse einzig und unveränderlich sein, weil der Versuch, ihm Vielheit und Veränderlichkeit zuzuschreiben, zu einem logischen Widerspruch führen würde. Bestünde das Sein nämlich aus vielen Teilen, so würde es sein und nicht sein, da ein Teil eben nicht ein anderer sei, und würde das Sein sich verändern, so würde ebenso „Nichtseiendes sein“. Das Nichtseiende könne man aber weder erkennen noch aussprechen. „Daher hat die Göttin des Rechtes weder Entstehen noch Vergehen aus ihren Fesseln losgelassen, sondern sie gehemmt. Die Entscheidung hierüber liegt in folgender Erwägung: Es ist oder es ist nicht! Damit ist unweigerlich entschieden, den einen Weg als undenkbar und unaussprechlich zu verwerfen – er ist ja nicht der Wahre –, den anderen aber zu wählen als den einzig richtigen. Wie könnte also das Seiende in der Zukunft sein? Wie könnte es jemals geworden sein? Denn wenn es einmal geworden ist, dann *ist* es nicht; es ist aber auch nicht, wenn es jemals in Zukunft sein sollte. So ist das Werden ausgelöscht und das Vergehen (der Dinge) abgetan.

Das Seiende ist auch nicht teilbar, da es in seinem ganzen Umfange

---

[1] Vgl. G. Redlow, Theoria. Theoretische und praktische Lebensauffassung im philosophischen Denken der Antike, Berlin 1966.

[2] W. Capelle, Die Vorsokratiker, Stuttgart 1954, S. 132.

[3] Ebenda.

[4] Ebenda, S. 133.

[5] Ebenda.

[6] Ebenda, S. 165.

gleichmäßig ist. Und nirgends gibt es ein stärkeres Sein, das seinen Zusammenhalt hinderte, nirgends ein schwächeres; denn alles ist voll vom Seienden. Daher ist es in seinem ganzen Umfange zusammenhängend. Denn Seiendes stößt an Seiendes.

Aber unbeweglich ruht es in den Grenzen gewaltiger Bande, ohne Anfang und ohne Ende; sind doch Entstehen und Vergehen in die äußerste Ferne verschlagen!"[7]

Dem Philosophieren des Heraklit und des Parmenides ist eines gemeinsam. Sie wenden sich auf Grund abstrakter Überlegungen (durch Operationen mit abstrakten Termini) gegen den Schein, den uns die Sinne liefern, und versuchen, die Welt aus einem einheitlichen abstrakten Prinzip zu deuten. Heraklit leugnet das substantielle Sein zugunsten eines ständigen Werdens, bei Parmenides ist es genau umgekehrt. Beide Denker wirkten positiv auf die weitere Entwicklung der Philosophie. Sie legten aber mit ihrem Streit auch den Grundstein für ein verhängnisvolles Vorurteil, das noch heute häufig vertreten wird. Sie setzten nämlich die These in die Welt, Sein und Werden seien nicht mit einander verträglich, würden einander logisch widersprechen. Verstärkt wurde dieses Vorurteil noch dadurch, daß man die Philosophie des Parmenides als eine Philosophie der Kopula „ist" bewertete.

Wir werden später sehen, daß diese Einschätzung nicht korrekt wäre, selbst wenn Überlegungen über die Kopula den Ausgangspunkt von Parmenides Philosophie gebildet hätten. Da aber in der traditionellen Logik vor allem die logischen Eigenschaften von Sätzen mit der Kopula „ist" untersucht wurden, folgerte man aus der ersten falschen Einschätzung eine zweite. Es bildete sich die Auffassung heraus, die Logik stelle Gesetze für ein ruhiges, unveränderliches Sein auf und ihre Gesetze seien für sich verändernde Objekte nicht gültig, Gesetze der Veränderung, Bewegung, Entwicklung usw. würden hingegen ausschließlich von der Dialektik aufgestellt und untersucht. Da aber Heraklit, einer der Stammväter der Dialektik, zur Beschreibung von Bewegungsabläufen auch paradoxe (logisch widersprüchliche) Formulierungen benutzte, kam das weitere Vorurteil auf, die Gesetze der Dialektik müßten logisch widersprüchlich formuliert werden, weil man logisch korrekt die Bewegung nicht erfassen könne. So wurde der Gegensatz von Logik und Dialektik geboren, der auch heute noch nicht aus den philosophischen Schriften verschwunden ist. Von Zenon ist er über Hegel bis zur Gegenwart immer wieder erörtert worden. Er beruht häufig auf einer Fehldeutung logischer Regeln und Festlegungen als allgemeinen Gesetzen des Seins (oder eines bestimmten, etwa ruhenden Seins) und einer Verkennung der entscheidenden Rolle der Sprache bei jeder, insbesondere der philosophischen Erkenntnis.

---

[7]Ebenda, S. 166 f.

Hegel erkannte die Sinnlosigkeit der Gegenüberstellung von Sein und Werden. Doch sein Lösungsversuch der Problematik kann insgesamt genommen nicht befriedigen, da der Sinn vieler von ihm verwendeter Termini nicht klar ist. Unseres Erachtens ist eine Lösung der philosophischen Problematik nur möglich, wenn vorbereitend die erforderlichen Termini exakt eingeführt werden. Wir zeigen im weiteren, daß die Logik sowohl bei der Analyse einiger „Seinstermini" („ist", „Existenz", „Sein") als auch einiger „Werdenstermini" („Veränderung", „Entwicklung") der Philosophie eine wichtige Hilfe leisten kann.

3.2   Die Worte „Ist", „Sein" und „Existenz"

Bevor wir uns einer logischen Analyse der Worte „Ist", „Sein" und „Existenz" zuwenden, lassen wir Thomas Hobbes, einen der bedeutendsten englischen Materialisten, zu Worte kommen, der zwar – etwas aufgebracht – zu weit geht, aber dem Wesen nach doch richtig schreibt: „... weil man Hitze und andere Accidenzien für sich betrachten kann, ohne dabei ihre Träger, die Körper in Betracht zu ziehen ... , glaubte man von den Accidenzien sprechen zu können, als könnten sie vom Körper überhaupt getrennt werden. Hieraus entspringt einer der Grundirrtümer gewisser metaphysischer Systeme. Weil man das Denken ohne Rücksicht auf Körper betrachten kann, hat man gefolgert, daß zum Denken der Körper nicht nötig sei; und weil man die Größen ohne Rücksicht auf Körper betrachten kann, hat man geglaubt, daß Größen ohne Körper und Körper ohne Größen möglich sind, ja, daß ein Körper seine Größe durch Hinzufügen von Größe zu ihm erhält. Aus gleicher Quelle entspringen so sinnlose Bezeichnungen wie: abstrakte Substanzen, gesonderte Wesenheiten und ähnliche. Ebenso töricht sind die von dem lateinischen Wörtchen ‚est' abgeleiteten Wortbildungen, wie Essenz, Essenzialität, Entität, Entitativität, das gleiche gilt für Realität, Quiddität usw., welche nie bei Völkern hätten entstehen können, die die Kopula ‚ist' im Satze nicht verwenden, sondern ihre Namen durch verbale Formen, wie läuft, liest usw. (oder durch die bloße Hintereinanderstellung) verbinden. Da aber solche Völker auch denken und rechnen können, ist ersichtlich, daß die Philosophie solcher Worte wie Essenz oder Entität oder ähnlicher barbarischer Termini nicht bedarf."[8]

Vor allem muß man Hobbes zubilligen, daß er die fundamentale Rolle der Sprache beim Philosophieren erkannt hat und nicht gewillt war, unkritisch bestimmte Worte seiner Vorgänger weiter zu verwenden, wenn man sie nicht sinnvoll in die Sprache einführen kann. Deshalb berufen sich auch an-

---

[8]Th. Hobbes, Vom Körper, Berlin 1967, S. 30 f.

dere Philosophen, unter ihnen Leibniz und Herder, auf die angeführten Sätze von Hobbes, obwohl sie nicht so rigoros wie dieser waren und alle von dem Wort „est“ abgeleiteten Termini verwarfen. Herder sieht beispielsweise bereits die unterschiedlichen Verwendungsweisen des Wortes „ist“ und führt folgende Unterscheidungen durch: „Der menschliche Verstand, wie wir ihn kennen, spricht sein kurzes Machtwort *ist* (worauf zwischen dem Idealismus und Realismus alles ankommt) in sehr verschiedener Energie aus, nach dem Felde von Begriffen, wo er's anwendet. Spricht er vom *Sein, Dasein, Dauer durch Kraft*, so ist's ihm ein wesentlicher Begriff; *ist* bedeutet ihm dann *Existenz, Dasein*, auf sein *Selbstbewußtsein* gegründet. Spricht er von Eigenschaften der Dinge nach Ähnlichkeiten und Unterschieden, so wird sein *ist* gelinder; unbekümmert setzt er das gegebene Dasein des Dinges voraus und redet von dem, was dem Dinge *zukommt, was es an sich trägt*. Redet er von *Ursache und Wirkung*, so ändert sich sein *ist* in ein *es wird, es geschieht*. Hier ist er, bis er die Wirkung in der Ursache erkennt, bloß ein Bemerker. Wenn endlich von *Maß und Größe* die Frage ist, verschwindet sein *ist* ganz, es wird das Zeichen $+- = x$."[9]

Wir haben die Herdersche Unterscheidung nicht angeführt, weil wir sie für gelungen halten, sondern nur, weil Herder auf unterschiedliche Verwendungsweisen von „ist“ aufmerksam macht und damit einer erforderlichen logischen Analyse den Weg weist. Herder geht aber noch weiter und kommt zu Auffassungen über die Ontologie, als deren Begründer man heute meist die Neopositivisten hinstellt. So etwa, wenn er schreibt: „Ontologie liegt allen (Wissenschaften – *H. W.*) zugrunde; denn alle gebrauchen ihre Sprache; recht verstanden, ist sie nichts als *Philosophie der allgemeinen Verstandessprache*."[10] Oder: „Daß man über die ... Ontologie streitet, kommt daher, weil man sie in Kategorien a priori sucht, und solange man sie dort sucht, wird man über sie streiten. Ihrer Natur nach ist sie nichts als die reinste Philosophie der Verstandes- und Vernunftsprache."[11] Wir werden das von Herder aufgeworfene Problem hier nicht in seiner ganzen Tragweite behandeln, sondern nur eine ganz elementare Analyse bestimmter Termini durchführen. Deshalb schlagen wir – im Anschluß an Sinowjew – hier folgende Unterscheidung vor. Wenn man ontologische Termini mit Hilfe von logisch korrekten Definitionen einführt, so erhält man aus diesen Definitionen Aussagen, die allein aus terminologischen Gründen (allein auf Grund der getroffenen Definition) wahr bzw. falsch sind. Ein System von aus solchen Definitionen ableitbaren Sätzen nennen wir *formale Ontologie*. Doch mit solch einer formalen

---

[9]J. G. Herder, Metakritik zur Kritik der reinen Vernunft, Berlin 1955, S. 159.
[10]Ebenda, S. 120.
[11]Ebenda.

Ontologie ist die Bedeutung eines exakten Aufbaus einer Sprache der Ontologie nicht erschöpft. In einer solchen Sprache lassen sich nämlich Aussagen
formulieren, die weder logisch wahr noch logisch falsch sind. Einige solcher
logisch erfüllbaren Aussagen werden aber aus außerlogischen Gründen (aus
faktischen Gründen; aus sozialen Gründen; um die Möglichkeiten der Deduk-
tion zu erweitern; um eine relativ geschlossene Weltanschauung zu erhalten
usw.) in der Philosophie akzeptiert. Ein System von solchen akzeptierten
logisch erfüllbaren (aber nicht logisch wahren) Sätzen nennen wir eine (in logischer Hinsicht) *hypothetische Ontologie*. Herder sah diesen wesentlichen Unterschied zwischen einer formalen und einer hypothetischen Ontologie nicht.
Seine oben angeführten Behauptungen sind aber nur für eine formale Ontologie richtig, für hypothetische Ontologien gelten sie im allgemeinen nicht.
Wir stellen uns hier nicht das Ziel, systematisch eine Sprache einer formalen
Ontologie aufzubauen und wollen auch nicht die tieferliegenden Beziehungen
zwischen formaler und hypothetischer Ontologie untersuchen.[12] Wir werden
lediglich einige ontologische Termini unter logischen Gesichtspunkten analysieren. Wir beginnen mit einigen „Seinstermini", d. h. mit den Worten „ist",
„sein", „Existenz" usw.

Das Wort „ist" („sein") und die von ihm abgeleiteten Worte erfüllen in
der Sprache ganz unterschiedliche logische Funktionen. Wir versuchen unter
logischen Gesichtspunkten eine gewisse Klassifikation anzugeben, ohne dabei
jedoch Vollständigkeit anzustreben. Zunächst gilt es, ihre unterschiedliche
Funktion als logische Operatoren und als Termini zu unterscheiden. In ihrer
Funktion als Termini werden sie wiederum entweder als Subjekttermini oder
als Prädikattermini verwendet, und in der letzten Verwendungsweise lassen
sich wieder ein- und zweistellige Prädikate unterscheiden. Wir führen jetzt
die einzelnen Verwendungsweisen an und charakterisieren sie anhand von
Beispielen:

1. „Ist" und „ist nicht" als Prädikationsoperatoren. Beispiele wurden bereits
   bei der Beschreibung einfacher Aussagen angeführt; synonyme Wendungen in dieser Funktion als Operator sind „hat", „hat nicht", „kommt zu",
   „kommt nicht zu", „hat die Eigenschaft" usw.

2. „ist" und „sein" als einstelliges Prädikat, als Synonym für das Prädi-
   kat „existiert" (symbolisch E). Beispiele: „Gott ist", „Hunde existieren",
   „Nixen existieren nicht", „Die Eigenschaft ‚denken' existiert", „Die leere
   Klasse existiert".

3. „ist" und „sein" als umgangsprachliche Wiedergaben des zweistelligen
   Prädikates des Bedeutungseinschlusses von Termini; anstelle der symbo-
   lischen Schreibweise $ta \rightharpoonup tb$ („der Terminus a schließt der Bedeutung

---

[12]Vgl. A. A. Zinov'ev, Logičeskaâ fizika, Moskva 1972.

nach den Terminus b ein") sagt man häufig „a ist b" oder „a sind b".
Beispiele wurden bereits angeführt.

4. „ist" und „sein" als umgangsprachliche Wiedergabe des zweistelligen Prädikates der Bedeutungsgleichheit von Termini und der Identität von Gegenständen; anstelle von $ta \rightleftharpoons b$ oder $a = b$ sagt man „a ist b". Beispiel: „Xanthippe ist die Frau des Sokrates", „Der Abendstern ist der Morgenstern".

5. „ist" als zweistelliges Prädikat des Enthaltenseins eines Elementes in einer Klasse ($a \in Kb$). Beispiel: Anstelle von „1 ist Element der Klasse der natürlichen Zahlen" sagt man „1 ist eine natürliche Zahl".

6. „ist" als zweistelliges Prädikat des Enthaltenseins einer Klasse in einer anderen Klasse (Inklusion). Hier muß noch zwischen „echtem Enthaltensein" und „Enthalten- oder Gleichsein" unterschieden werden. Beispiel: Anstelle von „Die Klasse der geraden Zahlen ist in der Klasse der natürlichen Zahlen enthalten" sagt man „Gerade Zahlen sind natürliche Zahlen".

7. „ist" als zweistelliges Prädikat des Enthaltenseins eines Elementes (eines Teils) in einer Anhäufung ($a \in \Sigma b$). Beispiel: „Soldat Meier ist aus dem 3. Zug" anstelle von „Soldat Meier ist Angehöriger des 3. Zuges". Diese Beziehung wird häufig auch als Teil-Ganzes-Beziehung betrachtet, wobei letztere aber auch anders verwendet wird.

8. „Sein" als Subjektterminus – synonym werden manchmal die Termini „Welt", „Universum", „Kosmos", „Wirklichkeit" verwendet, obwohl man letztere auch in anderer Bedeutung gebraucht. Beispiel: „Das Sein ist unerschöpflich."

Mit den angegebenen Verwendungsweisen von „ist" sind nicht alle in der modernen Logik aufgebauten Kalküle erfaßt, die beanspruchen, die Eigenschaften dieses Wortes zu beschreiben. Beispielsweise entwickelte St. Leśniewski in seiner Ontologie eine Namenslogik, in der einige der oben angegebenen Verwendungsweisen von „ist" gewissermaßen zu einer zusammengefaßt und beschrieben werden.

Wir beschreiben hier nicht die unterschiedlichen logischen Eigenschaften der angegebenen verschiedenen Verwendungsweisen von „ist", sondern gehen im weiteren auf einige Probleme dieser Verwendungsweisen ein, die unseres Erachtens für unsere gegenwärtige philosophische Diskussion Bedeutung haben.

3.3 Subjekt- und Prädikattermini

Wir hatten bereits bei der Erläuterung der logischen Struktur von einfachen Aussagen zwischen Subjekt- und Prädikattermini unterschieden. Wir sagten

dort, daß die logischen Subjekte einer einfachen Aussage die Termini sind, die
das bezeichnen, worüber in der Aussage gesprochen wird, während die logischen Prädikate die Termini sind, die das ausdrücken, was über die Subjekte
ausgesagt wird. Das, was Subjekttermini bezeichnen, nennt man häufig auch
Objekte und das, was Prädikattermini ausdrücken, *Eigenschaften* oder *Merk-*
male. Obwohl die einfache Prädikation, d. h. die Bildung von einfachen Aussagen aus Subjekttermini, Prädikattermini und logischen Operatoren, eine
elementare logische Operation ist, die von allen Menschen gehandhabt wird
und kaum Schwierigkeiten bereitet, ranken sich um sie viele philosophische
Dispute, und es besteht häufig das Bedürfnis, die Prädikation philosophisch
zu erklären. Allgemein kann man den Unterschied zwischen Subjekt- und
Prädikattermini folgendermaßen erläutern.[13] Der Sprecher, d. h. der Mensch,
der die Subjekt- und Prädikattermini bildet und verwendet, wählt irgend etwas (aus irgendeinem Grunde) aus und bezeichnet es mit einem Terminus s.
Danach wird in dem bereits ausgewählten und mit s bezeichneten Bereich
noch einmal etwas ausgewählt und mit einem Terminus P bezeichnet, wobei
gilt, daß das mit P Bezeichnete nicht ausgewählt werden kann, wenn vorher nicht das mit s Bezeichnete ausgewählt wurde. Ein solcher Terminus s
ist dann ein Subjektterminus und P ein Prädikatterminus. Wir haben hier
bewußt den Terminus „Auswahl" gewählt, da er die verschiedensten Handlungen bezeichnet. Solch eine Auswahl kann eine ganz elementare geistige
Tätigkeit sein, die etwa darin besteht, daß der Sprecher im Garten eine Rose betrachtet und sie mit dem Terminus s bezeichnet. Die zweite Auswahl
könnte in diesem Bereich sein, daß er sich auf die Farbe der Rose konzentriert
und sie mit dem Terminus „rot" bezeichnet. Die einfache Prädikation wäre
dann das Aussprechen der Aussage $s \leftarrow P$ („Die Rose ist rot"). Bei einer
Auswahl kann es sich aber auch um sehr komplexe und aus verschiedenen
Operationen zusammengesetzte geistige Tätigkeiten handeln.

Der Terminus „Auswahl" eignet sich zur Erläuterung der Prädikation,
weil seine Verwendung zweierlei voraussetzt: 1) es muß etwas geben, aus dem
ausgewählt wird; 2) die Auswahl wird stets von jemand durchgeführt, der
mit ihr bestimmte Interesssen verbindet und Ziele verfolgt.

Gegenwärtig ist eine Erläuterung der Prädikate als menschliche Handlungsschemata weit verbreitet. Sie wird vor allem von P. Lorenzen und seinen Mitarbeitern publiziert.[14] Diese Auffassung hat gegenüber einem platten Empirismus den Vorzug, daß sie auf den im Punkt 2 genannten Aspekt
der Prädikation aufmerksam macht. Jedes Sprechen und auch das Prädi-

---

[13]Vgl. A. A. Sinowjew, Komplexe Logik, S. 30 f., S. 127 f.

[14]Vgl. W. Kamlah/P. Lorenzen, Logische Propädeutik; K. Lorenz, Elemente der Sprach-
kritik. Eine Alternative zum Dogmatismus und Skeptizismus in der analytischen Philosophie, Frankfurt a. M. 1970.

zieren sind menschliche Handlungen, und da es sich beim Prädizieren um wiederholte gleichartige Handlungen handelt, ist es durchaus angebracht, von Handlungsschemata zu sprechen. Doch besteht bei dieser Erläuterung die Gefahr, daß das im Punkt 1 Gesagte vergessen wird. Bei der Erkenntnis der Wirklichkeit spannen wir ein Netz von zwei verschiedenen Terminitypen, nämlich Subjekttermini und Prädikattermini. Dies ist die Art und Weise, wie wir mit Hilfe der Prädikation über die Wirklichkeit sprechen. Diese wurde in der Geschichte der Philosophie dahingehend hypostasiert, daß man sagte, die Wirklichkeit besteht aus einer Substanz, die mit den Subekttermini bezeichnet wird, zu der dann noch die Accidenzien, die durch Prädikattermini bezeichnet werden, als von ihr verschiedene Wesenheiten hinzukommen. Dadurch kam die sonderbare Auffassung zustande, die Accidenzien könnten gesondert von der Substanz existieren. Durch die Art, wie wir die Prädikation erläutert haben, ist eine solche Auffassung, die ja schon von Hobbes verspottet wurde, ausgeschlossen. Aus unserer Auffassung der Prädikation ergibt sich weiter, daß kein Subjektterminus ein Prädikatterminus ist und kein Prädikatterminus ein Subjektterminus. Bei der Prädikation werden beide Typen von Termini benötigt. Durch die Geschichte der Philosophie ziehen sich zwei Tendenzen, die auch gegenwärtig noch anzutreffen sind und die zu einer verzerrten Auffassung der Prädikation führen. Die eine Tendenz besteht darin, Subjekttermini, die dabei meist zu eng nur als Eigennamen oder Individuennamen aufgefaßt werden, aus der Sprache auszuschalten bzw. ihre Einführung mit Hilfe von Prädikaten zu motivieren. Man könnte diese Tendenz *platonistische* oder *realistische Tendenz* nennen. Gefördert wird diese Tendenz dadurch, daß in der Umgangssprache viele Subjekttermini und insbesondere auch Eigennamen durch die gleichen Worte ausgedrückt werden wie Prädikattermini bzw. rein sprachlich von Prädikattermini abgeleitet werden.[15] Doch erstens gibt es in der Umgangssprache auch den umgekehrten Fall (vgl. „Er ist ein Quisling"), und zweitens darf der rein verbale Ausdruck nicht mit der logischen Funktion verwechselt werden.

Die andere Tendenz besteht darin, nur Subjekttermini oder noch enger nur individuelle Namen als berechtigt gelten zu lassen. Diese Tendenz kann man als *nominalistische Tendenz* bezeichnen. Das Kredo der Nominalisten wird meist so ausgedrückt: Es existieren nur Einzeldinge. Wir kommen auf diese Problematik bei der Behandlung des Prädikates der Existenz noch einmal zurück.

Beide Tendenzen sind einseitig und führen zu einer falschen Auffassung der Prädikation, bei der beide Arten von Termini erforderlich sind. Für ei-

---

[15]Vgl. G. W. Leibniz, Neue Abhandlungen über den menschlichen Verstand, Frankfurt a. M. 1961, Zweiter Band, S. 7 ff.

ne richtiges Verständis der Prädikation sind zwei Umstände wichtig. Erstens kann ein und dasselbe Prädikat für Subjekte verschiedenen Typs verschieden eingeführt werden. Zweitens steht ein Prädikat häufig für einen ganzen Komplex verschiedener Operationen. In der traditionellen Semantik, wo die Menschen ausgeschaltet werden und man nur Worte und Sätze an sich, unabhängig vom Sprachbenutzer, mit objektiven Korrelaten vergleicht, wird dieser Umstand nicht erfaßt. Ein Verständnis der elementaren Prädikation setzt voraus, daß man Menschen betrachtet (wenn auch beliebige, gleichgültig welche), die sprechen können, deren Sinnesorgane normal funktionieren und die praktisch reagieren. Geschieht dies nicht, so betrachtet man keine Sprache mehr, sondern eine selbstaufgebaute Fiktion. „Die Menschen legen diesen Dingen nur einen besondern (generic) Namen bei, weil sie bereits wissen, daß dieselben zur Befriedigung ihrer Bedürfnisse dienen, weil sie ihrer durch mehr oder minder oft wiederholte Tätigkeit habhaft zu werden und sie daher auch in ihrem Besitz zu erhalten suchen; sie nennen sie vielleicht ‚Gut‘ oder sonst etwas, was ausdrückt, daß sie praktisch diese Dinge gebrauchen, daß diese Dinge ihnen nützlich, und geben dem Ding diesen Nützlichkeitscharakter als von ihm besessen, obgleich es einem Schaf schwerlich als eine seiner ‚nützlichen‘ Eigenschaften vorkäme, daß es vom Menschen eßbar ist.“[16]

Die Unterscheidung von Subjekten und Prädikaten ist für die Sprache der Philosophie von außerordentlicher Bedeutung. In der Geschichte der Philosophie und auch gegenwärtig wird immer wieder der Fehler gemacht, daß man Prädikattermini als Subjekttermini behandelt, obwohl dies logisch unzulässig ist. Es waren besonders L. Feuerbach und in Anschluß an ihn K. Marx, die in ihrer Auseinandersetzung mit dem Idealismus auf diesen Umstand aufmerksam machten. „Das gewöhnliche Denken hat immer abstrakte Prädikate fertig, die es trennt von dem Subjekt. Alle Philosophen haben die Prädikate selbst zu Subjekten gemacht.“[17] Oder an anderer Stelle: „Wäre Hegel von den wirklichen Subjekten als den Basen des Staates ausgegangen, so hätte er nicht nötig, auf eine mystische Weise den Staat sich versubjektivieren zu lassen. ‚Die Subjektivität‘, sagt Hegel, ‚aber ist in ihrer Wahrheit nur als *Subjekt*, die Persönlichkeit nur als *Person*‘. Auch dies ist eine Mystifikation. Die Subjektivität ist eine Bestimmung des Subjekts, die Persönlichkeit eine Bestimmung der Person. Statt sie nun als Prädikate ihrer Subjekte zu fassen, verselbständigt Hegel die Prädikate und läßt sie hinterher auf eine mystische Weise in ihre Subjekte sich verwandeln.“[18]

---

[16]K. Marx, Randglosssen zu Adolph Wagners „Lehrbuch der politischen Ökonomie“, in: K. Marx/F. Engels, Werke, Bd. 19, Berlin 1962, S. 363.

[17]K. Marx, Hefte zur epikureischen, stoischen und skeptischen Philosophie, in: K. Marx/ F. Engels, Werke, Ergänzungsband, Erster Teil, Berlin 1968, S. 127.

[18]K. Marx, Aus der Kritik der Hegelschen Rechtsphilosophie, in: K. Marx/F. Engels,

Natürlich gibt es logische Verfahren, um aus Prädikattermini Subjektermini zu bilden, doch diese Verfahren haben nichts mit der eben charakterisierten Verwechselung zu tun. Aus dem Prädikat „rot" läßt sich beispielsweise der Subjektterminus „die Eigenschaft ‚rot'" (oder „das Prädikat ‚rot'") bilden. Für die Wendung „die Eigenschaft ‚rot'" kann man dann auch die Abkürzung „Röte" einführen. „Röte" ist dann auch ein Subjektterminus. Doch dabei darf nicht vergessen werden, daß „Röte" immer „die Eigenschaft ‚rot'" bedeutet und daß diesem Subjekt nicht beliebige Prädikate zugeschrieben werden dürfen, sondern daß man für Subjektermini dieses Typs erst die Bedingungen der Prädikation angeben und Prädikate festlegen muß.

3.4 Identität und Unterschied

Da in der vormathematischen Logik die Unterscheidung von ein- und zweistelligen Prädikaten und die Relationslogik wenig ausgearbeitet waren, wurden in der Geschichte der Philosophie häufig verschiedene andere Funktionen von „ist" mit seiner Rolle als Identitätsrelation verwechselt. Offensichtlich ist dieser grobe Fehler in den folgenden Sätzen von M. Stirner (Pseudonym für Joh. Kaspar): „Ineinander den Menschen sehen und gegeneinander als Menschen handeln, das nennt man ein sittliches Verhalten. Es ist ganz und gar die ‚geistige Liebe' des Christentums. Sehe ich nämlich in dir den Menschen, wie ich in mir den Menschen und nichts als den Menschen sehe, so sorge ich für dich, wie ich für mich sorgen würde, denn wir stellen ja beide nichts als den mathematischen Satz vor: $A = C$ und $B = C$, folglich $A = B$, d. h. ich nichts als Mensch und du nichts als Mensch, folglich ich und du dasselbe."[19] Wäre dieser Schluß korrekt, so würde nach dem gleichen Schema aus den beiden wahren Voraussetzungen „Joh. Kaspar ist ein Lebewesen" und „Ein Esel ist ein Lebewesen" auch folgen „Joh. Kaspar ist ein Esel". In beiden Fällen handelt es sich aber um Trugschlüsse, die auf einer Verwechselung verschiedener logischer Formen beruhen. Wir erklären zunächst, warum das zweistellige Prädikat der Identität in der Sprache erforderlich ist und was es bedeutet. Danach gehen wir auf einige philosophische Probleme ein, die mit einer Fehldeutung der Identität zusammenhängen und in der Geschichte der Philosophie heftig diskutiert wurden. Wir beschränken uns auf eine Erläuterung der Identitätsrelation für individuelle Subjektermini, obwohl sie sich auch für beliebige Subjektermini und Prädikate analog einführen läßt.

Alle natürlichen Sprachen bieten die Möglichkeit, einen Gegenstand mit verschiedenen Termini zu bezeichnen. Auf den ersten Blick scheint dies eine

---

Werke, Bd. 1, Berlin 1956, S. 224.

[19]M. Stirner, Der Einzige und sein Eigentum, Berlin 1924, S. 170.

nebensächliche Eigenschaft der Sprache zu sein und sogar auf Redundanz
hinzudeuten. Wir wollen uns am folgenden Beispiel verdeutlichen, daß dieser erste Eindruck falsch ist. Nehmen wir an, die Kriminalpolizei hat einen
Mord an der Person N. N. zu klären. Die ersten Ermittlungen mögen ergeben, daß der Mord von einer Person allein ausgeführt wurde. In diesem Fall
ist der folgende Terminus mit dem bestimmten Artikel sinnvoll „der Mörder
des N. N.". Die Kriminalpolizei verfügt dann über eine individuelle Bezeichnung für den Täter, obwohl sie in diesem Stadium der Ermittlung noch nicht
weiß, wer der Täter ist. Gelingt es ihr, in der weiteren Ermittlung durch
gewisse empirische Untersuchungen und logische Schlüsse festzustellen, daß
die Termini „der Mörder des N. N." und „die Person K. K." bedeutungsgleich sind, d. h. denselben Gegenstand bezeichnen, so hat sie den Mörder
von N. N. identifiziert. Man sagt dann, daß die Person K. K. identisch mit
dem Mörder von N. N. ist. Die Kriminalpolizei macht sich dabei natürlich
keine Gedanken über die Bedeutungsgleichheit von Termini, und doch liegt
diese logische Relation ihrer schwierigen Arbeit der Identifikation zugrunde.
Der Prozeß der Identifikation spielt in allen Lebensbereichen und in allen
Wissenschaften eine wichtige Rolle. Er hat in verschiedenen Bereichen ganz
unterschiedlichen Charakter. Die in all diesen Fällen festgestellte Identitätsrelation hat jedoch die gleichen logischen Eigenschaften. Wenn gesagt wird
„a und b sind identisch" (symbolisch $a = b$), so wird damit nicht ausgedrückt,
daß die Relation der Identität zwischen zwei unterschiedlichen Objekten a
und b besteht, sondern es wird nur gesagt, daß „a" und „b" zwei verschiedene Bezeichnungen für ein und dasselbe Objekt sind. In einer Aussage „a
und b sind identisch" wird nicht über die Termini „a" und „b" gesprochen,
sondern über die mit diesen Termini bezeichneten Objekte, die Termini „a"
und „b" werden in ihr verwendet und nicht angeführt. Eine Identitätsaussage
ist also in diesem Sinne eine ontologische Aussage. Doch verständlich wird
solch eine ontologische Aussage nur aus den Eigenschaften der Sprache. Eine
Identitätsaussage „a ist identisch mit b" ist in logischer Hinsicht abgeleitet
von der Aussage „der Terminus a und der Terminus b sind bedeutungsgleich"
($ta \rightleftharpoons tb$), d. h., wir können die Identitätsrelation durch folgende Definition
einführen. Wir beschränken uns auf den Fall, daß a und b individuelle Subjekttermini sind: $(a = b) \equiv_{Def} (ta \rightleftharpoons tb)$. Eine Identitätsaussage entsteht
also dadurch, daß man von einer Aussage über die Bedeutungsgleichheit von
Termini zu einer kürzeren und bequemeren ontologischen Aussage übergeht.

Die Grundzüge der Identitätslehre wurden in der Geschichte der Philosophie bereits von Aristoteles gelegt.[20] Aristoteles formulierte auch bereits das
häufig fälschlicherweise Leibniz zugeschriebene Identitätsprinzip: Identische

---

[20]Vgl. Aristoteles, Organon, Band II, Leipzig 1948, S. 9 f., S. 162, S. 164.

Gegenstände unterscheiden sich in keiner Eigenschaft (principium identitatis indiscernibilium).

Eine erste symbolische Formulierung dieses Prinzips gab Peirce 1885:

$$(a = b) \equiv_{Def} \forall P \left((P(a) \wedge P(b)) \vee (\sim P(a) \wedge \sim P(b)) \right)$$

(in Worten: a ist mit b identisch genau dann, wenn für alle Eigenschaften P gilt: P kommt entweder a und b zu, oder P kommt weder a noch b zu). Diese Definition der Identität wurde bekannt, da sie Russell und Whitehead in ihre „Principia Mathematica" aufnahmen. Weit verbreitet ist diese Definition heute in der Schreibweise:

$$(a = b) \equiv_{Def} \forall P \left(P(a) \equiv P(b) \right).$$

Die Identität ist eine Äquivalenzrelation, d. h., sie hat die Eigenschaften der Reflexivität, der Symmetrie und der Transitivität. Die logischen Eigenschaften der Identitätsrelation werden in der Quantorenlogik mit Identität beschrieben. Diesen logischen Kalkül erhält man, wenn man einen Quantorenkalkül auf folgende Weise erweitert: Zum Alphabet des Kalküls wird die konstante zweistellige Relation „=" hinzugefügt. Die Formeldefinition wird ergänzt durch: Wenn a und b Termini sind, so ist $a = b$ eine Formel. Außerdem werden passende Axiome und Schlußregeln zum Quantorenkalkül hinzugefügt. Man kann etwa das Axiom $x = x$ und die Ersetzbarkeitsregel für Identitäten hinzufügen: Wenn $a = b$ und die Formel A beweisbar sind, so ist auch $A\,[a/b]$ beweisbar, wobei $A\,[a/b]$ eine Formel ist, die aus A durch Ersetzen von null oder mehr Vorkommen von a in A durch b entsteht.

In der Geschichte der Philosophie wurde die Identitätsrelation umfangreich diskutiert, und wir finden die verschiedensten Fehldeutungen. Wir gehen hier nur auf einige Auffassungen ein. So wurde die Identität von den einen Philosophen als eine rein ideelle Relation angesehen. Thomas von Aquin schreibt etwa: „Die Relation, welche durch den Namen ‚dasselbe' bezeichnet wird (importatur), ist eine bloß gedachte Relation, falls man von schlechthin demselben spricht; denn eine solche Relation kann nur in der Zuordnung eines (Dinges) zu ihm selbst bestehen, welche die Vernunft zum Vorschein bringt, durch irgendzwei ihre Betrachungsweisen (considerationes)."[21] Thomas von Aquin hat hier insofern recht, als die Identitätsrelation nur durch die Eigenschaften unserer Sprache, in der wir über die Wirklichkeit sprechen, zustande kommt. Doch heißt das nicht, daß die Identität eine bloß ideelle Relation ist. Eine Identitätsaussage $a = b$ hat die Form einer ontologischen Behauptung, und die Relation der Identität zwischen a und b existiert, wenn ein Gegenstand existiert, der mit den individuellen Termini „a" und „b" bezeichnet wird.

---

[21]Zitiert nach: J. M. Bocheński, Formale Logik, Freiburg, München 1962, S. 177.

Die auf Aristoteles zurückgehende Definition der Identität als Übereinstimmung in allen Eigenschaften enthält die Gefahr von Fehldeutungen, die in der Geschichte der Philosophie auch auftreten. Deshalb haben wir die Identität mit Hilfe der Bedeutungsgleichheit von Termini definiert. Aus unserer Definition ergibt sich als Folgerung die folgende Bisubjunktion:

$$(a = b) \equiv \forall P \left(P(a) \equiv P(b) \right).$$

Formal ist also auch die Leibnizsche Definition der Identität korrekt. Wir halten diese Definition aber für unzweckmäßig, weil sie bei empirischen Individuen praktisch nutzlos ist, da man dort doch nie die Übereinstimmung in allen Eigenschaften überprüfen kann. In der modernen mathematischen Logik umgeht man diese Schwierigkeit, indem man immer einen festen Individuenbereich mit genau definierten Prädikaten vorgibt.[22] Außerdem legt diese Definition nahe, man würde die Identität von *zwei* Gegenständen durch Vergleich aller ihrer Eigenschften feststellen. Faktisch geschieht dies aber nur in der Mathematik, wo man es mit abstrakten Gegenständen zu tun hat, die nur die Eigenschaften haben, die sich aus ihrer Definition ergeben. Bei dem Versuch, die Leibnizsche Identitätsdefinition auf empirische Gegenstände anzuwenden, versuchte man die Identitätsrelation unmittelbar ontologisch zu begründen, ohne ihren Ursprung in den Eigenschaften der Sprache zu sehen.[23] Man sagt dann, die Identitätsrelation würde aus der relativen Beständigkeit der Einzeldinge der Realität abstrahiert. Führt man diesen falschen Ansatz fort, so entsteht folgendes Dilemma. Aus dem Satz $a = a$ ergibt sich dann „Sokrates ist Sokrates". Diesen Satz kann man jetzt fälschlicherweise so auffassen, als ob Sokrates zu allen Zeiten seiner Existenz die gleichen Eigenschaften gehabt hätte, d. h., daß Sokrates sich nicht verändert hätte. Solche metaphysischen ontologischen Deutungen des Satzes $a = a$ wurden in der Geschichte der Philosophie vorgenommen, und als Folgerung solcher Deutungen behauptete man entweder, es gäbe überhaupt keine Veränderung oder, da diese Feststellung aller Erfahrung widerspricht, verwarf man den Satz $a = a$. So setzte Hegel etwa der metaphysischen Deutung des Satzes $a = a$, d. h. der Leugnung aller Veränderung, sein Prinzip der dialektischen Identität entgegen, nach dem kein Gegenstand sich selbst gleich bleibt, gleichzeitig verwarf er den Satz $a = a$. In seiner Argumentation unterlaufen Hegel grobe logische Fehler. Ein erster Fehler besteht darin, daß die Bezeichnungen eines Gegenstandes mit diesem Gegenstand selbst verwechselt werden.

---

[22]Vgl. etwa: S. Kleene, Mathematičeskaâ logika, Moskva 1973, S. 188 f.

[23]Vgl. etwa die langwierigen Erörterungen über Identität und Verschiedenheit in: G. W. Leibniz, Neue Abhandlungen über den menschlichen Verstand, Erster Band, Frankfurt a. M. 1961, S. 391–435, oder die Mühen D. Humes mit dem Begriff der Identität in: D. Hume, Abhandlungen über die menschliche Natur, Halle 1790.

Eine Identitätsaussage $A = B$ wird so gedeutet, als ob die Buchstaben A und B identisch sein sollen.[24] Zu dieser falschen Auffassung der Identität trug die Verwendung des Identitätszeichens in der Mathematik bei. In der Mathematik sind Zahlen Objekte, die durch Definitionen eingeführt werden. Sie existieren erst, wenn man Zeichen für sie einführt. Man unterscheidet zwar zwischen Ziffer und Zahl, aber ohne Bezeichnungen (Ziffern) existieren auch die Zahlen als abstrakte Objekte nicht. Das führt dann dazu, daß man die Zahlen und die Zahlentermini häufig nicht unterscheidet. So finden wir dann auch bei dem Mathematiker I. I. Shegalkin den gleichen Fehler wie bei Hegel.[25] Ein zweiter Fehler Hegels besteht in der Verwechslung der Identität mit einer einfachen Prädikation. Die folgende Textstelle mag das belegen: „Dieser Widerspruch, oder daß der Satz der Identität sich selbst aufhebt, gefühlt, drückt sich so aus, daß mit einem solchen Satze gar nichts gesagt sei. Der Baum ist –, man erwartet, daß etwas von ihm gesagt werde, etwas, das ihn ausdrücke als ein in einer Bestimmtheit sich Erhaltendes, in der Bestimmtheit des Prädikats sich Gleichbleibendes; aber ‚der Baum ist Baum' drückt eben nicht das Ansich desselben aus, indem es ihn nicht als ein in sich selbst Reflektiertes darstellt."[26] Ein dritter Fehler Hegels besteht darin, daß er die Worte „identisch" und „verschieden" (eine Aussage der Form „a ist verschieden von b" oder „a unterscheidet sich von b" ist einfach eine Negation der betreffenden Identitätsaussage $a = b$, deshalb behandeln wir „den Unterschied" nicht gesondert) nicht als zweistellige Prädikate (oder Relationen) behandelt, sondern einmal als Subjekttermini und zum anderen als einstellige Prädikate.[27] Zu Hegels Kritik am logischen Identitätsbegriff seien abschließend noch zwei Bemerkungen gestattet. Hegel hat natürlich Recht, wenn er schreibt, der Satz der Indentität $a = a$ sei eine Tautologie. Alle logischen Gesetze sind Tautologien, die uns keine Informationen über die nichtsprachliche Wirklichkeit liefern. Unrecht hat er, wenn er sich bei seiner Kritik am logischen Identitätsbegriff auf den Satz $a = a$ beschränkt. Würde sich die Identitätslogik auf diesen Satz beschränken, so wäre sie wirklich überflüssig, aber die Identitätslogik wird ja gerade erforderlich, weil wir einen Gegenstand mit verschiedenen Namen bezeichnen können und weil wir aus Aussagen mit verschiedenen Namen des gleichen Gegenstandes logische Schlüsse ziehen müssen. Außerdem darf man von der Identitätsrelation nicht mehr erwarten, als sie wirklich zu leisten imstande ist. Mit ihrer Hilfe allein

---

[24]Vgl. G. W. F. Hegel, Jenenser Logik. Metaphysik und Naturphilosophie, Berlin 1968, S. 135.

[25]Vgl. I. I. Žegalkin, Transfinitnye čisla, Moskva 1910; vgl. auch D. P. Gorskij, Voprosy abstrakcii i obrazovanie ponâtij, Moskva 1961, S. 160 f.

[26]G. W. F. Hegel, Jenenser Logik, S. 136.

[27]Vgl. G. W. F. Hegel, Wissenschaft der Logik, Zweiter Teil, Leipzig 1951, S. 28.

lassen sich etwa Veränderungen nicht beschreiben. Trotzdem bleibt natürlich der Satz „Die Spree ist identisch mit der Spree" logisch wahr, obwohl sich das Wasser der Spree ständig verändert. Diese ständig sich verändernde Naturerscheinung bezeichnen wir gerade mit dem Terminus „Spree", und man kann selbstverständlich beliebig oft in der Spree baden (wenn man das Bedürfnis dazu verspürt).

3.5   Das Prädikat der Existenz

Würden wir in dem von J. Swift in „Gullivers Reisen" geschilderten Wunderland der Houyhnhnms (das sind vernunftbegabte, irrtumsfreie und moralisch makellose Pferde) leben, deren Sprache beherrschen und nur in deren Sinne verwenden, so benötigten wir das Prädikat der Existenz nicht. Die Houyhnhnms verwenden nur Termini, die wirklich etwas bezeichnen, und treffen nur wahre Aussagen. Der Gebrauch der Rede (eine Schrift haben sie nicht) dient ihnen ausschließlich „zum gegenseitigen Verständnis und zur Erlangung von Auskünften", außerdem sind sie so klug, daß kein Houyhnhnm etwas sagt, „was es nicht gibt". „Irrtum" und „Lüge" sind für die Houyhnhnms unverständliche Worte. Die Houyhnhnms verwenden keine leeren Termini, und wenn a ein Wort ihrer Sprache ist, so gilt trivialerweise „a existiert" und das Prädikat der Existenz wäre überflüssig. Leider berichtet Gulliver nicht, wie die Houyhnhnms ihre Rede für die Fälle geregelt haben, wo zwar der Name (die Bezeichnung) eines Objektes existiert, aber das Objekt selber noch nicht oder nicht mehr existiert. Da die Houyhnhnms keine Totenverehrung kannten und den Tod auch nicht fürchteten, deutet alles darauf hin, daß sie nur dem Augenblick lebten, keine wehmütigen Erinnerungen pflegten (kein Gedächtnis besaßen) und auch keine Zukunftspläne aufstellten (über keine prognostischen Fähigkeiten verfügten). Starb eine Person, so vergaßen sie sicher sofort ihren Namen, wurde eine Person geboren, so wurde erst in diesem Augenblick ihr Name bestimmt, und sie vermieden damit auch die bei uns Menschen übliche monatelange Qual der Auswahl eines Namens für einen zukünftigen Erdenbürger. Sollte die Rede der Houyhnhnms wirklich so gewesen sein, wie wir es hier auf Grund der spärlichen Informationen Gullivers hypothetisch konstruieren mußten, so verfügten sie nicht über das Prädikat der Existenz, da es bei ihnen ja vollkommen überflüssig gewesen wäre.

Wir wissen nicht, ob einige Philosophen der Yahoos (Bezeichnung der Houyhnhnms für Menschen und menschenähnliche Tiere) auf Gullivers Fußstapfen selber das Land der Houyhnhnms besuchten und deren Sprache studierten, oder ob sie nur durch Gullivers Bericht von ihr Kenntnis hatten. Jedenfalls lesen wir Jahre nach Erscheinen von „Gullivers Reisen" bei D. Hume:

„Der Begriff der Existenz ist also mit dem Begriff dessen, was wir als existierend denken, identisch. Die Sätze, an ein Ding denken, und an dasselbe als existierend denken, sind gar nicht voneinander verschieden. Der Begriff der Existenz fügt keine neue Bestimmung zum Objekte hinzu, wenn er mit dem Begriff desselben verknüpft wird. Wir mögen uns vorstellen, was wir wollen, so stellen wir es uns als existierend vor. Jeder Begriff, den wir uns formieren, ist der Begriff eines Seyns, und der Begriff eines Seyns ist jeder Begriff, den wir formieren.“[28]

Kant griff diese Argumentation bei der Kritik des sogenannten ontologischen Gottesbeweises des Anselm von Canterbury auf. Canterbury versuchte bekanntlich durch folgende Argumentation das Dasein (die Existenz) Gottes zu beweisen: Der Terminus „Gott“ wird definiert als gleichbedeutend mit dem Terminus „vollkommenes Wesen“. Da zur Vollkommenheit offenbar die Existenz gehören muß, weil ein nicht existierendes Wesen nicht vollkommen sein kann, schloß er daraus, daß Gott existieren muß.

Kant verwirft zwar zu recht den Gottesbeweis des Anselm von Canterbury, und auch seine Behauptung, daß ein ontologischer Beweis für das Dasein Gottes unmöglich sei, ist richtig. Doch in seiner eigenen Argumentation ist ein Fehler enthalten, der sich schon bei Hume andeutet und auch heute noch häufig wiederholt wird. Kant schreibt: „Sein ist offenbar kein reales Prädikat d. i. ein Begriff von irgend etwas, was zu dem Begriffe eines Dings hinzukommen könne. Es ist bloß die Position eines Dinges oder gewisser Bestimmungen an sich selbst. Im logischen Gebrauche ist es lediglich die Copula eines Urtheils. Der Satz: *Gott ist allmächtig*, enthält zwei Begriffe, die ihre Objekte haben: Gott und Allmacht; das Wörtchen: *ist*, ist nicht noch ein Prädikat oben ein, sondern nur das, was das Prädikat *beziehungsweise* auf das Subjekt setzt. Nehme ich nun das Subjekt (Gott) mit allen seinen Prädikaten (worunter auch die Allmacht gehört) zusammen und sage: *Gott ist*, oder: es ist ein Gott, so setze ich kein neues Prädikat vom Begriffe von Gott, sondern nur das Subjekt an sich selbst mit allen seinen Prädikaten, und zwar den Gegenstand in Beziehung auf meinen Begriff. Beide müssen genau einerlei enthalten und es kann daher zu dem Begriffe, der bloß die Möglichkeit ausdrückt, darum, dass ich diesen Gegenstand als schlechthin gegeben denke, nichts weiter hinzukommen. Und so erhält das Wirkliche nichts mehr, als das bloss Mögliche.“[29] Es ist offensichtlich, daß Kant hier die Bedeutung des Wortes „ist“ als Prädikationsoperator mit seiner Bedeutung als Prädikat der Existenz verwechselt. In logischer Hinsicht haben diese beiden Verwendungs-

---

[28]D. Hume, Abhandlung über die menschliche Natur, Erster Band. Von dem Verstande, S. 142.

[29]I. Kant, Kritik der reinen Vernunft, Berlin 1870, S. 480 f.

weisen des Wortes „ist" aber überhaupt nichts miteinander zu tun. Sie sind
nicht aufeinander reduzierbar. Doch größere Auswirkungen in der Geschichte der Philosophie hatte die Behauptung Kants, das Prädikat der Existenz
sei kein reales Prädikat. Wir geben hier nur einige typische Auffassungen
bezüglich des Prädikates der Existenz an. Mit der Verwendung des Wortes
„Existenz" im Existentialismus beschäftigen wir uns nicht, da wir hier eine
logische Rekonstruktion für aussichtslos halten.

Viele Logiker halten im Anschluß an G. Frege das Prädikat der Existenz
für ein sogenanntes Prädikat der zweiten Stufe oder für ein Prädikat zweiter
Ordnung.[30] Nach Frege gibt ein Prädikat der ersten Stufe (ein Begriff der
ersten Stufe in seiner Terminologie) eine Eigenschaft von Gegenständen an,
während ein Prädikat der zweiten Stufe eine Eigenschaft eines Prädikates der
ersten Stufe angibt. Frege bestreitet – ähnlich wie Kant –, daß das Prädikat
der Existenz eine Eigenschaft von Gegenständen ausdrückt, seiner Meinung
nach drückt es die Eigenschaft von Begriffen aus, nicht leer zu sein. Diese
Auffassung Freges ergibt sich als Konsequenz aus einer zu engen Deutung
von Prädikaten überhaupt und insbesondere aus seiner Bedeutungstheorie.
Wir gehen auf diese Problematik hier nicht näher ein und verweisen nur
darauf, daß in diesem Zusammenhang zwei verschiedene Probleme auseinan-
dergehalten werden müssen: 1) die logische Struktur einer Aussage der Form
„a existiert"; 2) die Einführung (Definition) des Prädikates „existiert" für
Subjekte des Typs a. Wir kommen auf diese Problematik noch zurück, doch
zunächst skizzieren wir noch einige andere Weiterungen der oben genannten
Kantschen Auffassung.

In der klassischen mathematischen Logik kommt das Prädikat der Existenz nicht vor, weil man meint, alle Existenzaussagen mit Hilfe des Existenzquantors $\exists$ ausdrücken zu können. Das gilt aber nur, wenn man alle
der klassischen Quantorenlogik zugrundeliegenden Voraussetzungen macht
und darauf verzichtet, leere Termini zu verwenden. Aussagen wie „Nixen existieren nicht" lassen sich aber im Rahmen dieser Logik nicht formulieren.
Außerdem ist der logische Unterschied zwischen einem Quantor und einem
Prädikat offensichtlich. Auch viele Vertreter der analytischen Philosophie bestreiten, daß „existieren" ein sinnvolles Prädikat ist. Wir verweisen nur auf
zwei Beispiele. So bestreitet R. Carnap in seiner Arbeit „Scheinprobleme in
der Philosophie", daß „real" ein sinnvolles Prädikat sei (u. E. ist „real" hier
nur ein anderes Wort für das Prädikat der Existenz). In seiner Polemik gegen
den Realisnus legt er dem Realisten die Worte in den Mund: „Diesem von uns
gemeinsam festgelegten Berg kommen nicht nur die gefundenen geographi-

---

[30]Vgl. G. Frege, Funktion und Begriff, in: G. Frege, Dialog mit Pünjer über Existenz,
in: G. Frege, Schriften zur Logik. Aus dem Nachlaß, Berlin 1973.

schen Eigenschaften zu, sondern er ist außerdem auch real."[31] Eine ganz ähnliche Argumentation wird später von einigen Vertretern der Philosophie der normalen Sprache gegen das Prädikat der Existenz vorgebracht. Sie führen dazu etwa die Aussagen an: „Löwen leben in Afrika", „Löwen knurren" usw. und nach dieser Aufzählung „Löwen existieren".[32] Da in beiden Beispielen nach den anderen bereits getroffenen Aussagen die beiden Aussagen „Der Berg ist real" und „Löwen existieren" uns keinerlei Information geben und das Prädikat der Existenz sich scheinbar anders verhält als andere Prädikate, wird dann einfach bestritten, daß es ein sinnvolles Prädikat sei.

Der Fehler in dieser Argumentation wird deutlich, wenn wir uns überlegen, warum das Prädikat der Existenz in eine Sprache eingeführt wird. Im wesentlichen sind dies zwei Günde. Der erste Grund liegt in den Eigenschaften der Sprache selbst. Die Sprache ermöglicht es den Menschen, sich beim Sprechen von der Wirklichkeit, über die gesprochen wird, zu lösen. Wir können sprachlich rein fiktive Zustände fingieren. Insbesondere erlaubt die Sprache, gegebene Termini mit Hilfe von logischen Operatoren beliebig zu verknüpfen und neue Termini zu bilden. Ist dabei die Bedeutung der Ausgangstermini und sind die Eigenschaften der verwendeten logischen Operatoren bekannt, so ist auch die Bedeutung der neuen Termini bekannt. Ist etwa in der deutschen Sprache die Bedeutung der Termini „Löwen", „zahm", „Quadrat" und „rund" bekannt, so ist auch die Bedeutung der Termini „zahmer Löwe" und „rundes Quadrat" bekannt. Diese beiden Termini unterscheiden sich in einer wesentlichen Eigenschaft, denn es lassen sich Gegenstände aufweisen (auswählen), die mit dem Termiuns „zahmer Löwe" bezeichnet werden, während es (allein auf Grund der Bedeutung der Termini „rund" und „Quadrat") unmöglich ist, Gegenstände aufzuweisen, die mit dem Terminus „rundes Quadrat" bezeichnet werden. (Da Frege als die Bedeutung eines Terminus den mit ihm bezeichneten Gegenstand ansieht, würde er sagen, der letztere Terminus hätte gar keine Bedeutung. Doch in der von uns vertretenen Bedeutungstheorie hat er sehr wohl eine Bedeutung, er bezeichnet nur keinen Gegenstand.) Diese Sachverhalte drückt man dann durch folgende Aussagen aus: „Zahme Löwen existieren" und „Runde Quadrate existieren nicht". Solche Aussagen können durchaus informativ sein; die erste etwa für jemand, der bisher nur wußte, daß es wild lebende Löwen gibt, wobei diese Aussage natürlich wiederum nur informativ ist, wenn nicht vorher schon eine ganze Reihe von anderen Aussagen über zahme Löwen gemacht wurde; die zweite Aussage kann sogar informativ sein, wenn man eine ganze Abhandlung über runde Quadrate

---

[31]R. Carnap, Scheinprobleme in der Philosophie, Frankfurt a. M. 1971, S. 63.

[32]Vgl. etwa die Darstellung dieser Problematik in: E. v. Savigny, Die Philosophie der normalen Sprache, Frankfurt a. M. 1969, S. 226 ff.

gelesen hat. Der rationelle Kern der oben beschriebenen Fregeschen Auffassung des Prädikates der Existenz besteht darin, daß eine Aussage der Form „a existiert" genau dann, wenn die Aussage „der Terminus a ist nicht leer" gilt. Das ändert aber nichts an der logischen Form einer Aussage der Form „a existiert", in der über a und nicht über den Terminus a gesprochen wird. Wir verwenden im weiteren das Symbol E für das Prädikat der Existenz und schreiben Existenzaussagen in der Form $E(a)$. Der zweite Grund für die Einführung des Prädikates E in die Sprache liegt darin, daß sich empirische Gegenstände verändern, daß sie entstehen und vergehen. Dadurch, daß wir uns mit Hilfe der Sprache von der empirischen Wirklichkeit lösen können, haben wir die Möglickeit der Retrospektive und Prognose, d. h., wir können über Gegenstände sprechen, die nicht mehr oder noch nicht existieren, und wir können mit Hilfe von Zeittermini die Existenzzeit von empirischen Gegenständen fixieren. Während man in der Mathematik beim Sprechen über abstrakte Gegenstände, die sich nicht verändern, ohne das Prädikat E auskommen kann und faktisch auch auskommt, ist es in Aussagen über empirische Gegenstände unbedingt erforderlich.

Aus dem Gesagten wird bereits deutlich, daß die Logik nicht allein, losgelöst von aller Empirie, das Prädikat der Existenz definieren und beschreiben kann. Die Logik hat im wesentlichen zwei Aufgaben bei der Untersuchung des Prädikates der Existenz. Die eine Aufgabe besteht darin, Regeln der logischen Folgebeziehung für beliebige Verwendungsweisen des Prädikates E aufzustellen. Das betrifft etwa Regeln für zusammengesetzte Termini, mit denen das Prädikat E verknüpft wird, die logischen Beziehungen zum Existenzquantor $\exists$ und zu anderen Prädikaten (z. B. möglich, notwendig) usw.[33] Die zweite Aufgabe besteht darin, die Bedeutung des Prädikates der Existenz für Subjekttermini verschiedenen Typs überhaupt erst zu definieren. In der Philosophiegeschichte wurde häufig der logische Fehler gemacht, daß man meinte, wenn die Bedeutung eines Prädikates für einen bestimmten Typ von logischen Subjekten definiert sei, so wäre die Bedeutung dieser Prädikate für alle Typen von Subjekten festgelegt. Prädikate werden aber häufig nur für eine bestimmte eingeschränkte Klasse von Subjekttermini und für verschiedene Typen von Subjekttermini verschieden definiert. So ist es auch beim Prädikat der Existenz. Die Festlegung der Bedeutung des Prädikates der Existenz ist dabei keine rein logische Aufgabe. Die Logik setzt in ihren Untersuchungen vielmehr voraus, daß die Bedeutung des Prädikates E für einfache Verwendungsfälle bereits bekannt ist. Das gilt insbesondere für einfache empirische Gegenstände. Wenn wir etwa einen Gegenstand mit Hilfe unserer Sinnesorgane wahrnehmen, so existiert er. Aus unserer Alltagspraxis

---

[33]Vgl. A. Sinowjew/H. Wessel, Logische Sprachregeln.

wissen wir, daß Tische, Stühle, Löwen usw. existieren. Wird ein Subjektterminus mit Hilfe von Definitionen eingeführt, so folgt aus der Definition
allein im allgemeinen nicht seine Existenz. Sie muß vielmehr mit außerlogischen Mitteln nachgewiesen werden. Hier liegt auch der logische Fehler des
sogenannten ontologischen Gottesbeweises.

Existenzaussagen haben immer die logische Form $E(a)$, wobei a ein Subjektterminus ist. Wenn P ein Prädikatterminus ist, so ist die Zeichenreihe
$E(P)$ also schon aus rein syntaktischen Gründen keine Aussage. In einem
Unverständnis dieses Umstandes liegt einer der Gründe für den jahrhun-
dertealten Universalienstreit. Aus einem Prädikatterminus P lassen sich aber
die zwei verschiedenen Subjekttermini „das Prädikat P" und „die Eigenschaft (das Merkmal) P" bilden, die dann als Subjekte in Existenzaussagen
auftreten können. Dabei gilt die Aussage „Das Prädikat P existiert" genau
dann, wenn P als Prädikatterminus in Gebrauch ist, während die Aussage
„die Eigenschaft P existiert" genau dann gilt, wenn ein Gegenstand a mit der
Eigenschaft P existiert (symbolisch $a{\downarrow}P$, „a derart, daß $P(a)$"). Durch die
eben angegebenen Sätze wird die Bedeutung des Prädikates E für Subjekte
des betreffenden Typs erst festgelegt. Es sind also terminologische Festlegungen und keine faktischen Feststellungen.

Viele philosophische Diskussionen gab und gibt es über die Existenz von
Relationen und Klassen. So schreibt Leibniz in seinem fünften Brief an Clarke
über die Existenz von Relationen: „Man wird nicht sagen können, dass L und
M zusammen das Subject eines solchen Accidenz seien, denn dann hätte man
ein Accidenz für zwei Subjecte, was sein eines Bein in dem einen Subjecte
und sein anderes Bein in dem anderen Subjecte hätte; denn dies widerstreitet
dem Begriffe des Accidenz. Man muß deshalb sagen, dass diese Beziehung ...
allerdings ausserhalb der Subjecte ist, allein, da sie weder Substanz, noch
Accidenz ist, so ist sie eine blos ideale Sache, deren Betrachtung jedoch ganz
nützlich ist."[34]

Leibniz kommt zu dieser idealistischen Konsequenz auf Grund seiner
falschen Substanz-Accidenz-Auffassung, die bereits von Th. Hobbes in dem
im 2. Abschnitt dieses Kapitels angeführten Zitat kritisiert wird, und weil er
nicht beachtet, wie Relationsworte in den Sprachgebrauch eingeführt werden.

Zu einer ebenso falschen Auffassung der Existenz von Relationen führt
der Vulgärmaterialismus, der gegenwärtig häufig die erkenntnistheoretische
Widerspiegelung oder Abbildung im Sinne einer Isomorphie oder Homomor-
phierelation zwischen den menschlichen Aussagen und der Realität fehldeu-
tet. Wenn man eine Aussage mit einem zweistelligen Prädikat wie „Anton
liebt Gerda" betrachtet, so könnte man die vulgärmaterialistische Auffas-

---

[34]G. W. Leibniz, Die kleineren philosophisch wichtigen Schriften, Leipzig 1879, S. 218.

sung so erläutern, daß diese Aussage wahr ist, wenn jedem ihrer Worte eine empirische Gegebenheit im folgenden Sinne entspricht, dem Wort „Anton" entspricht eine Person Anton, dem Wort „Gerda" die Person Gerda und der Beziehung „lieben" entspricht nicht etwa im metaphorischen Sinne, sondern im wörtlichen Sinne ein Liebesband, das die beiden verknüpft. Bei der Leibnizschen Auffassung wird vergessen, daß die Menschen, die Relationsworte gebrauchen, diese zwar selber nach ihrem Willen einführen, sich dabei aber auf objektiv Gegebenes stützen und daraus bei ihrer Wortwahl auswählen. Bei der vulgärmaterialistischen Auffassung wird vergessen, daß die verschiedensten empirischen zwischenmenschlichen Beziehungen, die außer ihrer gemeinsamen Bezeichnung „lieben" gar nichts gemein haben müssen, kraft unserer Entscheidung „lieben" genannt werden. Vorausgesetzt, die Bedeutung der Termini a, b und R sei bekannt, so läßt sich das Prädikat der Existenz für eine Relation R auf folgende Weise definieren: Die Relation R existiert genau dann, wenn Gegenstände a und b derart existieren, daß aRb gilt.

Ähnliche philosophische Schwierigkeiten treten bei der Frage nach der Existenz von Klassen auf. Die einen behaupten dann etwa, Klassen existieren objektiv ideal, andere bestreiten dies, manchmal wird die Existenz der leeren Klasse bestritten usw. All diese Schwierigkeiten treten aber nur auf, weil man die Bedeutung des Prädikates E für Klassentermini überhaupt nicht festlegt. Der Klasenoperator K hat aber (im Unterschied zum Anhäufungsoperator Σ) gerade die folgende Eigenschaft: Eine Klasse existiert genau dann, wenn man korrekt ihren Namen bildet. Wenn a ein Subjektterminus ist, so existiert die Klasse Ka genau dann, wenn man den Subjektterminus „die Klasse a" (Ka) bildet. Insbesondere kann Ka dabei als leere Klasse existieren.

Aus dem Gesagten wird häufig die falsche Schlußfolgerung gezogen, daß das Prädikat der Existenz mehrdeutig sei, und man spricht dann manchmal sogar von verschiedenen Seinsbereichen. Unseres Erachtens ist dieses Prädikat aber nicht mehrdeutig, sondern seine Bedeutung wird für Subjekttermini verschiedenen Typs verschieden definiert. So ist etwa die Aussage „Die Romanfigur Gulliver existiert" wahr, während die Aussage „Die Person Gulliver existiert" falsch ist. Grundlage für die Definition des Prädikates E für alle Typen von Subjekttermini bildet die Bedeutung des Prädikates E für einfache empirische Gegenstände, die wir mit Hilfe unserer fünf Sinne wahrnehmen. So gilt die Aussage „Die Romanfigur Gulliver existiert", weil wir empirisch feststellen können, daß der Personenname Gulliver in einem Roman vorkommt.

3.6 „Sein" als Subjektterminus

Der Terminus „das Sein" spielt in der Geschichte der Philosophie eine hervor-
ragende Rolle. Und gerade dieser Terminus war den verschiedensten Fehldeutungen ausgesetzt. Wir wollen uns zwei solcher Fehldeutungen ansehen und
dann einen korrekten Vorschlag zur Einführung des Subjektterminus „Sein"
machen. Auf den ersten Fehler hatten wir bereits bei der Behandlung von
Parmenides Sein aufmerksam gemacht. Er besteht darin, daß man den Subjektterminus „Sein" als von der Kopula (dem Prädikationsoperator) „ist"
abgeleitet betrachtet. Dieser Fehler wird sowohl von Philosophen als auch
von Logikern begangen. Wenn W. Capelle schreibt, daß Parmenides durch
die Untersuchung der Kopula „ist" zu seinem Begriff des „Seins" geführt
wurde, so mag er sogar recht haben,[35] aber die Philosophie des Parmenides
als Philosophie der Kopula mißverstehen bedeutet, sie zur Sinnlosigkeit zu
verurteilen. Den gleichen Vorwurf macht Frege faktisch der gesamten Seinsphilosophie, wenn er schreibt: „Wenn die Philosophen von dem ‚absoluten
Sein' sprechen, so ist dies eigentlich eine Vergötterung der Kopula."[36]

Es gibt keine Verfahren, um aus einem logischen Operator, und „ist"
als Kopula ist ein solcher, (außer dem Subjektterminus „der Operator ‚ist'")
korrekt Subjekttermini zu bilden. Wenn Frege und andere Vertreter der angegebenen Auffassung recht hätten, so wäre die ganze Seinsphilosophie sinnlos,
denn „Sein" wäre gar kein Terminus. Eine andere Fehldeutung des Terminus
„Sein" besteht darin, ihn als durch eine Abstraktion gewonnen zu betrachten. Mit dieser Auffassung polemisierte bereits Feuerbach, wenn er schreibt:
„Das Sein der Hegelschen Logik ist das Sein der alten Metaphysik, welches
von allen Dingen ohne Unterschied ausgesagt wird, weil nach ihr alle darin
übereinkommen, daß sie sind. Dieses unterschiedslose Sein ist aber ein abstrakter Gedanke, ein Gedanke ohne Realität. Das Sein ist so verschieden als
die Dinge, welche sind.

Darin, heißt es z. B. in einer Metaphysik aus der Wolffschen Schule, stimmen Gott, die Welt, der Mensch, der Tisch, das Buch usw. miteinander über-
ein, daß sie sind ... Dieses überall gleiche, unterschiedslose und inhaltslose
Sein ist nun auch das Sein der Hegelschen Logik. Hegel bemerkt selbst, daß
die Polemik gegen die Identität von Sein und Nichts nur daher komme, daß
man dem Sein einen bestimmten Inhalt unterstelle. Aber eben das Bewußtsein des Seins ist immer und notwendig am bestimmten Inhalt gebunden.
Abstrahiere ich vom Inhalt des Seins, und zwar von allem Inhalt, denn alles
ist Inhalt des Seins, so bleibt mir freilich nichts übrig, als der Gedanke von

---

[35]Vgl. W. Capelle, Die Vorsokratiker, S. 158 f.
[36]F. Frege, Schriften zur Logik, S. 19.

nichts. Und wenn daher Hegel dem gemeinen Bewußtsein vorwirft, daß es etwas, was nicht zum Sein gehöre, dem Sein, wie es Gegenstand der Logik, unterstelle, so trifft vielmehr ihn der Vorwurf, daß er eine bodenlose Abstraktion dem, was das menschliche Bewußtsein rechtmäßiger und vernünftigerweise unter Sein versteht, unterstellt. Das Sein ist kein allgemeiner, von den Dingen abtrennbarer Begriff. Es ist eins mit dem, was ist."[37]

Alles, was existiert, gehört zum Sein. Oder logisch präziser: Sein (abgekürzt S) ist eine Anhäufung von empirischen Individuen, in der alle empirischen Individuen eingeschlossen sind. Wenn x eine Variable für empirische Individuen ist, so läßt sich diese Definition folgendermaßen schreiben:

$$\forall x \, (x \in S).$$

Es sei darauf hingewiesen, daß der Terminus „Sein" als Anhäufungsterminus und nicht als Klassen- oder Mengenterminus eingeführt wird. Aus der Definition folgt, daß der Terminus „Sein" ein individueller Terminus ist und daß der Gebrauch des bestimmten Artikels in Wendungen mit „das Sein" begründet ist. Aus der Definition folgt weiter, daß das Sein genau dann existiert, wenn mindestens ein empirisches Individuum existiert, und genau dann nicht existiert, wenn kein einziges empirisches Individuum existiert.

Weitere logische Folgerungen aus der angegebenen Definition wollen wir hier nicht betrachten.[38] Wir kommen später bei der Behandlung der Kantschen Antinomien auf diesen Terminus zurück und werden dann sehen, daß ein Teil von Parmenides Behauptungen über sein Sein sinnvoll ist, wenn wir den Terminus „Sein" im eben angegebenen Sinne verwenden. Wird der Terminus „Sein" in diesem Sinne verwendet, so ist beispielsweise das Prädikat der Veränderung nicht auf das Sein anwendbar, und Parmenides hat recht, wenn er von der Unveränderlichkeit des Seins spricht. Falsch bleibt natürlich seine Folgerung, daß sich deshalb nichts verändert.

3.7   „Das Nichts" ist kein Terminus

Ebenso, wie man meinte, der Terminus „Sein" sei aus der Kopula „ist" gebildet, schuf man in der Geschichte der Philosophie aus dem Negationsoperator „nicht" den scheinbaren Subjektterminus „Das Nichts". Einige Philosophen gingen noch weiter und führten auch noch einen von dem Operator „nicht" abgeleiteten Prädikatterminus „nichten" ein und behaupteten dann

---

[37]L. Feuerbach, Kleine philosophische Schriften (1842–1845), Leipzig 1950, S. 132 f.
[38]Vgl. A. A. Sinowjew, Logik und Sprache der Physik, Berlin 1975.

allen Ernstes Aussagen wie „Das Nichts nichtet". Aus einem logischen Operator läßt sich aber korrekt weder solch ein Subjekt- noch solch ein Prädikatterminus bilden, deshalb handelt es sich bei „das Nichts", „nichten", „Das Nichts nichtet" nicht um Termini und Aussagen, sondern um sinnlose Wortkombinationen. Als Anregung für Philosophen, die solche Schöpfungen lieben, sei eine Untersuchung analoger Wendungen wie „Das Und undet" oder „Das Oder odert" empfohlen.

3.8 Das Prädikat der Veränderung

In der Geschichte der Philsophie gibt es Versuche, Veränderungstermini mit Hilfe der Worte „Sein" und „Nichts" einzuführen. Am bekanntesten ist der Versuch Hegels, den Terminus „Werden" mit Hilfe der Worte „Sein" und „Nichts" zu bestimmen.[39] Diese Versuche sind jedoch zum Scheitern verurteilt, denn ohne jeden Rückgriff auf das empirisch Gegebene lassen sich Veränderungstermini nicht einführen. Ähnlich wie das Prädikat der Existenz lassen sich auch Veränderungstermini nicht rein logisch einführen. In der Logik wird vielmehr vorausgesetzt, daß das Prädikat der Veränderung „das Erste verändert sich zu dem Zweiten" (symbolisch „... ⇒ ...") für einfache Verwendungsfälle bereits bekannt ist. Unter dieser Voraussetzung wird dann in der Logik die Bedeutung dieses Prädikates für komplizierte Verwendungsweisen definiert, es werden von ihm abgeleitete Termini gebildet und die logischen Beziehungen zu anderen Prädikaten festgelegt. Insbesondere werden Zeittermini mit Hilfe des Prädikates der Veränderung definiert.

Zur Erläuterung einfacher Verwendungsfälle des Prädikates der Veränderung stellen wir uns eine Menschengruppe vor, die noch nicht über dieses Prädikat verfügt, und überlegen, wie sie es einführen könnte.[40] Diese Gruppe wird zunächst an einer Reihe von Beispielen den Gebrauch des Zeitindikators „jetzt" festlegen oder erlernen. Es werden die Ereignisse in ihrer unmittelbaren Gegenwart beobachtet („unmittelbare Gegenwart" ist hier noch kein spezieller Zeitterminus; sie umfaßt vielmehr das, was sich unmittelbar vor den Augen dieser Gruppe abspielt; man könnte diesen Terminus auch in einer Philosophie verwenden, die – wie einige indische Lehren – über keine ausgearbeiteten Zeittermini verfüget und nur die Gegenwart als „ewige Dauer" kennt). Die Gegenwart in diesem Sinne wird jetzt in Augenblicke (wörtlich, nicht metaphorisch) unterteilt: Jetzt rennt das Reh (A). Jetzt schießt der Bogenschütze (B). Jetzt wird das Reh vom Pfeil getroffen (C). Jetzt

---

[39]Vgl. G. W. F. Hegel, Wissenschaft der Logik, Erster Teil.

[40]Vgl. P. Lorenzen/O. Schwemmer, Konstruktive Logik, Ethik und Wissenschaftstreorie, Mannheim/Wien/Zürich 1973, S. 80 f.

bricht es zusammen (D). Neben dem Gebrauch des Zeitindikators „jetzt"
läßt sich an einer solchen Ereignisfolge auch der Gebrauch der zeitlichen Relationen „früher", „später", „gleichzeitig" erlernen. Das Ereignis A ist früher
als das Ereignis B, das Ereignis C ist später als das Ereignis A usw. Für
die Zeitrelationen „früher", „später", „gleichzeitig" gelten alle Regeln der
Logik der Ordnung, denn sie sind nur Spezialfälle der Ordnungsrelationen
„untertrifft in der Ordnung", „übertrifft in der Ordnung" und „ist gleich in
der Ordnung". Wesentlich ist, daß in Aussagen über die zeitliche Lage zweier Ereignisse stets deren Lage bezüglich eines dritten Ereignisse nach einem
bestimmten Verfahren zur Feststellung der Ordnung ermittelt wird. Logisch
korrekt müssen solche Aussagen also folgendermaßen formuliert werden: „Das
Ereignis A ist früher als das (später als das, gleichzeitig mit dem) Ereignis B
bezüglich des Ereignisses C nach dem Feststellungsverfahren α." Wir wollen
hier die logischen Probleme von Zeitaussagen nicht weiter erörtern,[41] sondern
nur noch angeben, wie sich mit Hilfe der Worte „jetzt", „früher", „später"
und „gleichzeitig" solche Zeittermini wie „gegenwärtig", „vergangen" und
„zukünftig" einführen lassen. Der Terminus „gegenwärtig" läßt sich definieren als „gleichzeitig mit jetzt", der Terminus „vergangen" als „früher als
jetzt" und der Terminus „zukünftig" als „später als jetzt". Bisher haben wir
nur topologische Zeitrelationen zur Verfügung. Durch die Auswahl von relativ regulären, sich wiederholenden Ereignissen (Erddrehung, Umdrehung
der Erde um die Sonne usw.) lassen sich auch metrische Zeitbestimmungen
einführen. Wir haben hier kurz die Einführung von Zeittermini angedeu-
tet, weil das Prädikat der Veränderung verschieden eingeführt werden kann,
nämlich einmal ohne Verwendung von Zeittermini und zum anderen mit Hilfe von Zeittermini. Wir betrachten nur den ersten Fall, weil er in logischer
Hinsicht fundamentaler ist, obwohl Veränderungsaussagen mit Zeitangaben
natürlich informativer sind.

Angenommen, $\downarrow X$ sei der Zustand eines empirischen Gegenstandes a zu
der einen Zeit (zu dem einen „jetzt") und $\downarrow Y$ der Zustand des gleichen Gegenstandes zu einer anderen Zeit danach (zu einem darauffolgenden „jetzt";
Zeittermini werden also gar nicht benötigt, obwohl sich mit ihnen die Situation besser beschreiben läßt). X und Y sind hier empirische Aussagen und
$\downarrow$ ist der Operator „der Zustand, daß ...". Angenommen, die Zustände $\downarrow X$
und $\downarrow Y$ schließen einander aus, d. h. $\vdash \sim (X \wedge Y)$. Liegt eine solche Situation
vor, so sagen wir, der Zustand $\downarrow X$ hat sich zu dem Zustand $\downarrow Y$ verändert,

[41]Vgl. A. A. Sinowjew, Logik und Sprache der Physik, Berlin 1975; einen Überblick über
die Systeme der Zeitlogik gibt A. A. Iwin in: A. A. Ivin, Logika vremeni, in: Neklassičeskaâ
logika, Moskva 1970; Aksiomatičeskie teorii vremeni, in: Logika i èmpiričeskoe posnanie,
Moskva 1972.

und schreiben dies mit einem Symbol der Form

$$\downarrow X \Rightarrow \downarrow Y.$$

Aussagen dieser Form bestehen aus den Subjekttermini $\downarrow X$ und $\downarrow Y$ und dem zweistelligen Prädikat „das Erste verändert sich zu dem Zweiten". Aus Aussagen der Form $\downarrow X \Rightarrow \downarrow Y$, die das Prädikat der Veränderung enthalten, lassen sich Subjekttermini für Veränderungen der Form $\downarrow(\downarrow X \Rightarrow \downarrow Y)$ bilden. Oder mit anderen Worten: Die Tatsache, daß sich $\downarrow X$ zu $\downarrow Y$ verändert, nennen wir eine *Veränderung*. Spezialfälle von Veränderungen sind:

$\downarrow(\downarrow{\sim}E(a) \Rightarrow \downarrow E(a))$	– ein Entstehen von a,
$\downarrow(\downarrow E(a) \Rightarrow \downarrow{\sim}E(a))$	– ein Vergehen von a,
$\downarrow(\downarrow{\sim}X \Rightarrow \downarrow X)$	– ein Entstehen von $\downarrow X$,
$\downarrow(\downarrow X \Rightarrow \downarrow{\sim}X)$	– ein Vergehen von $\downarrow X$,
$\downarrow(\downarrow P(a) \Rightarrow \downarrow\neg P(a))$	– ein Verlust des Merkmals P,
$\downarrow(\downarrow\neg P(a) \Rightarrow \downarrow P(a))$	– ein Gewinn des Merkmals P.

Bei der Beschreibung von Veränderungen ist folgender Umstand zu berücksichtigen. Angenommen, es sei die Aussage $\downarrow X \Rightarrow \downarrow Y$ getroffen, t_1 sei die Zeit, zu der $\downarrow X$ fixiert, und t_2 sei die Zeit, zu der $\downarrow Y$ fixiert wird. In der Erfahrung treten dabei häufig Fälle auf, in denen zwischen t_1 und t_2 ein solches Zeitintervall t_3 existiert, in dem ${\sim}X \wedge {\sim}Y$ gilt. Einen solchen Zustand $\downarrow({\sim}X \wedge {\sim}Y)$ nennnen wir einen *Übergangszustand*, während wir $\downarrow X$ und $\downarrow Y$ *statische Zustände* nennen. Wenn X eine der Aussagen $P(a)$ oder $\neg P(a)$ ist, so ist $\downarrow({\sim}X \wedge {\sim}Y)$ der Zustand $\downarrow?P(a)$. Das bekannte Paradox der Veränderung („Ein sich verändernder Körper besitzt eine Eigenschaft P und besitzt sie gleichzeitig nicht") entsteht auf Grund eines logischen Fehlers, weil man aus einer Beschreibung des Übergangszustandes der Form $({\sim}P(a) \wedge {}\wedge {\sim}\neg P(a))$ nach der ungültigen Regel ${\sim}\neg P(a)) \vdash P(a)$ auf $({\sim}P(a) \wedge P(a))$ schließt.[42]

Der rationelle Kern des Hegelschen Prinzips der dialektischen Identität läßt sich folgendermaßen explizieren. Angenommen, a_1 sei eine Bezeichnung des Gegenstandes a zur Zeit t_1 und a_2 eine Bezeichnung desselben Gegenstandes zur Zeit t_2. Das Prinzip der dialektischen Identität besagt dann: Wenn sich a_1 zu a_2 verändert hat, so gibt es eine Eigenschaft P derart, daß $P(a_1) \wedge P(a_2)$ gilt, und es gibt eine Eigenschaft Q derart, daß $Q(a_1) \wedge \neg Q(a_2)$ oder $\neg Q(a_1) \wedge Q(a_2)$ gilt.

Bisher betrachteten wir nur das zweistellige Prädikat der Veränderung $\Rightarrow$. Mit seiner Hilfe läßt sich ein einstelliges Prädikat der Veränderung („verändert sich", „hat sich verändert", symbolisch $\Downarrow$) auf folgende Weise definieren:

---

[42]Vgl. A. A. Sinowjew, *Über mehrwertige Logik*, Berlin/Braunschweig/Basel 1968.

Vorausgesetzt, a existiert ($E(a)$), so gilt $\Downarrow(a)$ („a verändert sich") genau dann, wenn ein Prädikat P (verschieden von E) derart möglich ist, daß $P(a)$ zu einer Zeit wahr und zu einer anderen Zeit unwahr ist. Ein typisches Beispiel aus der Umgangssprache für Aussagen dieser Form ist: „Das Wasser ist bewegt". Aus diesem elementaren und problemlosen Beispiel wird deutlich, wie unbegründet die Entgegensetzung von Seins- und Werdenstermini ist.

Wir hatten gesehen, daß sich aus Aussagen mit dem Prädikat $\Rightarrow$ ($\Downarrow$) der Form $\downarrow X \Rightarrow \downarrow Y(\Downarrow(a))$ Subjekttermini der Form $\downarrow(\downarrow X \Rightarrow \downarrow Y)$ (oder $\downarrow\Downarrow(a)$) bilden lassen. Für die mit diesen Subjekttermini bezeichneten Gegenstände – man nennt sie häufig *Ereignisse* – müssen nun die Bedingungen ihrer Prädikation angegeben werden. Alle Prädikate, die solchen Gegenständen zugesprochen werden, müssen im folgenden Sinne eingeführt werden: Entweder müssen sie speziell für Subjekttermini dieses Typs definiert werden, oder es muß nachgewiesen werden, daß man Prädikate, deren Bedeutung bereits festgelegt ist, mit Subjekttermini dieses Typs verknüpfen darf. So wird etwa eine Veränderung als *diskret* bezeichnet, wenn der Übergangszustand nicht berücksichtigt wird, und als *kontinuierlich*, wenn ein Übergangszustand berücksichtigt wird, der wiederum als eine Anhäufung von Veränderungen angesehen wird. Aus Definitionen der hier angedeuteten Art ergibt sich als Folgerung eine Reihe von Aussagen, die aus rein terminologischen Gründen gelten. Diese Definitionen und die aus ihnen gewonnenen Folgerungen kann man als *Logik der Veränderung* bezeichen.

3.9   Entwicklungstermini

Wir formulieren zunächst einige intuitive Überlegungen, die gewöhnlich mit dem Terminus „Entwicklung" verknüpft werden. Jede Entwicklung ist eine Veränderung, während nicht jede Veränderung eine Entwicklung ist. Jede Entwicklung ist eine zusammengesetzte Veränderung, die in eine Gesamtheit von einfachen Veränderungen aufgegliedert werden kann. Von Entwicklung zu sprechen ist nur in bezug auf solche materiellen Gegenstände angebracht, die eine ausreichend lange Zeit in einem lokalisierten Raumbereich existieren. Die einfachen Veränderungen, die eine gegebene Entwicklung ausmachen, sind in Raum und Zeit geordnet. Zwischen ihnen besteht ein empirischer Zusammenhang. Der Gegenstand, dessen Entwicklung betrachtet wird, gliedert sich seinerseits in eine Gesamtheit von Gegenständen, die eine Raum-Zeit-Struktur bilden. Wenn von einer Entwicklung von Gegenständen gesprochen wird, so wird ein Vergleich ihrer Zustände zu verschiedenen Zeiten durchgeführt, oder aber ein Vergleich der Zustände verschiedener Repräsentanten von Klassen dieser Gegenstände zur gleichen Zeit, aber in verschiedenen

Raumbereichen. Als Entwicklungskriterien werden bestimmte Merkmale der Gegenstände und ihrer Zustände ausgewählt. Ohne eine Auswahl solcher Kriterien ist es unmöglich festzustellen, ob sich eine Entwicklung vollzogen hat oder nicht.

Wie wir sehen, zeigt schon dieser flüchtige Überblick über die intuitiven Vorstellungen, die gewöhnlich mit einer Verwendung des Terminus „Entwicklung" assoziiert werden, daß eine logische Explikation dieses Terminus einen umfangreichen logischen Apparat voraussetzt, den man in der modernen Logik gerade erst beginnt auszuarbeiten: eine Logik der Veränderung, eine Logik des Vergleichs und eine Logik der Ordnung, eine Logik von Raum-Zeit-Beziehungen, eine Logik von Anhäufungen, die von der Klassenlogik verschieden ist oder als ein besonderer Teil (als Zusatz) der letzteren aufgebaut wird, eine Logik von empirischen Zusammenhängen usw. Außerdem sind spezifische Ergänzungen erforderlich, die sich nur auf die Entwicklung beziehen und die der Idee nach eine Logik der Entwicklung bilden.

In der logischen Literatur wurden bereits verschiedene logische Systeme aufgebaut, die zu den oben angegebenen Bereichen der Logik gehören. Für unsere Ziele am bequemsten und auch am weitesten ausgearbeitet ist die von A. A. Sinowjew konstruierte Gesamtheit von logischen Systemen.

Wir führen den Operator „und deshalb" („und aus diesem Grund", „und wegen dieser Ursache") ein und verwenden für ihn das Symbol &. Wenn wir hier die Logik von Zusammenhängen und ihren Bereich der Logik der Kausalität einmal als gegeben voraussetzen, so können wir den Ausdruck $X \& Y$ („X und deshalb Y") als Abkürzung für $X \wedge Y \wedge Z$ definieren, wobei Z der folgende Ausdruck ist: „Der Zustand Y ist eine Folge davon, daß das Ereignis X sich vollzog." Offenbar gilt dann:

$$X \& Y \vdash X \wedge Y.$$

Wir nehmen den Ausdruck „a erzeugt b" (abgekürzt $\sqcap(a, b)$) als gegeben an[43] und definieren das Prädikat „befindet sich in der Relation des Erzeugens" (wir benutzen das Symbol $\sqcup$) auf folgende Weise:

1. $\sqcup(a, b) \dashv\vdash \exists c_1 \ldots \exists c_n (\sqcap(a, c_1) \wedge \sqcap(c_1, c_2) \wedge \ldots \wedge \sqcap(c_n, b))$,
   wobei a, b, c_1, …, c_n Individuenvariablen sind.

2. $\sqcup(a, b) \dashv\vdash \forall c \, \exists d \, ((c \in b) \wedge (d \in a) \wedge \sqcup(d, c))$,
   wobei a und b Variablen für Anhäufungen, c und d Individuenvariablen und $\in$ die Elementbeziehung für Anhäufungen sind.

   Weiter definieren wir das Prädikat der Veränderung für Anhäufungen:

$$\left(\sum a \Rightarrow \sum b\right) \dashv\vdash \exists c \, \exists d \, \left((c \in \sum a) \wedge (d \in \sum b) \wedge (c \Rightarrow d)\right).$$

---

[43]Vgl. A. A. Zinov'ev, Logičeskaā fizika, Moskva 1972

Wir gehen jetzt unmittelbar zur Betrachtung von Eintwicklungstermini über.

Vor allem gilt es, eine Verwendung von Entwicklungstermini in folgenden beiden verschiedenen Bedeutungen zu unterscheiden: 1. im komparativen Sinne, wenn man von zwei oder mehr verschiedenen Individuen sagt, daß eines von ihnen mehr oder weniger entwickelt ist als die anderen oder genauso (gleich) entwickelt ist wie die anderen, daß ein Individuum in der Entwicklung gegenüber anderen zurückgeblieben ist usw.; 2. im genetischen Sinne, wenn man verschiedene Zustände ein und desselben Individuums in der Zeit vergleicht.

Unserer Meinung nach läßt sich der erste Fall in logischer Hinsicht auf den zweiten in folgender Weise zurückführen. Angenommen, a sei der Zustand des einen Individuums und b der Zustand des anderen, die unter dem Gesichtspunkt der Entwicklung verglichen werden. Wenn aber der Vergleich gerade unter diesem Gesichtspunkt durchgeführt wird, so wird vorausgesetzt, daß dem Zustand a (oder b) des einen Individuums ein solcher Zustand desselben Individuums vorausging, der dem Zustand b (entsprechend a) des anderen Individuums analog ist. Wir können uns also im weiteren auf eine Betrachtung von Entwicklungstermini in der zweiten Verwendungsweise beschränken.

Weiter kann eine Entwicklung von Gegenständen eine Anhäufung von Veränderungen sein, die aus zwei und mehr Veränderungen besteht. Unter logischem Gesichtspunkt reicht es jedoch zunächst aus, den einfachsten Fall zu betrachten, nämlich die Veränderung eines Zustandes eines Gegenstandes a_1 zu einem anderen Zustand desselben Gegenstandes a_2, d.h. den Fall $a_1 \Rightarrow a_2$, denn alle Vergleichskriterien von Zuständen eines Gegenstandes treten schon in solch einer elementaren Form der Entwicklung auf.

Schließlich sei noch hervorgehoben, daß wir bei einer Analyse der Entwicklungsterminologie von vornherein folgenden Umstand berücksichtigen müssen: Es geht nicht darum, nur den Sinn des Wortes „Entwicklung" zu präzisieren, sondern es muß der Sinn einer ganzen Reihe von sprachlichen Ausdrücken (solchen wie „Vereinfachung", „Komplizierung", „Progreß", „Regreß", „Stagnation" usw.) festgelegt werden, in bezug auf die der Terminus „Entwicklung" nur teilweise als eine Verallgemeinerung auftritt, in größerem Maße jedoch die Rolle einer summarischen Bezeichnung dieses Zyklus von sprachlichen Erscheinungen spielt.

Angenommen, a_1 sei der Zustand eines Individuums a zur Zeit t_1 und a_2 der Zustand desselben Individuums zur Zeit t_2 nach t_1. Die Entwicklungstermini setzen zwei Bedingungen für ihre Verwendung voraus: 1. eine Analyse des Aufbaus der Zustände a_1 und a_2; 2. das Fixieren eines solchen Merkmals P des Individuums a, daß das Ergebnis des Vergleichs von a zur Zeit t_1 und zur Zeit t_2 bezüglich dieses Merkmals eine gewisse Funktion von $a_1 \Rightarrow a_2$ ist. Wir erklären ausführlicher, was wir hier meinen.

Den Aufbau des empirischen Individuums a zu ermitteln bedeutet, es als eine Struktur einer gewissen Anhäufung von empirischen Individuen und als ein System von Zusammenhängen dieser Individuen zu betrachten. Eine Veränderung des Aufbaus von a im Falle $a_1 \Rightarrow a_2$ kann die Entstehung neuer Elemente in der Struktur a, eine Vernichtung von Elementen von a, eine Vernichtung der einen und ein Entstehen anderer Elemente, eine Herausbildung neuer Zusammenhänge usw. bedeuten (im Prinzip kann man hier alle möglichen Kombinationen aufzählen). Diese Veränderungen werden mit Hilfe der Termini „Komplizierung", „Vereinfachung", „Transformation", „Konsolidierung" usw. fixiert. All diese Termini sind zwar für eine Einführung der Entwicklungstermini erforderlich, sie sind selbst aber noch keine solchen Termini.

Wenn man von einer Entwicklung spricht, so meint man also nicht jede beliebige Veränderung von a, sondern nur eine solche, wo $a_1 \Rightarrow a_2$ eine Veränderung des Aufbaus von a ist.

Danach wird eine gewisse Gesamtheit von Merkmalen P ausgewählt, nach der ein Vergleich der Zustände a_1 und a_2 durchgeführt wird. Im Ergebnis dieses Vergleichs erhält man Aussagen des Typs $a_1 >_P a_2, a_1 <_P a_2, a_1 =_P a_2$. Die Merkmale P sind Entwicklungskriterien. In welchem Maße die Frage nach den Entwicklungskriterien im Rahmen der Logik untersucht werden kann, bleibt noch zu untersuchen. Wir lassen diese Frage hier offen.

Jetzt lassen sich symbolisch folgende drei Möglichkeiten formulieren: 1) $(a_1 \Rightarrow a_2)\&(a_1 >_P a_2)$; 2) $(a_1 \Rightarrow a_2)\&(a_1 <_P a_2)$; 3) $(a_1 \Rightarrow a_2)\&(a_1 =_P a_2)$. Im ersten Fall definiert die angeführte Formel den Ausdruck „Es vollzog sich ein Regreß von a bezüglich des Merkmals P im Zeitintervall $\langle t_1, t_2 \rangle$", im zweiten Fall den Ausdruck „Es vollzog sich ein Progreß von a bezüglich des Merkmals P im Zeitintervall $\langle t_1, t_2 \rangle$" und im dritten Fall „Es vollzog sich eine Stagnation von a bezüglich des Merkmals P im Zeitintervall $\langle t_1, t_2 \rangle$".

In den angeführten Definitionen werden die Prädikate „Progreß" (wir verwenden das Symbol R^{1P}), „Regreß" (R^{2P}) und „Stagnation" (R^{3P}) eingeführt. Diese Definitionen gehören zum Typ der impliziten Definitionen und lassen sich symbolisch folgendermaßen schreiben:

$$R^{1P}(a) \dashv\vdash (a_1 \Rightarrow a_2)\&(a_1 <_P a_2);$$
$$R^{2P}(a) \dashv\vdash (a_1 \Rightarrow a_2)\&(a_1 >_P a_2);$$
$$R^{3P}(a) \dashv\vdash (a_1 \Rightarrow a_2)\&(a_1 =_P a_2).$$

Die Prädikate R^{iP} sind einstellige Prädikate. Auf ähnliche Weise lassen sich die zweistelligen Entwicklungsprädikate T^{1P} („... entwickelt sich progressiv zu ... bezüglich P"), T^{2P} („... entwickelt sich regressiv zu ... bezüglich P") und T^{3P} („... entwickelt sich stagnierend zu ... bezüglich P") definieren:

$$T^{1P}(a, b) \dashv\vdash (a \Rightarrow b) \& (b >_P a);$$
$$T^{2P}(a, b) \dashv\vdash (a \Rightarrow b) \& (a >_P b);$$
$$T^{3P}(a, b) \dashv\vdash (a \Rightarrow b) \& (a =_P b).$$

In den angeführten Definitionen kann man anstelle von $\dashv\vdash$ auch den Operator $\leftrightarrow$ verwenden.

Weiter können die Ausdrücke „a entwickelt sich progressiv", „a entwickelt sich regressiv" und „a stagniert" als Abkürzungen der folgenden Ausdrücke eingeführt werden:

$$\exists a_1 \exists a_2 \exists P \left((a_1 \Rightarrow a_2) \& (a_2 >_P a_1) \right);$$
$$\exists a_1 \exists a_2 \exists P \left((a_1 \Rightarrow a_2) \& (a_1 >_P a_2) \right);$$
$$\exists a_1 \exists a_2 \exists P \left((a_1 \Rightarrow a_2) \& (a_1 =_P a_2) \right),$$

wobei a_1 und a_2 Variablen für Zustände von a zu verschiedenen Zeiten sind, während P jetzt eine Variable für Merkmale ist, im Unterschied zum vorherigen Gebrauch, wo P ein konstantes Merkmal darstellte.

Außerdem gibt es noch eine andere Richtung für die logische Analyse der betrachteten Terminologie. Wir führen beispielsweise das Prädikat der Evolution für Anhäufungen von Individuen ein (wir verwenden das Symbol D; der Ausdruck $D(\sum a, \sum b)$ wird gelesen als „Die Anhäufung a evolutierte zur Anhäufung b"): $D(\sum a, \sum b) \dashv\vdash (\sum a \Rightarrow \sum b) \wedge \forall b \exists a \sqcup (a, b)$. Wie wir sehen, wird hier das Prädikat D mit Hilfe von Termini der Logik von Zusammenhängen definiert.

Nach der Einführung von Entwicklungsprädikaten lassen sich Subjekttermini der Entwicklung nach den allgemeinen logischen Regeln einführen. So läßt sich beispielsweise der Ausdruck „Eine P-Entwicklung von a" (wobei P der Typ der Entwicklung ist) definieren als Abkürzung des Ausdrucks „Eine Veränderung von a derart, daß X", wobei X der Ausdruck $\exists P \exists a_1 \exists a_2 S^P(a)$ ist, während S^P ein Entwicklungsprädikat des entsprechenden Typs P ist. Und jetzt lassen sich für verschiedene Typen der Entwicklung die Bedingungen ihrer Prädikation angeben, insbesondere lassen sich für sie verschiedene Prädikate definieren („kontinuierlich", „diskret", „reversibel", „irreversibel" usw.). Beispielsweise kann man die Definitionen wählen: Eine Entwicklung von a ist *reversibel* genau dann, wenn $M\downarrow(R^{1P}(a) \wedge R^{2P}(a))$. Eine Entwicklung von a ist *irreversibel* genau dann, wenn $\sim M\downarrow(R^{1P}(a) \wedge R^{2P}(a))$. M ist hier das Prädikat „möglich" (wir betrachten es im fünften Kapitel) und $\downarrow$ ist der terminibildende Operator „die Tatsache, daß ...". Aus einer hier angedeuteten Gesamtheit von Definitionen von Entwicklungstermini läßt sich eine Reihe von logischen Folgerungen ableiten. Inbesondere wird eine genaue Unterscheidung von solchen Aussagen über Entwicklungen möglich, die sich allein aus der gewählten Terminologie ergeben, und solchen, die echte empirische Feststellungen sind.

Es sei hier darauf hingewiesen, daß solch ein Aufbau einer präzisen Entwicklungsterminologie nicht als Aufbau einer einzelwissenschaftlichen oder philosophischen Entwicklungstheorie mißverstanden werden darf. Vielmehr handelt es sich bei einer solchen logischen Explikation nur um eine Aufhellung und Präzisierung des Sinnes von Termini, die in einer Entwicklungstheorie verwendet werden können. Das Ziel einer solchen Explikation besteht darin, Ungenauigkeiten und Mehrdeutigkeiten der Terminologie auszuschließen, alle möglichen Varianten für die Definitionen der betreffenden Termini zu ermitteln und ihre logischen Eigenschaften und Beziehungen genau zu bestimmen. Es muß nicht betont werden, daß solche logischen Untersuchungen eine genauere und differenziertere Sprache für die Philosophie und Methodologie der Wissenschaft liefern. Das ist offensichtlich. Doch als Folge wird dabei eine andere sehr wichtige Frage gelöst, nämlich die Frage nach dem Verhältnis der Logik zu anderen philosophischen Disziplinen. Diese Frage wird hier aus dem Bereich allgemeiner Erörterungen auf eine Ebene strenger Beweise in jedem konkreten Punkt überführt. Dabei zeigt sich auf der Ebene formaler Beweise einerseits, daß man viele philosophische Behauptungen im Rahmen der Logik weder beweisen noch widerlegen kann. Diese Behauptungen haben außerlogische Natur. Sie hängen von der ganzen Geschichte der menschlichen Kultur ab und ergeben sich nicht allein aus der logischen Technik zur Bearbeitung einer Terminologie. So kann man im Rahmen der Logik den Beweis finden, daß die Behauptungen der Philosophie über die inneren Quellen der Entwicklung, über die prinzipielle Unendlichkeit der Entwicklung der Welt usw. nicht von den Postulaten und Regeln der Logik abhängen, obwohl sich diese Behauptungen bis zu einem gewissen Grade in der Sprache der Logik explizieren lassen. Die Nichtreduzierbarkeit der Philosophie auf die Logik erweist sich hier also als eine streng beweisbare These.

Andererseits lassen sich aus den Definitionen der Entwicklungstermini nach logischen Regeln Folgerungen ableiten, die rein logischer Natur sind, aber als philosophische oder naturwissenschaftliche (insbesondere physikalische) Hypothesen angesehen werden. Die Analyse solcher Folgerungen fördert also die Ermittlung genauerer Grenzen zwischen logischen und außerlogischen philosophischen Behauptungen. Durch den logisch korrekten Aufbau von Termini zur Beschreibung von Veränderungen und Entwicklungen wird nachgewiesen, daß die Entgegensetzung von Sein und Werden, die die Geschichte der Philosophie seit Heraklit und Parmenides durchzieht, ebenso unbegründet ist wie der Gegensatz von Logik und Dialektik. Wir wenden uns jetzt noch der logischen Analyse einiger leerer Termini zu.

3.10 Logische Analyse des Terminus „Gott"

In seinem Buch „Logik der Religion" analysierte J. M. Bocheński die logische
Syntax des Terminus „Gott". Der Ausdruck „Gott" „spielt eine beträchtliche
Rolle in RS (eine Abkürzung für „Religiöses Sprechen", *H. W.*); man sagt,
wahrscheinlich sogar mit Recht, daß alles, was immer in RS gesagt wird, auf
die eine oder andere Weise von Gott handelt, d. h. daß alle R-Sätze eine Eigenschaft von oder eine Beziehung zu Gott aussagen. Folglich ist der syntakti-
sche Status von ‚Gott' von größtem Interesse für unsere Untersuchung."[44] Am
einfachsten wäre es für den Pater, er würde das Wort „Gott" zu den logischen
Operatoren rechnen, dann brauchte er nämlich keine selbständige Bedeutung
dieses Wortes aufzuweisen. Er müßte dann allerdings einige Verknüpfungs-
funktionen dieses Wortes aufweisen, und das dürfte ihm schwerfallen und ihm
zudem den Ärger seiner Ordensbrüder zuziehen. „Gott" als Prädikat anzusehen empfiehlt sich auch nicht, da der Pater sich nicht der Vielgötterei und
des Verstoßes gegen das erste Gebot schuldig machen will. Außerdem blieben
alle Schwierigkeiten, die wir im weiteren betrachten wollen, nur noch um die
Anzahl der gewählten Götter vervielfacht. Also entfällt auch diese Möglichkeit. So schreibt Bocheński denn auch: „Es gibt zwei mögliche Hypothesen
über diesen Ausdruck (d. h. über „Gott" – *H. W.*). Er ist entweder ein Name
oder eine Kennzeichnung. Die erste ist nur möglich, wenn der Benutzer dieses Ausdrucks schon auf Grund einer gewissen Bekanntschaft ein Wissen von
Gott hat: wenn er ein solches Wissen nicht hat, muß ‚Gott' die Abkürzung
für eine Kennzeichnung sein, d. h., Gott ist für einen solchen Menschen ein
Gegenstand, der diese und jene Eigenschaften hat."[45] Zu dem Bekannten-
kreis von Gott gehören nach Bocheński aber nur Propheten und Mystiker,
diese sind jedoch relativ selten und für sie ist „Gott" ein Eigenname. „Wie
dem auch sei: Obwohl ernsthafte empirische Untersuchungen auf diesem Gebiet fast völlig fehlen, scheint es doch, daß die Mehrheit der Gläubigen, wie
sie heute nun einmal ist, keinerlei wirkliche Erfahrung von Gott besitzt."[46]
„Unter dieser Voraussetzung sind wir berechtigt, festzustellen: Der Ausdruck
‚Gott', wie er von der Mehrheit der Gläubigen heute gebraucht wird, ist eine
Kennzeichnung. Er ist eine Abkürzung für eine Einsetzung in die Formel

$$\hat{x} f(x),$$

in der für ‚f' die Vereinigung aller Prädikate einzusetzen ist, die Gott durch
den entsprechenden Glauben zugeordnet werden."[47]

---

[44]J. M. Bocheński, Logik der Religion, Köln 1968, S. 64.
[45]Ebenda.
[46]Ebenda, S. 66.
[47]Ebenda.

Damit schließt Bocheński den Paragraphen über die Syntax von „Gott",
denn als guter Ordensbruder kann er dem Leser nicht mitteilen, daß man eine
Kennzeichnung nur sinnvoll verwenden kann, wenn man entweder nachweist,
daß es Gegenstände gibt, die unter die Kennzeichnung fallen (bei einer unbestimmten Kennzeichnung), oder aber daß es genau einen Gegenstand gibt,
der unter die betreffende Kennzeichnung fällt (bei einer bestimmten Kennzeichnung). Dem Logiker Bocheński ist diese Trivialität natürlich bekannt,
denn in einer logischen Arbeit von ihm heißt es: „Nur eine Kennzeichnung,
deren Gegenstand existiert, kann als Argument eines Prädikators gebraucht
werden."[48] Es hat also sicher keine logischen Gründe, wenn Bocheński hier
mit seinem Wissen so sparsam umgeht. Hier stehen vielmehr der Logiker
und der Ideologe der katholischen Kirche im Widerstreit, und den Sieg trägt
diesmal nicht der Logiker davon. Der Logiker hätte klipp und klar sagen
müssen, es gibt kein logisches Verfahren, um den Terminus „Gott" präzise einzuführen, und es handelt sich bei diesem Wort um einen leeren Namen, der keinen Gegenstand bezeichnet, bzw. um eine Pseudokennzeichnung
(oder um eine leere Kennzeichnung) wie bei der Wendung „der gegenwärtige russische Zar". Wenn man also die Logik und die von ihr beschriebenen
Verfahren zur Einführung von Termini akzeptiert, so kommt man zu dem
Ergebnis, daß der wesentlichste Terminus aller Religionen nur als leerer Terminus logisch korrekt eingefürt werden kann. In diesem Zusammenhang ist
eine Polemik zwischen Stirner und Feuerbach über den Terminus „Gott" interessant. Stirner warf Feuerbach nämlich vor, er würde nur Gott als Subjekt
aufheben, lasse aber das Göttliche, die Prädikate Gottes unangefochten bestehen. Feuerbach entgegnet darauf logisch vollkommen korrekt: „Nur Gott
als Subjekt ist der Status quo aller religiösen Prädikate, nur als Prädikate eines höchsten, d. i. übertriebenen, überspannten Wesens, folglich nur als
selbst auf den höchsten Grad gesteigerte, überspannte, hyperlogische Prädikate sind sie andere Prädikate als die meinigen, Prädikate über mir, d. h.
über dem Menschen. Wer daher das Subjekt aufhebt, hebt eo ipso auch die
Prädikate auf (versteht sich: als theologische Prädikate), denn das Subjekt
ist ja in der Tat nichts anderes als das als Subjekt gedachte, vorgestellte
Prädikat."[49] Wenn die logische Analyse auch ergibt, daß Gott nicht existiert,
so existiert doch der Terminus „Gott" als leerer Terminus.

Zur Aufhellung der sozialen Tatsache, daß viele Menschen an die Existenz
von Göttern glaubten und glauben, kann die Logik natürlich nichts beitragen.
Man kann nur konstatieren, daß auch leere Termini große soziale Auswirkungen haben können. Die durch logische Analyse gewonnene Erkenntnis, daß

---

[48]J. M. Bocheński/A. Menne, Grundriß der Logistik, Paderborn 1962, S. 67.
[49]L. Feuerbach, Kleine philosophische Schriften (1842–1845), S. 180.

solche Termini leer sind, kann solche Auswirkungen höchstens etwas mildern. Marx schreibt zu dieser Problematik: „Die Beweise für das Dasein Gottes sind entweder nichts als *hohle Tautologien* – z. B. der ontologische Beweis hieße nichts als: ‚was ich mir wirklich (realiter) vorstelle, ist eine wirkliche Vorstellung für mich‘, das wirkt auf mich, und in diesem Sinne haben *alle Götter*, sowohl die heidnischen als christlichen, eine reelle Existenz besessen. Hat nicht der alte Moloch geherrscht? War nicht der delphische Apollo eine wirkliche Macht im Leben der Griechen? Hier heißt auch Kants Kritik nichts. Wenn jemand sich vorstellt, hundert Taler zu besitzen, wenn diese Vorstellung ihm keine beliebige, subjektive ist, wenn er an sie glaubt, so haben ihm die hundert eingebildeten Taler denselbenWert wie hundert wirkliche. Er wird z. B. Schulden auf seine Einbildung machen, sie wird *wirken, wie die ganze Menschheit Schulden auf ihre Götter gemacht hat.* Im Gegenteil, Kants Beispiel (von den hundert Talern – *H. W.*) hätte den ontologischen Beweis bekräftigen können. Wirkliche Taler haben dieselbe Existenz, die eingebildete Götter (haben). Hat ein wirklicher Taler anderswo Existenz als in der Vorstellung ... der Menschen? Bringe Papiergeld in ein Land, wo man diesen Gebrauch des Papiers nicht kennt, und jeder wird lachen über deine subjektive Vorstellung. Komme mit deinen Göttern in ein Land, wo andere Götter gelten, und man wird dir beweisen, daß du an Einbildungen und Abstraktionen leidest. Mit Recht. Wer einen Wendengott den alten Griechen gebracht, hätte den Beweis von der Nichtexistenz dieses Gottes gefunden. Denn für die Griechen existierte er nicht. Was ein bestimmtes Land für bestimmte Götter aus der Fremde, das ist das Land der Vernunft für Gott überhaupt, eine Gegend, in der seine Existenz aufhört.“[50] Wenn der Logiker Bocheński also konsequent wäre, müßte seine logische Analyse des Terminus „Gott“ zu einer atheistischen Konsquenz führen. Das gleiche gilt für die im folgenden Abschnitt behandelte Problematik.

3.11 Widersprüche im religiösen Sprechen

Da Bocheński für die Möglichkeit einer Logik der Religion plädiert, muß er natürlich auch die Forderung der logischen Widerspruchsfreiheit an eine (korrekte) Religion stellen. Denjenigen „Gläubigen wie Nicht-Gläubigen“, die auf Widersprüche im religiösen Sprechen verweisen, wirft er denn auch ganz folgerichtig „einen nahezu vollständigen Mangel an Verständnis der Grund-Prinzipien der Logik“[51] vor. Wir wollen uns an einem von Bocheński selbst

---

[50]K. Marx, Die Doktordissertation, in: K. Marx/F. Engels, Werke, Ergänzungsband, Erster Teil, S. 370.

[51]J. M. Bocheński, Logik der Religion, S. 76.

angeführten Beispiel ansehen, wie es mit diesem Mangel an Verständnis von logischen Grundprinzipien wirklich aussieht.

Wenn ein Widerspruch in der Klasse der religiösen Sätze zu bestehen scheint, schlägt Bocheński zwei Methoden zu seiner Beseitigung vor: Erstens müsse geprüft werden, ob es überhaupt ein echter Widerspruch sei, und zweitens könne man fragen, ob die zwei sich widersprechenden Sätze wirklich beides religiöse Sätze seien. Schon durch die erste Methode lassen sich nach Bocheńskis Auffassung viele Widersprüche auflösen. Um zu verdeutlichen, wie man dabei Widersprüche wegzaubern kann, führen wir ein Zitat an: „Ein Beispiel ist das eben erwähnte: ‚Der Vater ist Gott; der Sohn ist Gott; doch der Vater ist nicht der Sohn'. Der Widerspruch besteht nur unter der Voraussetzung, daß das ‚ist', das in den beiden ersten Sätzen erscheint, reflexiv und transitiv ist; aber es muß ja nicht so interpretiert werden. In diesem Falle gibt es im Bereich des RS (religiösen Sprechens – *H. W.*) sogar einen deduktiven Beweis dafür, daß das ‚ist' nicht transitiv ist. Und der lautet folgendermaßen:

(1) Wenn das ‚ist', wie es hier benutzt wird, reflexiv und transitiv ist, gibt es einen Widerspruch in R (der Klasse der religiösen Sätze – *H. W.*); das kann mit den Mitteln der klassischen Logik gezeigt werden.

(2) Es gibt keinen Widerspruch in R; das ist eine Annahme, die in jedem sinnvollen RS gilt.

(3) Also, das ‚ist', wie es hier benutzt wird, ist nicht reflexiv und transitiv."[52]

Selbst wenn wir seine Voraussetzungen akzeptieren, schließt Bocheński hier nicht korrekt. Aus 1 und 2 folgt nur, daß das hier verwendete „ist" nicht reflexiv *oder* nicht transitiv ist, und daraus allein folgt nicht, daß das betreffende „ist" nicht transitiv ist. Doch das nur nebenbei. Bocheński hat natürlich – wie wir bereits gesehen haben – darin recht, daß das „ist" der Umgangssprache in verschiedenen Bedeutungen verwendet wird. Leider unterläßt er aber, eine Interpretation des hier verwendeten „ist" anzugeben. Seine Argumentation wäre nur dann stichhaltig, wenn er eine widerspruchsfreie Interpretation für die drei Sätze des obigen Beispiels angeben würde. Unseres Erachtens verzichtet Bocheński nicht zufällig darauf, eine solche Interpretation anzugeben, denn alle ihm bekannten Deutungen des Wortes „ist" lassen unter Berücksichtigung anderer Behauptungen seines Buches keine widerspruchsfreie Deutung der drei Sätze zu. In einer anderen Arbeit[53] gibt Bocheński verschiedene Verwendungsweisen des Wortes „ist" an. Wir brauchen sie hier nicht anzuführen, weil sie alle von den im Abschnitt 2 dieses Kapitels angegebenen Verwendungsweisen erfaßt werden. Prüfen wir nun, ob sich unter Berücksichtigung dieser verschiedenen Bedeutungen von „ist" ei-

---

[52]Ebenda, S. 77 f.

[53]Vgl. J. M. Bocheński/A. Menne, Grundriß der Logistik, S. 71.

ne widerspruchsfreie Interpretation der betreffenden drei Sätze geben läßt.
Zunächst entfällt eine Deutung von „ist" als Prädikat der Existenz (2), da
E ein einstelliges Prädikat ist, während es in den drei Beispielsätzen immer
zwei Termini miteinander verknüpft. Ebenso entfällt eine Deutung als Subjektterminus „Sein" (8). Da „Gott" kein Klassen- oder Anhäufungsterminus
ist, entfallen auch die in 5, 6 und 7 gegebenen Verwendungsweisen von „ist".
Berücksichtigen wir die drei übrigbleibenden Bedeutungen von „ist" (1, 3,
4), so scheint zunächst eine widerspruchsfreie Deutung der drei Beispielsätze
möglich zu sein. Das folgende Beispiel mit einer scheinbar gleichen Struktur
scheint dies zu bestätigen: „Der Brocken ist ein Berg. Der Inselsberg ist ein
Berg. Der Brocken ist nicht der Inselsberg." Wenn wir hier die ersten beiden
„ist" als Prädikationsoperator und das dritte „ist" als Identitätsrelation deuten, haben wir eine korrekte Interpretation dieser drei Sätze. Das ist auch die
einzig mögliche Deutung, die sich für die drei Beispielsätze Bocheńskis anbie-
tet. Aber auch diese Deutung ist im vorliegenden Falle nicht zulässig, wenn
wir einige weitere Thesen von Bocheńskis Buch berücksichtigen. Wir sahen
bereits, daß Bocheński den Terminus „Gott" als Kennzeichnung ansieht. Im
vorliegenden Falle ist es dabei gleichgültig, ob es sich um eine echte oder eine
Pseudokennzeichnung handelt. In jedem Falle steht fest, daß eine Kennzeichnung nicht als Prädikat verwendet werden kann, und damit entfällt die Deutung der ersten beiden „ist" als Prädikationsoperator. Gesteht man hingegen
zu, daß das Wort „Gott" in zwei verschiedenen Bedeutungen als Kennzeichnung und als Prädikat verwendet wird, so ist zwar eine widerspruchsfreie
Deutung der drei Beispielsätze möglich. Aus diesen drei Sätzen folgt dann
aber logisch, daß es mindestens zwei Götter gibt, und das widerspricht ganz
eindeutig dem ersten Gebot der Christen, in dem festgestellt wird, daß es nur
einen Gott gibt. Auch die Beziehung des Bedeutungseinschlusses kann nicht
als eine Interpretation von „ist" der Beispielsätze gewählt werden, denn erstens besteht diese Beziehung jeweils nur zwischen zwei Subjekttermini bzw.
zwei Prädikattermini, nicht aber zwischen einem Subjekt- und einem Prädikatterminus und zweitens ist die Beziehung sowohl reflexiv als auch transitiv.
Deutet man alle drei „ist" als Identitätsrelation so widerspricht der dritte
Beispielsatz den ersten beiden. Der Leser möge diese pedantische Erörterung
eines trivialen Problems entschuldigen. Aber denjenigen, die die betrachteten
Sätze als widersprüchlich ansehen, wurde ja ein nahezu vollständiger Mangel an Verständnis der Grundprinzipien der Logik vorgeworfen. Als Ergebnis
unserer Erörterung können wir aber zumindest festellen: Die gegenwärtig in
der Logik erfaßten verschiedenen Bedeutungen von „ist" lassen keine widerspruchsfreie Interpretaton der betreffenden drei Sätze zu, d. h., nach dem
gegenwärtigen Entwicklungsstand der Logik müssen diese drei Sätze als widersprüchlich angesehen werden, und es ist sehr unwahrscheinlich, daß sich

eine solche Deutung von „ist" angeben läßt, die diese Sätze gemeinsam als
wahr zulassen würde. Bocheński steht es natürlich frei, eine solche Deutung
zu suchen, und wir sind gespannt auf die Angabe von logischen Regeln für
dieses „ist".

3.12 „Ding an sich" – ein leerer Terminus

Der Terminus „Ding an sich" soll bei Kant die Rolle eines Subjektterminus spielen, d. h. die Rolle eines Terminus, der etwas bezeichnet, über das in
Aussagen gesprochen werden soll. Ein Subjektterminus kann entweder exemplarisch eingeführt werden, durch eine Auswahl der Gegenstände (des Gegenstandes), die (der) mit diesem Terminus bezeichnet werden sollen (soll), oder
aber nach logischen Verfahren mit Hilfe anderer bereits bekannter Termini.
Da nun aber das Kantsche Ding an sich jenseits aller Erfahrung liegt, können
wir es nicht durch eine direkte Auswahl bezeichnen. Der Terminus müßte also
mit Hilfe anderer Termini definiert werden. In diesem Falle könnte der Terminus „Ding an sich" nur durch eine bestimmte oder unbestimmte Kennzeichnung in den Gebrauch eingeführt werden. Unbestimmte Kennzeichnungen
sind Wendungen wie „ein Gegenstand mit den und den Eigenschaften", bestimmte Kennzeichnungen wie „der Gegenstand mit den und den Eigenschaften". Aus der Logik ist bekannt, daß man unbestimmte Kennzeichnungen nur
dann korrekt verwendet, wenn mindestens ein Gegenstand existiert, der unter
die betreffende Kennzeichnung fällt, während bei bestimmten Kennzeichnungen genau ein Gegenstand existieren muß, der unter die Kennzeichnung fällt.
Für Kants Ding an sich bietet sich aber nur folgende Pseudokennzeichnung
an: „Ein Ding an sich ist ein Gegenstand, von dem wir keine Eigenschaft aussagen können." Es ist offensichtlich, daß es sich hier weder um eine bestimmte
noch um eine unbestimmte Kennzeichnung handelt, da wir definitionsgemäß
keinen Gegenstand nachweisen können, der unter sie fällt. Es handelt sich
also ähnlich wie bei dem Terminus „Gott" um einen leeren Terminus. Als
einziger sinnvoller Satz kann vom Kantschen Ding an sich also nur ausgesagt
werden, daß es nicht existiert. Die Unterscheidung von Dingen an sich und
Erscheinungen ist rein fiktiv, und die Frage, ob denn hinter den Dingen, die
wir erkennen, noch Dinge an sich seien und wie diese beschaffen seien, ist –
um mit Lichtenberg zu reden – fast so töricht wie die, ob die blaue Farbe
wirklich blau sei oder ob Mädchen auch im Dunkeln rot werden. Obwohl der
Terminus „Ding an sich" leer, also fiktiv ist, wurde er von vielen Philosophen
gebraucht und hat gewirkt. Es gilt also genau zu unterscheiden: Obwohl es
keine Dinge an sich gibt, existiert der Terminus „Ding an sich".

Kapitel 4

Erkenntnistheoretische Termini in logischer Sicht

Im vorliegenden Kapitel wenden wir uns unter logischen Gesichtspunkten einigen philosophischen Termini und Thesen zu, die in der Erkenntnistheorie eine Rolle spielen. Im vorhergehenden Kapitel konnten wir feststellen, daß schon solche einfachen Termini wie das Existenzprädikat, die Identitätsrelation und andere Prädikate sich nur vernünftig in den Sprachgebrauch einführen lassen, wenn man die Sprachbenutzer, die Sprache und ihre Beziehung zur Realität berücksichtigt. Obwohl wir die dort behandelten Termini „ontologische Termini" nannten, handelt es sich bei den mit ihnen bezeichneten Gegenständen und Merkmalen nicht um „an sich seiende", unabhängig vom Sprachbenutzer. Es sind also keine ontologischen Termini im traditionellen Sinne, sondern nur in dem Sinne, daß mit ihrer Hilfe über die Wirklichkeit gesprochen wird. Dieser Umstand macht deutlich, daß eine strenge Trennung von Ontologie und Erkenntnistheorie gar nicht möglich ist. Im vorliegenden Kapitel wenden wir uns zunächst einigen allgemeinen Problemen zu, die in philosophischen Erkenntnistheorien behandelt werden. Danach betrachten wir ausschließlich einige Aspekte des Wahrheitsproblems. Dabei wird sich zeigen, daß sich das Prädikat „wahr" ohne expliziten Bezug auf den Sprachbenutzer definieren läßt, obwohl dieses Prädikat gerade dem Vergleich unserer Behauptungen mit der Realität dient. Wir haben also die scheinbar paradoxe Situation, daß sich einige traditionelle ontologische Termini nur mit Bezug auf den Spachbenutzer einführen lassen, während dieser Bezug unter bestimmten Voraussetzungen nicht mehr bei allen erkenntnistheoretischen Termini explizit erforderlich ist. Natürlich werden auch bei der Definition des Prädikates „wahr" implizit Sprachbenutzer vorausgesetzt, und bei anderen erkenntnistheoretischen Termini erfordert eine logische Explikation einen expliziten Bezug auf den Sprachbenutzer. Das gilt insbesondere für die in den letzten Jahren aufgebaute epistemische Logik, in der solche Prädikate wie „wissen", „glauben", „meinen" usw. unter logischem Gesichtspunkt behandelt werden, die wir aber in der vorliegenden Arbeit nicht betrachten.[1]

4.1 Ein logischer Aspekt der Grundfrage der Philosophie

In seiner Arbeit „Ludwig Feuerbach und der Ausgang der klassischen deutschen Philosophie" schreibt F. Engels: „Die große Grundfrage aller, speziell neueren Philosophie ist die nach dem Verhältnis von Denken und Sein. Seit der sehr frühen Zeit, wo die Menschen, noch in gänzlicher Unwissenheit über ihren eigenen Körperbau und angeregt durch Traumerscheinungen, auf die Vorstellung kamen, ihr Denken und Empfinden sei nicht eine Tätigkeit ihres Körpers, sondern einer besonderen, in diesem Körper wohnenden und ihn beim Tode verlassenden Seele – seit dieser Zeit mußten sie über das Verhältnis dieser Seele zur äußeren Welt sich Gedanken machen."[2] – „Die Frage nach dem Verhältnis des Denkens zum Sein, des Geistes zur Natur, die höchste Frage der gesamten Philosophie hat also, nicht minder als alle Religion, ihre Wurzel in den borniert und unwissenden Vorstellungen des Wildheitszustands ... Je nachdem diese Frage so oder so beantwortet wurde, spalteten sich die Philosophen in zwei große Lager. Diejenigen, die die Ursprünglichkeit des Geistes gegenüber der Natur behaupteten, also in letzter Instanz eine Weltschöpfung irgendeiner Art annehmen ... bildeten das Lager des Idealismus. Die anderen, die die Natur als das Ursprüngliche ansahen, gehören zu den verschiedenen Schulen des Materialismus."[3]

Aus der von Engels aufgeworfenen Problematik wollen wir hier nur einen logischen Aspekt aufgreifen. Wir zeigen, daß die idealistischen Antworten auf die Grundfrage der Philosophie in logischer Hinsicht fehlerhaft sind. Man unterscheidet bekanntlich zwischen objektiven und subjektiven Idealisten. Im objektiven Idealismus wird die Existenz irgendeines außermenschlichen geistigen Wesens (Gott, Weltgeist etc.) postuliert und auf diese oder jene Weise zum Schöpfer der Natur deklariert. Im subjektiven Idealismus verselbständigt (subjektiviert) man das menschliche Empfinden und Denken (in seiner Extremform – im Solipsismus – das eigene Empfinden und Denken des

---

[1]J. Hintikka, Knowledge and Belief, Ithaca 1962; A. A. Sinowjew, Abriß der epistemischen Logik (Manuskript).

[2]F. Engels, Ludwig Feuerbach und der Ausgang der klassischen deutschen Philosophie, in: K. Marx/F. Engels, Werke, Bd. 21, Berlin 1962, S. 274.

[3]Ebenda, S. 275.

Sprechers) und erklärt es zur einzigen Realität oder zum Schöpfer der Natur. Beide Formen des Idealismus sind logisch nicht haltbar.

Im vorhergehenden Kapitel hatten wir gesehen, daß man den Terminus „Gott" logisch korrekt nicht so einführen kann, daß er etwas Existierendes bezeichnet. Der Terminus „Gott" ist ein leerer Terminus, ein Subjektterminus, der keinen Gegenstand bezeichnet. Eine logische Analyse aller analogen Termini (Weltgeist usw.) führt zum gleichen Ergebnis. Eine Relation aRb existiert, wie bereits gesagt, genau dann, wenn a und b existieren und sie in der Relation R zueinanderstehen. Existiert einer der Gegenstände a oder b nicht, so existiert auch die Relation zwischen ihnen nicht. Ganz gleich, welche Relation zwischen Gott und Natur in Beantwortung der Grundfrage behauptet werden mag, die behauptete Beziehung existiert nicht, da Gott nicht existiert. Damit ist gesagt, daß jeder objektive Idealismus logisch nicht haltbar ist.

Im subjektiven Idealismus wird das subjektive Denken oder Empfinden als primär gegenüber der Natur angesehen. Der logische Fehler der subjektiven Idealisten besteht darin, daß sie aus einem Prädikat einen Subjektterminus machen, ohne dabei die nötige logische Sorgfalt walten zu lassen, und dann die unabhängige Existenz des versubjektivierten Prädikates von seinem eigentlichen Subjekt postulieren. Logisch begründet lassen sich solche Aussagen treffen wie „Meier denkt", „Müller empfindet" usw., d. h., Denken und Empfinden sind immer Eigenschaften von existierenden Gegenständen (Personen). Natürlich kann man auch Subjekttermini wie „das Denken", „das Empfinden", „der Gedanke" und „die Empfindung" bilden, man darf dabei aber nicht vergessen, daß es sich logisch korrekt um Subjekttermini der Form „die Eigenschaft des Denkens", „die Eigenschaft des Empfindens" usw. handelt, bei denen schon die logische Form zeigt, daß es sich stets um Eigenschaften von Gegenständen handelt, die nicht an sich, sondern stets nur an Gegenständen existieren. Verdeutlichen wir noch durch eine Analogie die Sinnlosigkeit der subjektiv-idealistischen Fragestellung. Nehmen wir die Aussage „Die Rose ist rot". Hier kann man natürlich von der Röte der Rose sprechen. Die subjektiv idealistische Beantwortung der Grundfrage der Philosophie würde in der Analogie lauten: Die Röte ist primär gegenüber der Rose.

Diesen logischen Fehler des Idealismus erkannte bereits L. Feuerbach, wenn er schreibt: „Das wahre Verhältnis von Denken zum Sein ist nur dieses: das Sein ist Subjekt, das Denken Prädikat."[4]

---

[4]L. Feuerbach, Kleine philosophische Schriften, S. 73.

4.2 Identität von Denken und Sein

Die Beziehung der Identität ist nur zwischen Termini der gleichen logischen Kategorie möglich. Wenn $a = b$ gilt, so sind a und b entweder beide Subjekttermini oder beide Prädikattermini. Während der Terminus „Sein" in philosophischen Texten ein Subjektterminus ist, ist „Denken" ein Prädikatterminus, „Denken" bezeichnet immer eine Eigenschaft (eine Fähigkeit) eines Subjektes. Schon allein aus diesem Grunde ist es sinnlos, von einer Identität von Denken und Sein zu reden. Wir stimmen deshalb I. S. Narski zu, wenn er sich gegen eine Verwendung der Redeweise „Identität von Denken und Sein" in der marxistischen Philosophie wendet.[5]

4.3 Esse est percipi

Es ist aus rein sprachlogischen Überlegungen einzusehen, daß das Kredo des subjektiven Idealismus „Esse est percipi" („Sein ist Wahrgenommenwerden") eine falsche Aussage ist. Wir verwenden das Prädikat „wahrnehmen" in seinem üblichen Gebrauch und bestimmen es nicht näher. Offenbar ist „wahrnehmen" ein zweistelliges Prädikat, und in korrekter Redeweise sagt man „Eine Person (eine Apparatur) a nimmt den Gegenstand (die Eigenschaft) b wahr". Die logische Struktur solcher Aussagen ist also $P(a, b)$, wobei P das Prädikat „wahrnehmen" ist, a eine Person und b einen Gegenstand (Eigenschaft usw.) bezeichnet. Eine Aussage $P(a, b)$ ist wahr genau dann, wenn a und b existieren und wenn außerdem die mit P bezeichnete Beziehung zwischen ihnen besteht. Aussagen wie „a nimmt wahr" oder „b wird wahrgenommen" sind nur als verkürzte und eigentlich inhaltslose Wiedergaben von Aussagen des Typs $P(a, b)$ aufzufassen. Wenn die Wendung „Sein ist wahrgenommen werden" überhaupt einen Sinn hat, so kann sie offenbar nur bedeuten: Ein Gegenstand b existiert genau dann, wenn er von jemand wahrgenommen wird. Symbolisch läßt sich das folgendermaßen wiedergeben:

$$E(b) \leftrightarrow P(a, b) \quad \text{oder}$$
$$E(b) \leftrightarrow \exists x\, P(x, b),$$

wobei x eine Vairable für Personennamen ist. Nun gelten zwar auf Grund der oben angegebenen Wahrheitsbedingungen für $P(a, b)$ die beiden Konditionalaussagen

---

[5]I. S. Narski, Dialektischer Widerspruch und Erkenntnislogik, Berlin 1973, S. 189.

$$P(a, b) \rightarrow E(b) \quad \text{und}$$
$$\exists x \, P(x, b) \rightarrow E(b).$$

Die Umkehrungen

$$E(b) \rightarrow P(a, b)$$
$$E(b) \rightarrow \exists x \, P(x, b)$$

gelten aber im allgemeinen nicht, da die Gültigkeit von $E(b)$ insbesondere auch (logisch) erschlossen sein kann und nicht nur durch Beobachtung ermittelt sein muß.

4.4 Empfindungswörter, der Terminus „wahr" und sinnliche Gewißheit

Ein Streitpunkt besteht in der marxistischen Erkenntnistheorie in der Frage, mit welchen Resultaten der Widerspiegelung das Prädikat „wahr" verknüpft werden soll. Unserer Auffassung nach sollte man es nur mit Aussagen verknüpfen. Wir wollen damit nicht ausschließen, daß sich das Prädikat „wahr" auch für Subjekttermini anderen Typs definieren läßt. Nur müßten dann präzise Definitionen angegeben werden. Bevor wir zum Problem der Definition des Prädikates „wahr" für Aussagen übergehen, wollen wir zu einem Punkt der oben angegebenen Meinungsverschiedenheiten Stellung nehmen. Wir zeigen, warum das Prädikat „wahr" zur Charakteristik von Empfindungen nicht erforderlich ist. Um Mißverständnisse zu vermeiden, sei ausdrücklich gesagt, daß wir hier nur Empfindungsworte betrachten und nicht den Prozeß des Empfindens untersuchen.

Die Empfindungen eines Menschen werden mit Hilfe solcher Worte wie „hören", „schmecken", „riechen", „sehen", „fühlen" beschrieben. Obwohl die meisten marxistischen Philosophen der Auffassung sind, daß man nur Aussagen und Aussagengesamtheiten sinnvoll die Prädikate „wahr", „falsch" usw. zuschreiben bzw. absprechen kann, wird manchmal auch die Meinung vertreten, Empfindungen seien wahr. Die Gegner der zuletzt genannten Meinung wenden sich meist mit dem (richtigen) Argument gegen diese These, man könne von Empfindungen nicht sagen, sie seien falsch, deshalb sei es auch sinnlos zu sagen, sie seien wahr. Doch warum man von Empfindungen normalerweise nicht sagt, sei seien falsch, wird meist nicht angegeben, oder der Grund dafür wird in der Beschaffenheit unseres Widerspiegelungsapparates gesehen. Der wirkliche Grund liegt aber einfach in der logischen Grammatik solcher Empfindungsworte wie „hören", „schmecken", „riechen",

„sehen", „fühlen". Es handelt sich bei diesen Worten nämlich um sogenannte Erfolgsworte.[6] Wir erklären zunächst an einigen anderen Beispielen, was unter Erfolgsworten zu verstehen ist. Erfolgsworte drücken ein Ergebnis einer erfolgreich abgeschlossenen Tätigkeit aus. Zu vielen Tätigkeitswörtern gibt es ein entsprechendes Erfolgswort. Zum Tätigkeitswort „reisen" gibt es das Erfolgswort „ankommen", zu „schießen" das Wort „treffen", zu „wettlaufen" das Wort „siegen", zu „rechnen" das Wort „lösen" usw. Hat man seine Reise beendet, so ist man am Bestimmungsort angekommen. Hat man gut geschossen, so hat man das Ziel getroffen. Ist man im Wettlauf als erster über die Ziellinie gelaufen, so hat man gesiegt. Hat man richtig gerechnet, so hat man die Aufgabe gelöst. Man kann zwar neben das Ziel schießen, aber nicht neben das Ziel treffen (obwohl man dies manchmal unkorrekterweise sagt), denn das Ziel verfehlen heißt gerade nicht treffen. Man kann eine Aufgabe nicht falsch lösen, sondern man kann nur falsch rechnen und damit die Aufgabe nicht lösen. Ein Pyrrhussieg ist kein Sieg, sondern eine Niederlage, oder heißt bloß „letzter Sieg".

Ebenso verhält es sich mit den Empfindungswörtern „hören", „schmecken", „riechen", „sehen", „fühlen" usw. Man kann lange ergebnislos horchen und den anschleichenden Gegner nicht hören, oder man horcht an der Wand und hört, wie die Wirtin schlecht über den Horcher redet. Man kann lange vergeblich schnuppern und das Gas nicht riechen, den Horizont lange vergeblich beobachten und das erwartete Schiff nicht sehen, im Dunkeln lange nach dem verlorenen Geldstück tasten, und es doch nicht fühlen. Kurz gesagt, im Normalfall werden die Worte „hören", „schmecken", „riechen", „sehen", „fühlen" nur verwendet, wenn wir eine Handlung des Horchens, des Kostens, des Schnupperns, des Schauens oder Tastens erfolgreich abgeschlossen haben. Deshalb ist es auch widersinnig, von einem falschen Hören, Schmecken, Riechen, Sehen oder Fühlen zu sprechen, und ein wahres Hören, Schmecken usw. ist ein Pleonasmus.

Das hier Gesagte wirft auch ein neues Licht auf alle subjektiv idealistischen Sinnesdatentheorien von Berkeley bis Mach. Einerseits bauen sie auf einer logischen Tautologie auf, wenn sie sagen, die Sinnesdaten seien ein gesichertes Fundament der Erkenntnis. Ein Sinnesdatum ist nämlich nichts anderes als die Fixierung der Tatsache, daß etwas gehört, geschmeckt, gerochen usw. wird. Da wir aber die Worte „hören", „schmecken", „riechen" usw. nur anwenden, wenn eine Tätigkeit des Horchens, Kostens, Schnupperns usw. erfolgreich abgeschlossen wird, so gilt natürlich, daß Sinnesdaten gesichert sind. Wer etwas hört, hat nicht vergeblich gehorcht; wer siegt, ist erfolgreich gelaufen; wer einen Kranken heilt, hat ihn erfolgreich behandelt. Das wird

---

[6]Vgl. G. Ryle, Der Begriff des Geistes, Stuttgart 1969, S. 270 ff.

übrigens auch von allen Materialisten und Empiristen akzeptiert. Die zweite subjektiv idealistische These, daß die Welt nichts als ein Komplex von Sinnesdaten sei, ist einfach falsch, schon weil es auch erfolglose Tätigkeiten der oben genannten Art gibt. In diesem Zusammenhang ist eine Bemerkung zu Hegels Kritik der sinnlichen Gewißheit angebracht, die ja auch in der gegenwärtigen philosophischen Diskussion gern wiederholt wird. Lassen wir zunächst L. Feuerbach zur diesem Thema zu Worte kommen: „Wieviel hat man von dem Betrug der Sinne geredet, wie wenig von dem Betrug der Sprache, von der doch das Denken unabsonderlich ist! Und doch, wie plump ist der Trug der Sinne, wie fein der Trug der Sprache! Wie lange hat mich die Allgemeinheit der Vernunft, die Allgemeinheit des Fichteschen und Hegelschen Ichs an der Nase herumgeführt, bis ich endlich unter dem Beistand meiner fünf Sinne zum Heil meiner Seele erkannte, daß alle Schwierigkeiten und Geheimnisse des Logos in der Bedeutung der Vernunft ihre Lösung finden in der Bedeutung des Wortes: Darum ist mir das Wort Hayms ‚die Kritik der Vernunft muß zur Kritik der Sprache werden', in theoretischer Beziehung ein aus der Seele gesprochenes Wort."[7]

Hegels Kritik der sinnlichen Gewißheit beruht auf einem Mißverständnis der logischen Grammatik solcher Worte wie „dies", „jetzt", „hier", „ich". In der „Phänomenologie des Geistes" schreibt er: „*Was ist das Diese?* Nehmen wir es in der doppelten Gestalt seines Seins als das *Jetzt* und als das *Hier*, so wird die Dialektik, die es an ihm hat, eine so verständliche Form erhalten, als es selbst ist. Auf die Frage: *was ist das Jetzt?* antworten wir also zum Beispiel: *das Jetzt ist die Nacht.* Um die Wahrheit dieser sinnlichen Gewißheit zu prüfen, ist ein einfacher Versuch hinreichend. Wir schreiben diese Wahrheit auf; eine Wahrheit kann durch Aufschreiben nicht verlieren; ebenso wenig dadurch, daß wir sie aufbewahren. Sehen wir *jetzt, diesen Mittag,* die aufgeschriebene Wahrheit wieder an, so werden wir sagen müssen, daß sie schal geworden ist.

Das Jetzt, welches Nacht ist, wird *aufbewahrt*, d. h., es wird behandelt als das, für was es angegeben wird, als ein *Seiendes*; es erweist sich aber vielmehr als ein Nichtseiendes. Das *Jetzt* selbst erhält sich wohl, aber als ein solches, das nicht Nacht ist; ebenso erhält es sich gegen den Tag, der es jetzt ist, als ein solches, das auch nicht Tag ist, oder als ein Negatives überhaupt."[8] Wir ersparen uns den Beleg der Hegelschen Argumentation bezüglich der Worte „hier", „dies" und „ich", die die analogen Fehler enthält. Wir wollen uns auch nicht bei dem falschen Gebrauch des bestimmten Artikels bei dem Wort

---

[7]L. Feuerbach, Darstellung, Entwicklung und Kritik der Leibnizschen Philosophie, in: Gesammelte Werke, Bd. 3, Berlin 1969, S. 246.

[8]G. W. F. Hegel, Phänomenologie des Geistes, Berlin 1964, S. 81 f.

„jetzt" aufhalten, obwohl dieser falsche Gebrauch des bestimmten Artikels in philosophischen Schriften recht häufig auftritt. Der Hauptfehler in Hegels Argumentation besteht darin, daß er solche Worte wie „jetzt", „hier", „dies" usw. als Subjekttermini ansieht und sie wie andere allgemeine Subjekttermini behandelt. Damit verkennt er aber vollkommen die Bedeutung und die logischen Eigenschaften solcher Worte. In der logischen Literatur werden solche Worte verschieden bezeichnet – B. Russell nennt sie *egozentrische Partikel*[9], W. Kamlah und P. Lorenzen nennen sie *Indikatoren*[10] – und es gibt für sie eine relativ ausgearbeitete Theorie, die wir hier aber nicht darstellen wollen. Bei der Behandlung von Zeittermini und des Prädikates der Veränderung haben wir bereits die Bedeutung des Wortes „jetzt" erläutert. Das Wort „jetzt" bringt in einem Satz zum Ausdruck, daß das, was in diesem Satz behauptet wird, sich in der unmittelbaren Gegenwart abspielt. „Unmittelbare Gegenwart" ist dabei – wie bereits gesagt – noch kein spezieller Zeitterminus und bezeichnet erst recht nicht einen „Zeitpunkt". Neben Aussagen wie „Renate Stecher überläuft jetzt die Ziellinie" wird „jetzt" auch in Aussagen wie „Jetzt trägt man wieder Westen" gebraucht. Die Behauptung von B. Russell, „Das Wort ‚jetzt' bedeutet jedesmal, wenn ich es gebrauche, einen anderen Zeitpunkt"[11], ist also offensichtlich falsch und kommt zustande, weil Russell ebenso wie Hegel „jetzt" als einen Subjektterminus ansieht.

Bei den Worten „hier" und „ich" ist die Situation analog. Das Wort „hier" drückt in einem Satz aus, daß das, was in diesem Satz gesagt wird, in der unmittelbaren Umgebung (am Ort) des Sprechens geschieht (nicht an einem fiktiven Raumpunkt). Das Wort „ich" bringt in einem Satz zum Ausdruck, daß der Sprecher über sich selbst spricht. Es ist offensichtlich, daß Sätze, die die Worte „jetzt", „hier", „ich" enthalten, meist lokale Aussagen sind, d. h. Aussagen, deren Wahrheitswert sich je nach der Situation, in der sie gebraucht und mit der sie verglichen werden, verändert. Aussagen mit solchen Worten sind also im allgemeinen situationsabhängig. Wenn sich Hegel über diese Situationsabhängigkeit wundert, so ist seine Verwunderung der eines Kindes verwandt, das nur schwer damit fertig wird, daß die gleiche Straßenseite einmal die rechte und ein andermal die linke Straßenseite ist.

Aber auch die Auffassung Russells, daß diese Worte ihre Bedeutung mit dem Sprecher und seiner Stellung in Raum und Zeit verändern, ist falsch und der Hegelschen sogar verwandt. Die Bedeutung der Worte bleibt in allen Fällen ihrer Verwendung die gleiche und mit ihrer Hilfe bilden wir situationsabhängige Aussagen.

---

[9]Vgl. B. Russell, Das menschliche Wissen, Darmstadt, S. 92 ff.

[10]Vgl. W. Kamlah/P. Lorenzen, Logische Propädeutik, S. 110 ff.

[11]B. Russell, Das menschliche Wissen, S. 92.

Die Haltlosigkeit der Hegelschen Argumentation wird offensichtlich, wenn wir bedenken, daß die bei ihm als Beispiel verwendeten lokalen Aussagen sich sehr leicht in universale umformen lassen, deren Wahrheitswert dann unverändert bleibt. Wir brauchen in ihnen nur das Wort „ich" durch den betreffenden Personennamen, das Wort „hier" durch genaue Raumkoordinaten und das Wort „jetzt" durch eine metrische Zeitangabe (ein Datum) zu ersetzen. Eine andere Frage ist, daß solch eine Ersetzung nicht immer zweckmäßig ist. Die Hegelsche Argumentation gibt also keinen Anlaß, unseren Sinnen zu mißtrauen.

4.5 Das Prädikat „wahr" und der Subjektterminus „Wahrheit"

In der philosophischen Literatur wird bei der Behandlung der Wahrheitsproblematik häufig die Frage gestellt „Was ist Wahrheit?" oder gar „Was ist *die* Wahrheit?", und als Antwort auf diese Frage erwartet man einen Satz der Form „Wahrheit (die Wahrheit) ist ...". In dieser Form ist die Frage aber nicht korrekt gestellt. Wir haben hier wieder ein Beispiel für den bereits von Marx gerügten Tatbestand, daß die Philosophen häufig die Prädikate zu Subjekten machen. Korrekt muß man die Frage so stellen: „In welchen Fällen (wann) ist eine Aussage wahr?" Und selbst bei der Beantwortung dieser Frage muß man zwei Probleme auseinanderhalten: erstens die Definition des Prädikates „wahr" für Aussagen des bestreffenden Typs und zweitens die Feststellung, ob eine konkrete Aussage dieses Typs wahr ist oder nicht. Die Logik leistet nur einen Beirag zur Lösung des ersten Problems. Die Feststellung der Wahrheit einer konkreten Aussage ist im allgemeinen eine außerlogische Operation. Wir kommen auf diese Probleme noch zurück. Angenommen, das Prädikat „wahr" sei für Aussagen des Typs p definiert und es wäre festgestellt, daß die Aussage p (wir schreiben im weiteren für den Subjektterminus „die Aussage p" das Symbol tp) wahr ist (das Prädikat „wahr" symbolisieren wir durch v), d. h. $tp \leftarrow v$. In diesem Falle können wir den Subjektterminus „eine Wahrheit" nach der Verallgemeinerungsregel für Termini einführen, d. h., wenn eine Aussage p wahr ist, so sagen wir, daß tp eine Wahrheit ist. Symbolisch läßt sich dies so schreiben:

$$(tp \leftarrow v) \rightarrow (tp \rightharpoonup \text{eine Wahrheit}).$$

4.6   Definitionsschemata für das Prädikat „wahr"

Wir sagten bereits, daß man die Prädikate „wahr", „falsch" usw. unseres Erachtens nur auf Aussagen und Aussagengesamtheiten anwenden sollte. Wir beschränken uns hier jedenfalls auf das Problem der Wahrheit von Aussagen. In der philosophischen Literatur sagt man, eine Aussage sei wahr, wenn sie mit der Wirklichkeit übereinstimmt. Diese philosophische Erläuterung ist richtig und nützlich, um zu erklären, was mit dem Prädikat „wahr" für ein Zweck verfolgt wird. Es handelt sich dabei aber um keine Definition des Prädikates „wahr". Wir stellen uns also vor, wir hätten eine Sprache, in der das Prädikat „wahr" noch nicht vorkommt, und wir wollen angeben, wie es sich korrekt in diese Sprache einführen läßt. Angenommen, X sei eine Aussage in der Sprache ohne das Prädikat „wahr", dann könnten wir das Prädikat „wahr" nach folgender Defintion einführen:

Die Aussage X ist wahr genau dann, wenn X;
oder symbolisch:

$$(tX \leftarrow v) \equiv_{Def} X.$$

Für ein richtiges Verständnis dieser Definition sei darauf hingewiesen, daß X bereits vor dieser Definition eine Ausssage in der betrachteten Sprache ist, d. h., die Bedeutung aller in X vorkommenden Termini und die Eigenschaften aller in X vorkommenden logischen Operatoren sind vor der angegebenen Definition bekannt, und wir verstehen X. Wenn X der Satz „Der Schnee ist weiß" ist, so hat die Definition folgende Form:

Die Aussage „Der Schnee ist weiß" ist wahr genau dann, wenn der Schnee weiß ist.

Die angegebene Definition würde aber sofort zu Schwierigkeiten folgender Art führen. Angenommen, vor der angegebenen Defintion wäre in der betrachteten Sprache genau definiert, was eine Aussage ist. Dann würde durch diese Defintion eine neue Art von Aussagen eingeführt, nämlich Aussagen der Form $tX \leftarrow v$, die das Prädikat „wahr" enthalten. Wenn wir nun keinen Definitionsfehler machen wollen, so dürfen wir in der oben angegebenen Definition keine Aussage X einsetzen, die den Terminus „wahr" oder einen anderen mit Hilfe des Terminus „wahr" definierten Terminus enthält, denn sonst hätten wir einen Zirkel in der Definition. Auf Aussagen der zuletzt genannten Art wäre das Prädikat „wahr" dann nicht anwendbar. Aus diesem Grunde läßt sich das Prädikat „wahr" nicht korrekt nach dem oben angegebenen Defintionsschema einführen. Man muß daher bei seiner Einführung schrittweise vorgehen. Bevor wir dies näher erläutern, sei eine andere Bemerkung gestattet. In der logischen und philosophischen Literatur ist folgende „Definition" einer Aussage sehr weit verbreitet: Eine Aussage ist ein sprachliches Gebilde, von dem es sinnvoll ist zu behaupten, daß es wahr oder falsch sei. Eine solche „Definition" ist aber offenbar nicht akzeptabel, weil nämlich gerade – wie wir gesehen haben – die Definition des Prädikates „wahr" von der Aussagedefinition abhängt. Dies bemerkte schon Ludwig Wittgenstein, wenn er treffend schreibt: „Und zu sagen, ein Satz sei alles, was wahr oder falsch sein könne, kommt darauf hinaus: Einen Satz nennen wir das, worauf wir in unserer Sprache den Kalkül der Wahrheitsfunktionen anwenden.

Es scheint nun, als bestimmte die Erklärung – Satz sei dasjenige, was wahr oder falsch sein könne – was ein Satz ist, indem sie sage: Was zum Begriff ‚wahr' paßt, das ist ein Satz. Es ist also so, als hätten wir den Begriff von wahr und falsch, mit dessen Hilfe wir nun bestimmen können, was ein Satz ist und was keiner. Was in den Begriff der Wahrheit eingreift (wie in ein Zahnrad), das ist ein Satz.

Aber das ist ein schlechtes Bild. Es ist, als sage man ‚Schachkönig ist die Figur, der man Schach ansagen kann'. Aber das kann doch nur heißen, daß wir in unserem Schachspiel nur dem König Schach geben. So wie der Satz, daß nur ein Satz wahr sein könne, nur sagen kann, daß wir ‚wahr' und ‚falsch' nur von dem prädizieren, was wir einen Satz nennen. Und was ein Satz ist, ist in einem Sinne bestimmt durch die Regeln des Satzbaus (der deutschen Sprache z. B.), in einem anderen Sinne durch den Gebrauch des Zeichens im Sprachspiel."[12]

Eine abgeschlossene Definition des Terminus „Aussage" ist aus prinzipiellen Gründen nicht möglich, da ja immer die Möglichkeit besteht, neue Aussagestrukturen in eine Sprache einzuführen, und da es hier keine apriorischen Beschränkungen gibt. Aus diesem Grunde ist auch keine abgeschlossene Definition der Prädikate „wahr" und „falsch" möglich. Doch genauso, wie man in jedem Bereich der Logik definieren kann, welche sprachlichen Gebilde Aussagen sind, läßt sich für diese beschränkten Bereiche der Logik das Prädikat „wahr" bzw. „falsch" präzise definitorisch einführen. Man benutzt dabei eine induktive Definition und definiert das Prädikat „wahr" zunächst für einfache Aussagen (einfache Ausssagen sind Aussagen, die keine anderen Aussagen als Bestandteile enthalten), die weder den Terminus „wahr" noch einen mit seiner Hilfe definierten Terminus enthalten, nach dem Definitionsschema:

tp ist wahr genau dann, wenn p,

wobei für tp jeweils ein Name einer konkreten einfachen Aussage und für p

---

[12]L. Wittgenstein, Philosophische Untersuchungen, Frankfurt a. M. 1967, S. 72 f.

diese Aussage selbst steht. Man kann auch sagen, im ersten Falle wird die betreffende Aussage erwähnt (genannt, angeführt), während sie im zweiten Falle gebraucht wird. Für zusammengesetzte Aussagen hat das allgemeine Definitionsschema für das Prädikat „wahr" folgende Form:

tX ist wahr genau dann, wenn Y,

wobei tX wieder als Name einer konkreten Aussage X steht und die Wahl von Y natürlich nicht willkürlich ist, sondern von der logischen Form von X abhängt. Ein Beispiel für eine Definition des Prädidates „wahr" für eine zusammengesetzte Aussage wäre etwa: $t(A$ und $B)$ ist wahr genau dann, wenn tA wahr ist und tB wahr ist.

Wir wollen hier keine induktive Wahrheitsdefinition für eine konkrete Sprache angeben. Der interessierte Leser sei auf die einschlägige Literatur zur logischen Semantik hingewiesen.[13]

Aus der Art der Definition des Prädikates „wahr" ist offensichtlich, daß man das Prädikat „wahr" überall dort in der Sprache, wo es korrekt eingeführt wurde, auch wieder eliminieren kann. Denn aus dem Satz „tX ist wahr" folgt logisch der Satz X selber. Das entspricht der einfachen Tatsache, daß es bedeutungsgleich ist, eine Aussage zu behaupten oder die Wahrheit dieser Aussage zu behaupten. Damit soll keineswegs gesagt werden, daß die Prädikate „wahr" und „unwahr" etwa überflüssig wären. Sie haben im Erkenntnisprozeß vielmehr die wichtige Aufgabe, echte Erkenntnisse von Fehleinschätzungen zu unterscheiden. Wir behandeln jetzt einige Probleme, die einen unmittelbaren Bezug auf philosophische Diskussionen zum Wahrheitsbegriff haben.

In der philosophischen Literatur wird häufig anstelle des von uns angegebenen Definitionsschemas des Prädikates „wahr" für einfache Aussagen folgendes Schema gewählt: „Eine einfache Aussage ist wahr genau dann, wenn ein ihr entsprechender Sachverhalt in Wirklichkeit existiert." Meist schränkt man sich dabei nicht auf einfache Aussagen ein und spricht auch „von *dem* ihr entsprechenden Sachverhalt". Doch betrachten wir die von uns etwas korrigierte Formulierung. Das Wort „Wirklichkeit" (oder „wirklich") hat hier eine rein psychologische Funktion und ist eigentlich überflüssig, d. h., die folgende Formulierung ist der angeführten gleichwertig: „Eine einfache Aussage ist wahr genau dann, wenn ein ihr entsprechender Sachverhalt existiert." Versuchen wir, dieses Schema in unserer Symbolik zu formulieren. Wenn p eine einfache Aussage ist, so wird ein ihr entsprechender Sachverhalt mit dem

---

[13]Vgl. A. Tarski, Der Wahrheitsbegriff in den formalisierten Spachen, in: K. Berka/ L. Kreiser, Logik-Texte, Berlin 1971; W. Stegmüller, Das Wahrheitsproblem und die Idee der Semantik, Wien/New York 1968; E. D. Smirnowa/P. W. Tawanjez, Logische Semantik, in: Quantoren, Modalitäten, Paradoxien, Berlin 1972.

Terminus $\downarrow p$ („die Tatsache, daß p", „der Zustand, daß p") bezeichnet. Das vorgeschlagene Definitionsschema hat also folgende Form:

$$(tp \leftarrow v) \equiv_{Def} (\downarrow p \leftarrow E).$$

In der angegebenen Definition wird das Prädkikat der Existenz E verwendet, dessen Eigenschaften in der Logik der Existenz beschrieben werden. Wir können hier die Theorie der Existenz nicht ausführlich betrachten und geben nur an, wie das Prädikat E für individuelle Zustandstermini (Termini vom Typ $\downarrow p$, wo p eine Aussage ist und $\downarrow p$ ein individueller Terminus) definiert wird. Wenn $\downarrow p$ ein individueller Zustand ist, so definieren wir E für solche Termini durch folgende Axiomenschemata:

$$(\downarrow p \leftarrow E) \dashv\vdash p$$
$$\sim(\downarrow p \leftarrow E) \dashv\vdash \sim p.$$

Für allgemeine Zustandstermini lassen sich folgende Definitionen wählen: Ein allgemeiner Zustand $\downarrow p$ existiert genau dann, wenn es einen individuellen Zustand gibt, der $\downarrow p$ genannt wird und der existiert. Ein allgemeiner Zustand $\downarrow p$ existiert genau dann nicht, wenn für alle Individuen, die $\downarrow p$ genannt werden, gilt, daß sie nicht existieren.

Aus unserem Definitionsschema des Prädikates „wahr" für einfache Aussagen $(tp \leftarrow v) \equiv_{Def} p$ erhalten wir als Folgerung

$$(tp \leftarrow v) \dashv\vdash p.$$

Aus dieser Behauptung und der Definition von E für Termini des Typs $\downarrow p$ ergibt sich als Folgerung

$$(tp \leftarrow v) \dashv\vdash (\downarrow p \leftarrow E).$$

Das bedeutet, daß die in der philosophischen Literatur häufig angegebene Definition des Prädikates „wahr" sich als Folgerung aus unserem Definitionsschema ergibt. Die erwähnte philosophische Behauptung ist also richtig, sogar logisch wahr. Sie ist aber als Definition ungeeignet, weil sie zu kompliziert ist. Zu ähnlichen Ergebnissen kommt man, wenn man andere vernünftige philosophische Definitionen des Prädikates „wahr" logisch analysiert. Eine zu Ende geführte logische Analyse solcher Definitionen des Prädikates „wahr" zeigt entweder gewisse Mängel dieser Definitionen oder führt letztlich doch auf das oben von uns angegebene Definitionsschema.

Manchmal wird gegen das angegebene Definitionsschema des Prädikates „wahr" eingewendet, es bliebe im rein sprachlichen Rahmen stehen und würde keine Beziehung zur objektiven Realität haben. Der erste Teil dieser Behauptung ist richtig, wir fassen ihn aber nicht als Vorwurf auf, weil man natürlich immer mit Worten philosophiert und definiert. Der zweite Teil der Behauptung ist falsch, da ausdrücklich vorausgesetzt ist, daß p eine Aussage ist, deren Bedeutung bekannt ist.

Betrachten wir noch kurz den Einwand, daß das Definitionsschema im rein Sprachlichen verbleibt. Nehmen wir folgendes Beispiel: Die Aussage „Der Tisch ist aus Holz" ist wahr genau dann, wenn der Tisch aus Holz ist. Den Philosophen, die den Rahmen der Sprache verlassen wollen, bliebe in diesem Falle nur folgende Lösung: Die Aussage „Der Tisch ist aus Holz" ist wahr genau dann, wenn ... Und für die drei Punkte müßte man den betreffenden Tisch hinstellen. Doch selbst das wäre nicht korrekt, weil der Tisch auch eine ganze Reihe von anderen Sachverhalten repräsentieren würde, solche wie den Sachverhalt, daß der Tisch vier Beine hat, rund ist usw. Von einem Sachverhalt kann man nur sprechen, wenn er sprachlich fixiert ist. Als Anregung für außersprachliches Philosophieren empfehlen wir eine Leseprobe aus „Gullivers Reisen" von Jonathan Swift.

4.7   Eine Leseprobe aus „Gullivers Reisen"

Hierauf begaben wir uns in die Sprachschule, wo drei Professoren sich über die zweckmäßigste Methode, ihre Landessprache zu verbessern, berieten. Das Projekt des ersten bestand darin, die Rede dadurch abzukürzen, daß man die vielsilbigen Wörter in einsilbige verwandelte und Verben und Partizipien auslasse, da alle vorstellbaren Dinge in Wirklichkeit ja doch nur Hauptwörter seien.

Das Projekt des zweiten bezweckte die Abschaffung aller Wörter überhaupt, und dies hielt man für außerordentlich gesundheitsfördernd und zeitsparend. Denn es ist klar, daß jedes von uns gesprochene Wort eine Verminderung unserer Lungen bewirkt, da es sie abnutzt und aus diesem Grunde auch die Verkürzung unseres Lebens zur Folge hat. Es wurde deshalb folgender Ausweg vorgeschlagen: Da alle Wörter nur Bezeichnungen für Dinge seien, sei es passender, wenn alle Menschen jene Dinge, die ein besonderes Geschäft bezeichneten und worüber sie sich unterhalten wollten, mit sich herumtrügen.

Und diese Erfindung wäre sicher auch allgemein eingeführt, zur großen Erleichterung und Förderung der Gesundheit des Menschen, wenn sich die Weiber nicht mit dem Pöbel und den Analphabeten verbunden und mit einer Rebellion gedroht hätten, falls man ihnen nicht erlaube, wie ihre Vorfahren mit ihren Zungen zu reden. Solch beharrlicher, unversöhnlicher Feind der Wissenschaft ist das gemeine Volk. Viele der Klügsten und Weisesten jedoch befolgen die neue Methode, sich durch Dinge auszudrücken; die einzige Unbequemlichkeit, die sich daraus ergibt, besteht darin, daß ein Mann, dessen Anliegen sehr groß und von verschiedener Art sind, ein Bündel auf seinem Rücken mit sich herumtragen muß, falls er nicht in der Lage ist, sich einen oder zwei starke Bediente als Begleiter zu halten. Ich habe oft gesehen, wie zwei dieser Weisen unter der Last ihrer Bündel fast zusammenbrachen wie bei uns die Hausierer. Wenn sie sich in den Straßen begegneten, legten sie ihre Last nieder, öffneten ihre Säcke und unterhielten sich wohl eine Stunde lang miteinander; alsdann packten sie ihre Geräte wieder ein, halfen einander, ihre Last wieder auf den Rücken zu nehmen, und empfahlen sich.

Für ein kurzes Gespräch aber kann jeder seinen Bedarf in der Tasche oder unter dem Arm tragen, und zu Hause kann niemand in Verlegenheit kommen. Deshalb ist auch das Zimmer, wo Leute zusammenkommen, die diese Kunst ausüben, mit allen Dingen angefüllt, welche Stoff zu diesem künstlichen Gespräch darbieten.

Ein anderer Vorteil, der sich aus dieser Erfindung ergeben sollte, bestand darin, daß sie als Weltsprache dienen konnte, die man bei allen zivilisierten Nationen verstehen würde, da ihre Waren und Geräte sich ziemlich glichen, so daß man ihren Gebrauch leicht verstehen würde. Somit könnten Gesandte mit fremden Fürsten oder Staatsmännern leicht verhandeln, obgleich sie deren Sprache nicht verstehen.

4.8 Wahrheitsantinomien

Gegen das angegebene Definitionsschema des Prädikates „wahr" wird weiter eingewendet, daß es zu Antinomien führe. Da wir im sechsten Kapitel noch andere Antinomien ausführlich betrachten, wollen wir zunächst erklären, was man unter einer Antinomie versteht.

Unter einer Antinomie versteht man zwei einander sich logisch widersprechende Thesen, die beide aus einer gewissen Anzahl von Voraussetzungen, die als wahr angenommen werden, logisch ableitbar sind. $A_1, \ldots, A_n$ mögen die als wahr angenommenen Voraussetzungen sein, B und $\sim B$ die beiden Thesen der Antinomie. Beim Vorliegen einer Antinomie gelten dann die Behauptungen:

(1) $A_1 \wedge \ldots \wedge A_n \vdash B$,
(2) $A_1 \wedge \ldots \wedge A_n \vdash \sim B$.

Aus diesen beiden Formeln folgt logisch die Formel

(3) $A_1 \wedge \ldots \wedge A_n \vdash B \wedge \sim B$.

Da der Satz vom ausgeschlossenen Widerspruch

(4) $\sim(B \wedge \sim B)$

ein logisches Gesetz ist, folgt aus 3 und 4 die Formel

(5) $\sim(A_1 \wedge \ldots \wedge A_n)$.

Diese Formel ist der folgenden äquivalent:

(6) $\sim A_1 \vee \ldots \vee \sim A_n$.

Das bedeutet aber, daß beim Vorliegen einer Antinomie mindestens eine der Voraussetzungen nicht gilt. In jedem vorliegenden Falle einer Antinomie muß dann geprüft werden, welche Voraussetzungen (Voraussetzung) falsch sind (ist). Die falschen Voraussetzungen werden dann verworfen.

In logischer Hinsicht ist das Antinomienproblem trivial, im strengen Sinne sind nämlich gar keine Antinomien möglich. Aus welchen Gründen treten im Erkenntnisprozeß aber faktisch Antinomien auf?

Erstens ist es möglich, daß sich These und Antithese gar nicht logisch widersprechen. Dieser Fall liegt sehr häufig vor und kommt meist zustande, weil verschiedene Formen der Negation verwechselt werden. Das im vorangehenden Kapitel behandelte Paradox der Veränderung kam beispielsweise durch diesen logischen Fehler zustande. Zweitens ist es möglich, daß These oder Antithese der betreffenden Antinomie oder sogar beide gar nicht logisch aus den akzeptierten Voraussetzungen folgen. Hier werden meistens irgendwelche psychischen Assoziationen mit der logischen Folgebeziehung verwechselt. Ein typisches Beispiel für diesen Fall ist die Zenonsche Aporie von Achilles und der Schildkröte, wie sie gewöhnlich dargestellt wird. Weiter kann eine Antinomie auftreten, weil eine oder mehrere der Voraussetzungen falsch sind. Das kann wieder verschiedene Gründe haben. Es kann an der Mehrdeutigkeit oder Unschärfe der verwendeten Terminologie liegen, oder die betreffenden Voraussetzungen sind zwar in einer präzisen Terminologie formuliert, werden aber aus irgendwelchen Gründen als wahr akzeptiert, obwohl sie sich bei genauerer Analyse als falsch erweisen.

Bei der Konstruktion von Antinomien wird sehr häufig gegen die logisch wahre Formel $\sim \exists x \, \forall y \, (R(x,y) \equiv \sim R(y,y))$ (Cantorsches Diagonalverfahren) verstoßen, d. h., es wird angenommen, es würde die logisch falsche Formel $\exists x \, \forall y \, (R(x,y) \equiv \sim R(y,y))$ gelten. So etwa bei der bekannten Antinomie der Menge aller Mengen, die sich nicht selbst als Element enthalten. Zunächst wird definiert, a sei die Menge aller Mengen, die sich nicht selbst als Element enthalten. Dann wird gefragt, ob a sich selbst als Element enthalte. Wenn a sich als Element enthält, so enthält es sich nicht als Element, und wenn es sich nicht enthält, so enthält es sich als Element. Diesen Widerspruch erhält man nur, weil man entgegen dem logischen Gesetz $\sim\exists x\,\forall y\,(R(x,y) \equiv \sim R(y,y))$ annimmt, die Menge a würde existieren. Aus der Definition von a folgt im Gegenteil, daß a nicht existiert.

Weiter kommen Antinomien häufig zustande, weil man beim Definieren das Zirkelfreiheitsprinzip verletzt, d. h., weil man bei der Definition eines Terminus a von ihm selber oder von mit seiner Hilfe definierten Termini Gebrauch macht.

Allgemein läßt sich sagen: Treten in einem Wissensbereich oder in der Philosophie Antinomien auf, so ist das nur ein Anzeichen dafür, daß irgendwelche Fehler gemacht wurden. Im Einzelfall ist es dabei manchmal recht schwierig, diese Fehler aufzufinden.

Die Wahrheitsantinomien waren bereits in der Antike bekannt, und es existiert zu ihnen eine umfangreiche Literatur. Wir behandeln hier nur eine ganz einfache Form dieser Antinomie, weil wir schon an diesem Beispiel den wesentlichen logischen Fehler aller Wahrheitsantinomien verdeutlichen können. Bei der Konstruktion der Wahrheitsantinomie argumentiert man folgendermaßen. Es wird als einziger Satz der Satz „Dieser Satz ist falsch" behauptet. Wäre dieser Satz wahr, so wäre er auf Grund dessen, was er aussagt, falsch, und wäre er falsch, so wäre er wahr. Es läßt sich aber zeigen, daß die Konstruktion der Antinomie im angegebenen Falle und auch in allen logisch verfeinert formulierten Fällen durch logische Fehler zustande kommt. Schon in der traditionellen Logik war das Prinzip bekannt, nach dem Definitionen keine Zirkel enthalten dürfen, d. h., daß kein Terminus mit Hilfe von sich selbst oder mit Hilfe von Termini, in deren Definition der betreffende Terminus vorkommt, definiert werden darf. Bei der Konstruktion der Wahrheitsantinomien wird dieses Zirkelfreiheitsprinzip immer verletzt.

Das Definitionsschema für einfache Aussagen

tp ist wahr genau dann, wenn p,

enthält die Variable p, und um keine Verletzung des Zirkelfreiheitsprinzips zuzulassen, müssen die zulässigen Einsetzungen für p auf solche einfachen Aussagen beschränkt werden, die selber das Prädikat „wahr" oder von ihm logisch abhängige Termini (wie etwa „falsch" wie in unserem Beispiel) nicht enthalten. Bei der Konstruktion der Wahrheitsantinomie wird diese einsichtige Beschränkung aber verletzt.

Die genannte Einschränkung hat natürlich auch zur Folge, daß für alle einfachen Aussagen der Form: „$t(tp$ ist wahr) ist wahr" usw. das Prädikat „wahr" nicht nach dem genannten Schema definiert werden kann. Erstens besteht aber wenig Bedarf für eine solche Iteration von „wahr", und zweitens läßt sich diese Schwierigkeit leicht beheben, indem man induktiv zunächst für alle einfachen Aussagen, die das Prädikat „wahr" und von ihm abhängige

Termini nicht enthalten, ein Prädikat „wahr$_1$" definiert, mit dessen Hilfe sich dann ein Prädikat „wahr$_2$" für Aussagen, die das Prädikat „wahr$_1$" enthalten dürfen, definieren läßt usw. Auch in diesem Falle läßt sich das Prädikat „wahr$_n$" immer aus der Sprache eliminieren und Antinomien können nicht konstruiert werden.[14]

4.9 Feststellung der Wahrheit konkreter Aussagen

Von der definitorischen Einführung des Prädikates „wahr" ist die Überprüfung konkreter Aussagen in bezug auf ihren Wahrheitswert zu unterscheiden. Die Definitionen des Prädikates „wahr" für verschiedene Formen von Aussagen wird in der logischen Semantik vorgenommen. Haben wir solche Definitionen des Prädikates „wahr" für verschiedene Formen von Aussagen, so haben wir damit noch keine Gewähr für die Wahrheit konkreter Aussag dieser Form. Mit Hilfe der Logik kann man nur feststellen, ob Aussagen logisch wahr oder logisch-falsch sind. Bei allen Aussagen, die nicht logisch-wahr oder logisch falsch sind, kann die Logik keinen Beitrag zur Feststellung der Wahrheit leisten. Eine präzise Definition des Prädikates „wahr" für Aussagen des betreffenden Typs ist zwar eine Voraussetzung für die Feststellung der Wahrheit dieser Aussagen, aber die Feststellung der Wahrheit dieser Aussagen selbst überschreitet die Kompetenz der Logik und ist eine praktische Frage. Auf Grund des Definitionsschemas gilt zwar beispielsweise: Die Aussage „Am 18. Mai 1980 wird es in Berlin regnen" ist wahr genau dann, wenn es am 18. Mai 1980 in Berlin regnen wird. Damit wissen wir aber noch lange nicht, ob es nun zum angegebenen Zeitpunkt in Berlin regnen wird.

4.10 Die Objektitvität der Wahrheit

Die in der marxistisch-leninistischen Philosophie behauptete Objektivität der Wahrheit von Aussagen darf nicht mit der Objektivität der Wirklichkeit selbst verwechselt und so aufgefaßt werden, als gäbe es unabhängig von der Existenz der Menschheit eine Wahrheit an sich. Die letztere Auffassung führt zum objektiven Idealismus, meist in der Form eines Platonismus, der mit einer materialistischen Erkenntnistheorie nicht vereinbar, sondern ihr diametral entgegengesetzt ist. Auf logischer Ebene ist die philosophische Forderung

---

[14]Da die Wahrheitsantinomien gar nicht zustande kommen, halten wir die von uns in früheren Arbeiten vorgenommene Abwandlung der hier dargestellten Definitionsschemata für das Prädikat „wahr" nicht für erforderlich.

nach der Objektivität der Wahrheit dadurch realisiert, daß in den Definitionsschemata für das Prädikat „wahr" kein Bezug auf einen Sprachbenutzer (ein Subjekt) auftritt.

4.11 Relative und absolute Wahrheit

Die Gundsätze für die Unterscheidung von relativer und absoluter Wahrheit finden wir vor allem in den Arbeiten von Engels „Anti-Dühring" und „Dialektik der Natur" sowie in den Arbeiten Lenins „Materialismus und Empiriokritizismus" und „Aus dem philosophischen Nachlaß".

In der modernen marxistisch-leninistischen Literatur werden die Termini „relative Wahrheit" und „absolute Wahrheit" in verschiedenen Bedeutungen verwendet. Häufig wird mit dem Terminus „absolute Wahrheit" die erschöpfende Erkenntnis des Gesamtuniversums bezeichnet. In dieser Bedeutung ist der Begriff der absoluten Wahrheit eine fiktive ideale Annahme, die in der Erkenntnistheorie dazu dient, die Entwicklungsrichtung unserer Erkenntnis zu charakterisieren. Hier wird mit dem Terminus „absolute Wahrheit" eine unendliche Menge wahrer Aussagen bezeichnet, und entsprechend nennt man jede echte Teilmenge dieser Menge eine „relative Wahrheit". Je nachdem, wie das Wort „unendlich" hier verstanden wird, ergeben sich mindestens zwei verschiedene Verwendungsweisen der Termini „relative Wahrheit" und „absolute Wahrheit". Einmal versteht man unter „absolute Wahrheit" eine aktual-unendliche Menge wahrer Aussagen, die natürlich nicht existiert und rein fiktiv ist, zum anderen kann man unter „absoluter Wahrheit" eine potentiell-unendliche Menge wahrer Aussagen verstehen. Der letzte Begriff ist dem realen menschlichen Erkenntnisprozeß angemessener und bringt die potentielle Unbegrenztheit des menschlichen Erkenntnisvermögens zum Ausdruck.[15] Mit dem Terminus „absolute Wahrheit" bezeichnet man auch eine Menge wahrer Aussagen, die einen bestimmten begrenzten Bereich der Wirklichkeit erschöpfend beschreibt, und mit dem Terminus „relative Wahrheit" wieder jede echte Teilmenge dieser Menge. Manchmal wird die Tatsache, daß man von der Wahrheit oder Falschheit einer Aussage oder eines Aussagesystems nur in bezug auf ein bestimmtes Sprachsystem sprechen kann, als die „statische" Relativität der Wahrheit bezeichnet. Dabei wird dann die übliche Auffassung von der Relativität der Wahrheit als „dynamische Relativität" angesehen.

Mit dem Terminus „relative Wahrheit" werden weiter wahrscheinlich wahre und mit dem Terminus „absolute Wahrheit" zuverlässig wahre Aussagen

---

[15]Vgl. H. Wessel, Zu einer Bedeutung des Terminus „absolute Wahrheit", Deutsche Zeitschrift für Philosophie, Heft 1, 1967.

bezeichnet. Manchmal betrachtet man versteckte erfüllbare Aussagefunktionen als relativ wahre Aussagen und wahre Aussagen als absolut wahre.

Mit dem Terminus „relative Wahrheit" werden manchmal auch solche Aussagen bezeichnet, die unter den einen Bedingungen wahr und unter anderen falsch sind. Der Terminus „absolute Wahrheit" bezeichnet dann unbedingt wahre Aussagen. Schließlich bezeichnet man mit dem Terminus „relative Wahrheit" Aussagen, die einen Sachverhalt nur angenähert widerspiegeln. Mit dem Terminus „absolute Wahrheit" werden dann dementsprechend Aussagen bezeichnet, die einen Sachverhalt nicht nur angenähert widerspiegeln, sondern genau treffen. Bei dieser Verwendung der Termini „relative Wahrheit" und „absolute Wahrheit" stößt man aber sofort auf Schwierigkeiten, wenn man fragt, welcher Sachverhalt denn nur angenähert widergespiegelt wird. Sachverhalte kann man nämlich nicht zeigen, sondern immer nur durch Termini der Form $\downarrow X$ bezeichnen, wobei X eine Aussage ist. Ist man sich dieser Tatsache bewußt, so kann man hier nicht mehr von einer angenäherten Widerspiegelung eines Sachverhaltes sprechen. Bei der Präzisierung der bisher angegebenen Verwendungsweisen der Termini „absolute Wahrheit" und „relative Wahrheit" kann die Logik manches leisten[16], doch die mit dem Termini „relative Wahrheit" und „absolute Wahrheit" verbundene wesentliche philosophische Problematik liegt unseres Erachtens auf einer ganz anderen Ebene und überschreitet die Kompetenz der Logik. Es geht dabei um die Weiterungen, die sich aus der einfachen Tatsache ergeben, daß wir uns bei der Auswahl von Gegenständen und Eigenschaften aus dem objektiven Gegebenen und ihrer Bezeichnung durch Termini stets von bestimmten Zielen und Zwecken leiten lassen. Wir können zur Beschreibung ein und desselben objektiv Gegebenen ganz verschiedene Terminologien korrekt aufbauen und mit ihrer Hilfe ganz verschiedene wahre Aussagen treffen, je nachdem, welchen Zweck wir jeweils verfolgen. Für verfeinerte Zielsetzungen läßt sich stets eine verfeinerte Terminologie aufbauen. Unseres Erachtens soll das philosophische Prinzip der Relativität und der Absolutheit unserer Erkenntnisse auf diese Tatsachen hinweisen. Dieses heuristische Prinzip, daß wir nur mit Hilfe von Termini die Realität beschreiben können und daß sich jede Terminologie verbessern und verfeinern läßt, beschrieb Herder folgendermaßen: „Ob nun gleich natürlicherweise diese *merklichste* Eigenschaft nicht immer die *wesentlichste* sein mochte, indem sehr oft das Moment der Erfahrung, mithin ein Nebenumstand Anlaß zur Bezeichnung gab; obgleich ebenso natürlich nach dieser einmal und einseitig getroffenen Bezeichnung andre Eigenschaften des

---

[16]Vgl. H. Wessel, Über mögliche Explikationen der Termini „relative Wahrheit" und „absolute Wahrheit", in: Wege des Erkennens, Berlin 1969; H. Wessel, Probleme topologischer Logiken, in: Quantoren, Modalitäten, Paradoxien, Berlin 1972.

Dinges vorbeigegangen wurden und deshalb vielleicht lange im Dunkel blieben: so verliert deswegen die Sprache als ein *Verstandesausdruck* nicht ihren Charakter; denn keine menschliche Charakteristik bezeichnet wesentlich und vollständig, vielmehr ist die eigentliche Bedeutung der Worte ein Riegel gegen ihren Mißbrauch. Sprache ist und bleibt auch hier das *Lagerbuch des menschlichen Verstandes.*"[17]

4.12 Konkretheit der Wahheit

Die These von der Konkretheit der Wahrheit bildet einen wichtigen Bestandteil der marxistisch-leninistischen Wahrheitstheorie. Es gibt Aussagen, die zu der einen Zeit und unter den einen Bedingungen wahr und zu einer anderen Zeit und unter anderen Bedingungen falsch sind. Bei solchen Aussagen muß man im täglichen Leben, in der Wissenschaft und vor allem in der Politik stets auf Ort, Zeit und Bedingungen achten, unter denen sie behauptet werden. Betrachten wir die Aussage: „Die Winkelsumme im Dreieck ist gleich $180°$." Diese Aussage ist im Rahmen der Euklidischen Geometrie wahr, in der Nichteuklidischen Geometrie gilt sie jedoch im allgemeinen nicht. Man kann also nur sinnvoll über den Wahrheitswert dieser Aussage urteilen, wenn bekannt ist, in welchem Kontext, auf der Grundlage welcher geometrischen Theorie sie formuliert und behauptet wird. Auf logischer Ebene wird die allgemeine philosophische Forderung nach der Konkretheit der Wahrheit durch die Unterscheidung von lokalen und universalen Aussagen realisiert (vgl. Abschnitt 7 des ersten Kapitels). Es möge a ein Terminus sein, der in einer Aussage X vorkommt. Wenn X bei der Gegenüberstellung mit einem Gegenstand, der mit a bezeichnet wird, den einen Wahrheitswert hat und einen anderen Wahrheitswert bei der Gegenüberstellung mit einem anderen mit a bezeichneten Gegenstand, so ist X eine bezüglich a lokale Aussage. Der Wahrheitswert von X hängt also von a ab. Wenn X hingegen bei der Gegenüberstellung mit einem beliebigen mit a bezeichneten Gegenstand denselben Wahrheitswert hat, so ist X eine bezüglich a universale Aussage. Ihr Wahrheitswert hängt dann nicht von a ab. Eine Aussage ist nun *lokal* genau dann, wenn in ihr mindestens ein Terminus vorkommt, in bezug auf den sie lokal ist. Kommt in einer Aussage kein solcher Terminus vor, so ist sie *universal*. Ein Beispiel einer lokalen Aussage ist etwa „Sokrates läuft". Diese Aussage ist in der Gegenüberstellung mit dem laufenden Sokrates wahr, während sie in der Gegenüberstellung mit dem sitzenden Sokrates falsch ist. Ein Beispiel einer universalen Aussage ist etwa: „2 ist eine gerade Zahl." Die Unterscheidung

---

[17]J. G. Herder, Metakritik zur Kritik der reinen Vernunft, Berlin 1955, S. 112.

von lokalen und universalen Aussagen wurde von der traditionellen mathematischen Logik nicht berücksichtigt, da diese vor allem von den Bedürfnissen der Mathematik her orientiert war, in der vorwiegend universale Aussagen eine Rolle spielen. Durch die Unterscheidung von universalen und lokalen Ausssagen werden die Gesetze und Regeln der traditionellen mathematischen Logik aber nicht außer Kraft gesetzt, sondern nur in gewisser Weise modifiziert. Alle logischen Regeln gelten nämlich für lokale Aussagen, wenn wir in ihre Formulierungen die Angabe des Ortes und der Zeit – wir sagen die Koordinaten – des gemeinten Ereignisses oder Gegenstandes und die Angabe der Bedingungen mit aufnehmen. Wenn wir die Wendungen „X mit den Koordinaten k" und „X unter der Bedingung, daß V", wobei k ein Terminus zur Bezeichnung des Raumes und der Zeit und V eine Gesamtheit von Aussagen ist, entsprechend durch die Symbole X/k und X/V darstellen und wenn $A \vdash B$ eine übliche logische Regel für universale Aussagen ist, so sind $A/k \vdash B/k$ und $A/V \vdash B/V$ gültige Regeln für lokale Aussagen.

Die Definitionsschemata des Prädikates „wahr" müssen für lokale Aussagen entsprechend auf folgende Weise modifiziert werden:

$$(tp \leftarrow v)/k \equiv_{Def} p/k \quad \text{und}$$
$$(tp \leftarrow v)/V \equiv_{Def} p/V.$$

Kapitel 5

Modalitäten in der Philosophie

Modale Termini, wie „möglich", „notwendig", „zufällig" usw., werden in allen philosophischen Systemen der Vergangenheit und Gegenwart verwendet. Meist werden diese Termini in den philosophischen Systemen nicht explizit eingeführt, sondern es wird vorausgesetzt, daß ihre Bedeutung intuitiv klar ist. Mit Hilfe der modalen Termini werden dann philosophische Behauptungen formuliert und Konzeptionen aufgestellt. Wir betrachten in diesem Kapitel vor allem die philosophischen Behauptungen des Fatalismus, Tychismus und Antifatalismus, die mit Hilfe von modalen Termini formuliert werden. Eine befriedigende Analyse dieser Behauptungen ist nur möglich, wenn die modalen Termini vorher logisch korrekt eingeführt werden. Deshalb betrachten wir kritisch einige bisher aufgestellte Definitionsschemata für modale Termini und schlagen neue Definitionsschemata vor, die es gestatten, eine Reihe von Schwierigkeiten zu lösen. Die modale Logik selbst wird nicht systematisch dargestellt, sondern es werden nur einige wenige modallogische Theoreme herangezogen, die für die Behandlung der jeweiligen philosophischen Problematik erforderlich sind.

Außerdem betrachten wir in diesem Kapitel noch einige andere philosophische Ausdrücke, die modale Termini enthalten und in philosophischen Kontexten häufig verwendet werden.

5.1 Fatalismus

Unter *Fatalismus* versteht man die philosophische Behauptung, daß alles, was geschehen ist, was geschieht und was in Zukunft geschehen wird, mit Notwendigkeit geschieht. Oder anders gesagt, daß alle Ereignisse in Vergangenheit, Gegenwart und Zukunft vorherbestimmt sind. Der Terminus „Fatalismus" wurde aus dem lateinischen Wort „fatum" gebildet, das „Schicksal" bedeutet. Die Lehre des Fatalismus hat ihren Ursprung in der griechischen Mythologie. In der „Götterlehre" von K. Th. Moritz heißt es: „Es gibt also etwas, wovor die Götter selber Scheu tragen. Es ist das nächtliche geheimnisvolle Dunkel, worin sich noch etwas über Götter und Menschen Obwaltendes verhüllt, das die Begriffe der Sterblichen übersteigt."[1] Dieses geheimnisvolle Dunkel ist das Fatum, das Schicksal, das in den Händen höherer Mächte liegt, bei denen das schon fest beschlossen ist, was Götter und Menschen noch zu bewirken oder zu verhindern sich bemühen.

Der Mensch schuf bekanntlich die Götter nach seinem Bilde. Um sie den mit der Natur und seinen Artgenossen ringenden und häufig von ihnen überwältigten Menschen noch ähnlicher zu gestalten, schuf er in einem Akt ausgleichender Gerechtigkeit den Übergott des Schicksals, der Menschen und Götter in gleicher Weise beherrscht.

Aus der Mythologie wurde die fatalistische Weltauffassung in die Philosophie übernommen. Im antiken Griechenland waren es vor allem die Stoiker, die dem Fatalismus anhingen. Nach ihrer Lehre ist alles vorherbestimmt und notwendig. Der Mensch kann sein Schicksal nicht ändern, und der Weise unterscheidet sich vor allem dadurch vom Toren, wie er dieses Schicksal aufnimmt, ob er es freudig und geduldig trägt oder ob er klagt und mit der Welt unzufrieden ist.

Als im Christentum die vielen heidnischen Götter der Alten zu einem persönlichen Gott verschmolzen wurden, hatte auch die Stunde des Übergottes Fatum geschlagen. Der einzige allmächtige Gott der Christen durfte nicht vom Schicksal beherrscht sein. Doch endgültig war das „Fatum" der griechischen Mythen noch nicht gestorben. Einige Theologen und christliche Philosophen (Augustin, Luther, Janssen, Calvin u. a.) retteten das unpersönliche Schicksal, indem sie seine Macht dem persönlichen Gott des Christentums übertrugen. Das Ergebnis war die sogenannte Prädestinationslehre, nach der das Schicksal der Menschen ohne deren Verdienst oder Schuld durch den unerforschlichen Ratschluß Gottes schon bei ihrer Geburt entweder zur Seligkeit oder zur Verdammnis vorherbestimmt ist.

Im Pantheismus Spinozas wurde Gott entpersonifiziert und mit der Natur identifiziert. Gleichzeitig wurde das Fatum in die Gott-Natur übertragen. „In der Natur der Dinge gibt es nichts Zufälliges, sondern alles ist aus der Notwendigkeit der göttlichen Natur heraus bestimmt, auf eine gewisse Weise zu existieren und zu wirken."[2] „Die Dinge konnten auf keine andere Weise und in keiner anderen Ordnung von Gott hervorgebracht werden, als sie

---

[1]K. Th. Moritz, Götterlehre oder mythologische Dichtungen der Alten, Leipzig 1972, S. 35.

[2]B. Spinoza, Die Ethik, Leipzig 1909, S. 28.

tatsächlich hervorgebracht worden sind."[3] Oder an anderer Stelle: „Es liegt in der Natur der Vernunft, die Dinge nicht als zufällig, sondern als notwendig zu betrachten."[4]

Die Lehre Spinozas spielte eine positive Rolle bei der Loslösung der Naturwissenschaften und Philosophie von der Religion und Theologie. Aber mit den nützlichen Gedanken der Regelmäßigkeit und Gesetzmäßigkeit in der Natur gingen gleichzeitig fatalistische Thesen in die Naturwissenschaft und materialistische Naturphilosophie über. Klassischen Ausdruck fand dies in der berühmten These von Laplace, daß die Kenntnis von ausreichend vielen Parametern über den gegenwärtigen Zustand der Welt es gestatten würde, mit Notwendigkeit jeden vergangenen und jeden zukünftigen Zustand der Welt zu errechnen. Diese These von Laplace wird als *Laplacescher Determinismus* oder auch als *mechanischer Determinismus* bezeichnet.

Diese Auffassung war unter Naturwissenschaftlern im vorigen Jahrhundert weit verbreitet, und mitunter wird sie auch heute noch vertreten.

Der Fatalismus wurde sowohl von materialistischen als auch von idealistischen Philosophen vertreten und spielte in den einzelnen philosophischen Systemen eine unterschiedliche Rolle. Uns geht es hier nicht um die Gesamteinschätzung dieser philosophischen Systeme. Wir wollen lediglich die in allen von ihnen vertretene These logisch analysieren, daß alles, was geschieht, mit Notwendigkeit geschieht. Wir nennen diese Behauptung *Grundthese des Fatalismus* und geben sie symbolisch folgendermaßen wieder:

$$X \supset N{\downarrow}X,$$

wobei X eine beliebige empirische Aussage, $\supset$ die klassische Subjunktion (materiale Implikation), N das Prädikat „notwendig" und $\downarrow$ der terminibildende Operator „die Tatsache, daß" ist, der aus Aussagen X die Termini $\downarrow X$ (gelesen: „die Tatsache, daß X") bildet.

Die Grundthese des Fatalismus gehört nicht zu den philosophischen Thesen, bei denen es für das menschliche Handeln in gewisser Hinsicht gleichgültig ist, ob man sie akzeptiert oder nicht. Ein Akzeptieren oder Nichtakzeptieren des Fatalismus hat wichtige Auswirkungen auf unsere Handlungen. Der Fatalist schaut – um ein Bild von J. Lukasiewicz zu gebrauchen[5] – auf die sich in der Welt vollziehenden Ereignisse wie auf einen Film, der über das Universum gedreht ist. Er ist mitten in der Vorstellung und kennt – wie alle Kinobesucher – die nächsten Szenen und das Ende des Films noch nicht.

---

[3]Ebenda, S. 31.

[4]Ebenda, S. 85.

[5]J. Lukasiewicz, On Determinism, in: Selected Works, Amsterdam/London/Warszawa 1970.

Doch alle Kinobesucher sind nicht nur Zuschauer, sondern auch Schauspieler und Mitgestalter in dem laufenden Film. Und welche Wünsche und Absichten die Kinobesucher auch haben, die folgenden Szenen sind schon gedreht. Das Ende des Dramas oder der Komödie steht schon vor Beginn der Vorstellung fest, der Film war schon immer gedreht und ist von aller Ewigkeit her schon fertig. Alle unsere Erlebnisse, ob angenehm oder unangenehm, alle unsere Entscheidungen, ob gut oder schlecht, sind schon im voraus fixiert. Ganz gleich, wie wir uns verhalten, die Ereignisse verlaufen doch so, wie es vorherbestimmt ist. Wir haben keinen Einfluß auf den Ablauf der Ereignisse, auch wenn es uns manchmal so scheint. Wozu sollen wir schwimmen lernen, wenn doch im voraus bestimmt ist, daß wir ertrinken werden, oder aber im voraus bestimmt ist, daß wir nicht ertrinken werden? Wozu sich gegen eine Entscheidung auflehnen, wenn der Lauf der Ereignisse doch mit Notwendigkeit so abläuft, wie es im Buch des Schicksals geschrieben steht? Wir sehen, daß der Fatalismus schwache Gemüter in ihrer Schwäche bestärkt und faule in ihrer Faulheit.

Fatalistische Auffassungen wurden in der Geschichte der Philosophie manchem Philosophen von den Herrschenden übel genommen. Ein Beispiel hierfür ist Christian Wolff, der die Leibnizsche Philosophie in Halle popularisierte. Dem damaligen Soldatenkönig Friedrich Wilhelm I. redete man ein, daß die Soldaten nach Wolffs Lehre von der prästabilierten Harmonie nicht aus freiem Willen desertierten, sondern wegen der von Gott eingerichteten prästabilierten Harmonie, und daß die Verbreitung dieser Lehre im Militär zersetzend wirken müsse. Im November 1723 befahl der König dem Philosophen Wolff deshalb, bei Strafe des Stranges die preußischen Staaten innerhalb von 48 Stunden zu verlassen. Wolff mußte fliehen. Paradoxerweise machte sich der König aus militärischen Gründen so zum Fürsprecher der Willensfreiheit. Trotz seiner Vorliebe fürs Militär setzte sich später allerdings Friedrich II. für eine Rückkehr des gleichen Wolff nach Preußen ein.

Doch wegen ihrer Konsequenzen wurde die Grundthese des Fatalismus von den meisten wirklich bedeutenden Philosophen verworfen, und diese Weltauffassung spielt in der Geschichte der Philosophie eine relativ geringe Rolle. Die Grundthese des Fatalismus wurde als falsch verworfen, und meistens wurde ihre logische Negation akzeptiert: Nicht alles geschieht mit Notwendigkeit, oder mit anderen Worten, es gibt Ereignisse, die sich nicht mit Notwendigkeit vollziehen. Wir wollen diese richtige Auffassung, die auch im dialektischen Materialismus vertreten wird, hier nicht näher charakterisieren. Dem Leser sei in diesem Zusammenhang der Roman von D. Diderot „Jakob und sein Herr" („Jacques le fataliste et son maître") empfohlen, in dem der Fatalismus literarisch ad absurdum geführt wird. Diderot schließt seinen berühmten Roman mit den Worten: „Ich weiß nicht, ob etwas daran ist, aber das weiß ich gewiß, daß Jacob sich jeden Abend sagte: ‚Steht es dort oben geschrieben, daß Du Hörner tragen sollst, so wirst Du es, du magst es anfangen, wie du willst; steht es hingegen nicht dort oben geschrieben, daß du Hörner tragen sollst, so mögen sie es anfangen, wie sie wollen, du wirst es doch nicht . . . Also kannst du ruhig schlafen, Freund!' Und er schlief ein."

Wir wollen zwar Jacob nicht den Schlaf rauben, werden aber unter logischen Gesichtspunkten nachweisen, daß der Fatalismus nicht gerade als Ruhekissen geeignet ist.

Wir stellen jetzt zwei Reaktionen gegen den Fatalismus dar, die zwar aus den oben genannten Gründen verständlich, aber trotzdem genauso falsch wie der Fatalismus sind. Die eine dieser beiden gegen den Fatalismus gerichteten Lehren wollen wir *Tychismus*, die andere *Antifatalismus* nennen.

5.2 Tychismus

Der Terminus „Tychismus" wurde von dem amerikanischen Logiker und Philosophen Ch. S. Peirce in die Philosophie eingeführt. Das Wort „Tychismus" ist von dem altgriechischen Wort „Tyche" abgeleitet, das Zufall, die Zufallsgöttin, aber interessanterweise auch Schicksal bedeutet. Wie das Fatum nach den Vorstellungen der Alten das Weltgeschehen an dünnen Fäden lenkte und diese Fäden nach seiner Willkür zerschnitt, so wurde auch der Zufall zum Schicksal gemacht. Wir können hier nicht die Peircesche Metaphysik und noch nicht einmal seine Lehre des Tychismus darstellen.[6] Wir greifen nur eine These heraus und kritisieren sie unter logischem Gesichtspunkt. Diese Behauptung besagt, daß alles, was geschehen ist, geschieht und geschehen wird, zufällig geschieht. Wir nennen diese Behauptung wiederum *Grundthese des Tychismus* und schreiben sie symbolisch in folgender Form:

$$X \supset C{\downarrow}X,$$

wobei X wieder eine empirische Aussage und C das Prädikat „zufällig" ist.

Bei Peirce selber finden wir zwar Äußerungen, die der Grundthese des Tychismus verwandt sind und als diese ausgelegt werden können. So schreibt er etwa: „Man versuche ein Naturgesetz zu verifizieren, und man wird finden, daß, je präziser die Beobachtungen sind, sie um so sicherer unregelmäßige Abweichungen vom Gesetz aufweisen werden. Wir sind gewohnt – und ich sage nicht, daß es falsch ist –, sie Beobachtungsfehlern zuzuschreiben; doch

---

[6]Eine Darstellung und Kritik der Peirceschen Philosophie, doch leider unter Ausschluß der logischen Auffassungen und Ergebnisse von Peirce, findet der Leser in: Û. K. Mel'vil', Charles Peirce i pragmatism, Moskva 1968.

können wir gewöhnlich solche Irrtümer auf keinerlei Weise erklären, die schon vorher wahrscheinlich wäre. Geht man ihren Ursachen weit genug nach, so wird man sich gezwungen sehen zuzugeben, daß sie immer auf willkürlicher Bestimmung, d. h. auf Zufall, beruhen."[7] Oder an anderer Stelle: „Ich sehe, ich muß sagen, daß jegliche Verschiedenheit und Eigentümlichkeit von Ereignissen dem Zufall zugeschrieben werden muß."[8] Wir finden aber auch Äußerungen, in denen Regelmäßigkeiten, Gesetzmäßigkeiten und die Notwendigkeit in der Natur anerkannt werden. So schreibt er: „Ich muß anerkennen, daß es eine annähernde Regelmäßigkeit gibt und daß jedes Ereignis durch sie beeinflußt wird. Aber die Mannigfaltigkeit, Eigentümlichkeit und Unregelmäßigkeit der Dinge ist meiner Meinung nach Zufall."[9]

Im Sinne der Grundthese des Tychismus kann man Peirce also höchstens als einen gemäßigten Tychisten ansehen. Doch wir wollen hier ja nicht die Peircesche Metaphysik analysieren.

5.3 Antifatalismus

Als *Grundthese des Antifatalismus* betrachten wir die folgende Behauptung: Alles, was geschehen ist, geschieht und geschehen wird, ist nicht notwendig. Diese Grundthese des Antifatalismus darf nicht mit der Negation der Grundthese des Fatalismus verwechselt werden; denn diese besagt nur, daß irgend etwas nicht notwendig geschah, geschieht oder geschehen wird. Die Grundthese des Antifatalismus schreiben wir symbolisch folgendermaßen:

$$X \supset \sim N{\downarrow}X,$$

wobei X wieder eine empirische Aussage und $\sim$ die aussagenlogische Negation ist. Die Grundthese des Antifatalismus wurde explizit etwa von J. Lukasiewicz vertreten.[10] Er nennt diese Auffassung allerdings „Indeterminismus", da er den Determinismus und den Fatalismus gleichsetzt. Lukasiewicz vertritt nicht nur die Grundthese des Antifatalismus, sondern auch die noch stärkere Behauptung: Kein apodiktischer Satz ist wahr; oder anders formuliert: Jeder Satz, der mit „Es ist notwendig, daß ..." beginnt, muß verworfen werden.

---

[7]Ch. S. Peirce, Eine Überprüfung der Lehre des Nezessarismus, in: Ch. S. Peirce, Schriften II, Vom Pragmatismus zum Pragmatizismus, Frankfurt a. M. 1970, S. 261. Unter Nezessarismus versteht Peirce hier den mechanischen Determinismus oder Fatalismus.

[8]Ebenda, S. 264.

[9]Ebenda.

[10]Vgl. J. Lukasiewicz, On Determinism, A System of Modal Logic, in: Selected Works; J. Lukasiewicz, Aristotle's Syllogistic from the Standpoint of Modern Formal Logic, Oxford 1951.

Er stellt sogar ein spezielles Logiksystem auf, in dem dieser Satz beweisbar ist.

In den Thesen des Fatalismus, Tychismus und Antifatalismus kommen die Termini „Notwendigkeit", „Zufälligkeit" vor. Diese Termini werden aber nicht korrekt eingeführt, sondern als bekannt vorausgesetzt und teilweise aus der Mythologie übernommen. Wir sehen uns in den nächsten Abschnitten an, was die Logik bei der korrekten Einführung dieser und ähnlicher Termini leisten kann, und weisen nach, daß bei einer korrekten Einführung dieser modalen Termini die Thesen des Fatalismus, Tychismus und Antifatalismus hinfällig werden.

Zum Abschluß dieses Abschnitts sei noch darauf hingewiesen, daß Fatalismus, Antifatalismus und Tychismus nicht nur in der Philosophie eine Rolle spielen, sondern daß ähnliche Probleme auch in den Einzelwissenschaften auftreten. Hier wird dann zwar nicht die Notwendigkeit bzw. Zufälligkeit aller Ereignisse behauptet, sondern man beschränkt sich auf Ereignisse einer bestimmten Art. So nehmen in der Genetik etwa T. Morgan, J. Monod und andere an, daß Mutationen (Veränderungen der Erbanlagen) absolut zufälligen Charakter haben, während L. S. Berg, T. D. Lyssenko u. a. behaupten, daß der Entwicklungsprozeß der Organismen sich ausschließlich nach einer strengen Notwendigkeit vollzieht.

5.4 Modalitäten

Unter *Modalitäten im engen Sinne* (oder *alethischen Modalitäten*) versteht man die Worte „möglich", „unmöglich", „zufällig", „nicht notwendig", „nicht zufällig", „wirklich" und von ihnen abgeleitete Worte. Dabei unterscheidet man zwischen *logischen* und *faktischen* (*ontologischen, empirischen, physischen, mellontischen, kausalen* usw.) *alethischen Modalitäten*. Als Modalitäten im weiteren Sinne sieht man außer den bereits angeführten noch die Worte „beweisbar", „widerlegbar", „unentscheidbar", „entscheidbar", „verifizierbar", „falsifizierbar", „überprüfbar", „unüberprüfbar" (*epistemische Modalitäten*) sowie die Worte „geboten" („obligatorisch"), „verboten", „erlaubt" (*deontische Modalitäten*) an. Manchmal nennt man auch etwas willkürlich Wertungsprädikate wie „gut", „schlecht", „besser", „gleichwertig", „schlechter" *axiologische Modalitäten* und Zeittermini wie „immer", „manchmal", „niemals", „früher", „später", „gleichzeitig" *zeitliche Modalitäten*.[11]

---

[11]Vgl. etwa A. A. Iwin, Grundprobleme der deontischen Logik, in: Quantoren, Modalitäten, Paradoxien, Berlin 1972.

Wir betrachten hier vorwiegend die alethischen Modalitäten und machen einige Bemerkungen zu den epistemischen, logischen und deontischen Modalitäten. Bei den sogenannten axiologischen und zeitlichen Modalitäten handelt es sich unseres Erachtens gar nicht um Modalitäten, da die betreffenden Termini auf ganz andere Art in den Sprachgebrauch eingeführt werden als die übrigen Modalitäten.

Modalitäten werden in der Wissenschaftssprache und in der Sprache der Philosophie häufig verwendet. Aussagen, die Modalitäten enthalten, nennen wir *modale Aussagen*. Wir führen einige Beispiele von modalen Aussagen an: „Es ist möglich, daß ich dich morgen besuche", „Alle Mutationen sind zufällig", „Die Oktoberrevolution vollzog sich mit historischer Notwendigkeit", „Dieser Verkehrsunfall war nicht notwendig", „Die gleichzeitige Existenz eines Sachverhaltes und des ihm entgegengesetzten Sachverhaltes ist unmöglich", „Eine gerade Zahl ist notwendigerweise durch 2 teilbar".

Viele faktisch verwendeten modalen Aussagen lassen sich durch bedeutungsgleiche Aussagen ohne Modalitäten ersetzen. Dies gilt insbesondere für alle mathematischen Aussagen, in denen alethische Modalitäten vorkommen. Unser letzter Beispielsatz etwa besagt nur, daß jede gerade Zahl durch 2 teilbar ist. Da die alethischen Modalitäten in der Mathematik überflüssig sind, wurde die Untersuchung ihrer logischen Eigenschaften bei der Herausbildung der modernen mathematischen Logik zunächst vernachlässigt.

Heute hat sich die Situation entscheidend gewandelt. Es gibt eine solche Vielfalt von konkurrierenden modallogischen Systemen, daß es selbst dem Logiker schwerfällt, die Übersicht zu behalten.[12] Von Einigkeit kann überhaupt keine Rede sein. Meist werden die Eigenschaften und Wechselbeziehungen der Modalitäten axiomatisch beschrieben, ohne aber zu sagen, was die Modalitäten eigentlich bedeuten sollen. Wir wissen dann etwa: Wenn etwas notwendig ist, so ist es auch möglich und nicht zufällig. Was die Worte „notwendig", „möglich" und „zufällig" aber bedeuten, das wissen wir nicht. Es wurden auch „Semantiken" für einige modallogische Systeme ausgearbeitet und sogar die Vollständigkeit gewisser Modalkalküle bezüglich dieser Interpretationen bewiesen[13], doch zu einer Klärung dessen, was die Modalitäten eigentlich bedeuten, trug dies auch nicht bei.

---

[12]Einen Überblick über wichtige Systeme der modalen Logik gibt J. A. Slinin in dem Artikel „Die Modalitätentheorie in der modernen Logik", in: Quantoren, Modalitäten, Pradoxien.

[13]Vgl. S. A. Kripke, A Completeness Theorem in Modal Logic, in: Journal of Symbolic Logic, vol. 24, 1959, S. 1–14; K. Schütte, Vollständige Systeme modaler und intuitionistischer Logik, Berlin/Heidelberg/New York 1968.

5.5 Deutungsversuche faktischer Modalitäten und ihre Mängel

In früheren Arbeiten vertrat R. Carnap die Auffassung, daß nur die logischen Modalitäten sinnvoll seien.[14] Er sah dabei eine Aussage als logisch notwendig an, wenn sie logisch wahr ist, und als logisch unmöglich, wenn sie logisch falsch ist. Mit dieser Deutung macht er selbst die logischen Modalitäten faktisch überflüssig, da ja die Termini „logisch wahr" und „logisch falsch" ausreichend sind.

Später akzeptierte er jedoch auch faktische Modalitäten.[15] Für Carnap ist eine Aussage faktisch notwendig (in seiner Terminologie: kausal wahr) genau dann, wenn sie logisch aus der Klasse aller Grundgesetze folgt. Grundgesetze definiert er dabei als Behauptungen, die die logische Form von Gesetzesaussagen haben und wahr sind.

Diese Auffassung der faktischen Modalitäten unterscheidet sich von der H. Reichenbachs nur dadurch, daß dieser an die Grundgesetze (ursprüngliche nomologische Sätze) die strengere Forderung stellt, ihre Wahrheit müsse feststellbar sein.[16] Eine ähnliche Auffassung vertreten A. A. Iwin[17], O. F. Serebrjannikow[18] u. a.

Aus der Literatur ist auch bekannt, daß die Verwendung modaler Aussagen vor allem für Prognosen (für Aussagen über zukünftige Ereignisse) von Bedeutung ist.[19] Aussagen über zukünftige Ereignisse kann man nicht unmittelbar durch Beobachtung überprüfen. Man kann nicht ohne weiteres feststellen, ob sie wahr sind oder nicht, da die Ereignisse, von denen die Rede ist, noch nicht existieren. Prognosen stellt man auf, indem man aus unserem gegenwärtigen Wissen auf das Auftreten oder Nichtauftreten zukünftiger Ereignisse schließt.

X sei eine beliebige empirische Aussage und $\downarrow$ der terminibildende Operator „die Tatsache, daß ... ", der aus einer Aussage einen Ereignisterminus bildet. Man sagt dann, ein zukünftiges Ereignis $\downarrow X$ ist notwendig, wenn aus

---

[14]Vgl. etwa R. Carnap, Meaning and Necessity. A Study in Semantics and Modal Logic, Chicago 1947.

[15]Vgl. R. Carnap, Philosophical Foundations of Physics. An Introduction to the Philosophy of Science, New York/London 1966.

[16]Vgl. H. Reichenbach, Nomological Statements and Admissible Operations, Amsterdam 1954.

[17]Vgl. A. A. Ivin, Logika norm, Moskva 1973.

[18]Vgl. O. F. Serebrjannikow, Heuristische Prinzipien und logische Kalküle, Berlin 1973.

[19]Vgl. A. A. Sinowjew, Komplexe Logik. Grundlagen einer logischen Theorie des Wissens, Berlin 1970, S. 250 f.; P. Lorenzen/O. Schwemmer, Konstruktive Logik, Ethik und Wissenschaftstheorie, Mannheim/Wien/Zürich 1973, S. 81 ff.

dem gegenwärtigen Wissen X logisch folgt, und ein zukünftiges Ereignis $\downarrow X$ ist unmöglich, wenn aus dem gegenwärtigen Wissen $\sim X$ logisch folgt.

Legen wir die Carnapsche Auffassung der faktischen Modalitäten zugrunde, so kommen wir zu dem Ergebnis, daß kein individuelles Ereignis notwendig ist, ganz gleich, ob es sich um ein gegenwärtiges, zukünftiges oder vergangenes Ereignis handelt. Gesetze haben nach Carnap die Form einer formalen Implikation (obwohl nicht alle wahren formalen Implikationen Gesetze darstellen)

$$\forall x\, (P(x) \supset Q(x)),$$

wobei $\forall$ der Allquantor, $\supset$ die Subjunktion (materiale Implikation), P und Q Prädikate und x eine Individuenvariable darstellen. Als Folgerungen allein aus Formeln dieser Form erhalten wir niemals Formeln der Form $Q(a)$, wo a eine Individuenkonstante ist, d. h. keine Aussagen über individuelle empirische Ereignisse. Die Carnapsche Auffassung der faktischen Modalitäten bricht zu stark mit dem im Alltag und in der Wissenschaft üblichen Sprachgebrauch und kann deshalb nicht akzeptiert werden.

Eine andere Deutung der Modalitäten schlägt P. Lorenzen vor.[20] Zur Erläuterung seiner Auffassung der Modalitäten stellen wir uns folgende Situation vor. Eine bestimmte Menschengruppe hat ein System von Aussagen W als wahr akzeptiert. Von diesen Menschen werden dann auch alle Aussagen als wahr anerkannt, die logisch aus den Aussagen von W folgen. Jetzt läßt sich für eine modalfreie Aussage X der Terminus „notwendig bezüglich W" wie folgt einführen: Eine Aussage X ist notwendig bezüglich W genau dann, wenn X aus den Aussagen von W folgt. Wenn wir für „notwendig bezüglich W" das Symbol N_W benutzen, können wir diese Definitionen wie folgt schreiben:

$$N_W X \equiv_{Def} (W \vdash X).$$

($\vdash$ ist das Zeichen der logischen Folgebeziehung).

Die anderen Modalitäten werden wie üblich definiert. Während Lorenzen in seinen inhaltlichen Ausgangsüberlegungen den Gebrauch von Modalitäten nur für Zukunftsaussagen für sinnvoll hält, ergibt sich aus seiner Definition aber, daß alles, was wir wissen, bezüglich dieses Wissens notwendig ist. Wenn wir wissen, daß eine Erbsenschote fünf Erbsen und daß sie Eiweiß enthält, so sind nach der Auffassung von Lorenzen beide Aussagen notwendig, während

---

[20]Vgl. P. Lorenzen, Einführung in die operative Logik und Mathematik, Berlin/Heidelberg/New York 1969²; P. Lorenzen/O. Schwemmer, Konstruktive Logik, Ethik und Wissenschaftstheorie.

man nach dem üblichen Sprachgebrauch nur die zweite als notwendig ansehen würde.

War Carnaps Auffassung der Modalitäten zu eng, so ist die von Lorenzen offenbar zu weit. Außerdem führt sie zu der „fatalistischen" Konsequenz: Alles, was wir wissen, ist notwendig.

Eine sehr interessante und differenzierte Analyse der Modalitäten gibt A. A. Sinowjew.[21] Insbesondere setzt er sich dabei mit dem Fatalismus auseinander. Doch seine Auffassung der Modalitäten führt ebenso wie die von Lorenzen zu gewissen „fatalistischen" Konsequenzen. Er wählt folgende Definition des Prädikates M („möglich") für individuelle Termini $\downarrow X$ (A ist eine Aussagenvariable):

$$M\downarrow X \equiv_{Def} \forall\downarrow A\,(A \to \sim(A \to \sim X))$$
$$\sim M\downarrow X \equiv_{Def} \exists\downarrow A\,(A \land (A \to \sim X)).$$

Wir haben die Symbolik Sinowjews etwas geändert und betrachten nur den klassischen Fall, in dem die Unbestimmtheit ausgeschlossen ist; $\forall$ ist der Allquantor, $\exists$ der Existenzquantor, $\land$ die Konjunktion und $\to$ der Konditionalitätsoperator „wenn ..., so ...".

Weiter definiert er das Prädikat N folgendermaßen:

$$N\downarrow X \equiv_{Def} \sim M\downarrow\sim X.$$

Aus der Definition der Unmöglichkeit erhalten wir:

$$\sim M\downarrow\sim X \equiv \exists\downarrow A\,(A \land (A \to X)),$$

wobei $\equiv$ die Bisubjunktion (materiale Äquivalenz) ist.

Nehmen wir an, das Ereignis X vollzieht sich, dann gilt die Aussage X. In der Theorie konditionaler Aussagen gilt außerdem $X \to X$. Wir haben also $X \land (X \to X)$. Wenn wir für die Termini des Typs $\downarrow A$ die folgende Einführungsregel des Existenzquantors $\exists$ akzeptieren:

$$\frac{Z[A/X]}{\exists\downarrow A\,Z},$$

wo $Z[A/X]$ das Ergebnis einer Einsetzung der Aussage X für die Aussagenvariable A in Z überall da ist, wo A frei in Z vorkommt, so erhalten wir aus $X \land (X \to X)$ die Formel $\exists\downarrow A\,(A \land (A \to X))$. Damit gilt aber die rechte Seite der Bisubjunktion, und wir erhalten $\sim M\downarrow\sim X$, was definitionsgemäß $N\downarrow X$ ergibt. Wir erhalten also: Wenn ein Ereignis geschieht, so ist es notwendig:

$$X \to N\downarrow X.$$

---

[21]A. A. Zinov'ev, Logičeskaâ fizika, Moskva 1972.

Streng genommen erhalten wir diese Folgerung in Sinowjews System nicht, da er vor den oben angegebenen Definitionen verbal die Einschränkung formuliert, daß X eine Zukunftsaussage ist und der Zustand $\downarrow X$ nicht existiert. Syntaktisch wird diese Einschränkung allerdings nicht berücksichtigt, und wenn man diese Bedingung akzeptiert, so muß sie für alle Regeln der modalen Logik akzeptiert werden. Das bedeutet aber, daß auch eine Regel wie $X \vdash M \downarrow X$ nicht uneingeschränkt verwendet werden kann. Wenn X wahr ist, d. h., wenn der Zustand $\downarrow X$ existiert, darf diese Regel nicht benutzt werden, da X keine Zukunftsaussage ist; wenn X aber eine Zukunftsaussage ist und die angegebene Regel also gültig ist, so können wir sie im allgemeinen nicht anwenden, da die Voraussetzung X nicht wahr ist. Die Regeln der modalen Logik werden mit solch einer generellen Einschränkung faktisch bedeutungslos, da die modale Logik dann nicht mehr gestattet, von Aussagen über gegenwärtige Ereignisse auf zukünftige Ereignisse zu schließen, sie stellt dann keine Beziehung mehr auf zwischen unserem gegenwärtigen Wissen und Aussagen über zukünftige Ereignisse. Um solche Konsequenzen zu vermeiden, schlagen wir eine andere Deutung der faktischen Modalitäten vor. Doch zunächst wollen wir uns die logische Struktur einfacher modaler Aussagen verdeutlichen.

5.6 Die logische Struktur einfacher modaler Aussagen

Schon ein flüchtiger Blick in die Literatur zur modalen Logik genügt, um die unterschiedlichen Verwendungsweisen der Modalitäten zu verdeutlichen. Die Modalitäten werden als Operatoren, als Prädikattermini und als Subjekttermini (z. B. „die Möglichkeit") verwendet. Werden die Modalitäten als Operatoren verwendet, so werden wiederum verschiedenartige Argumente dieser Operatoren zugelassen. Bei den einen Autoren treten als Argumente modaler Operatoren Aussagen auf, bei anderen Termini. Ist das letztere der Fall, so werden wiederum entweder beliebige Termini oder aber nur bestimmte Arten von Termini (z. B. Ereignistermini) als Argumente zugelassen. Die gleiche Vielfalt haben wir bei einer Verwendung der Modalitäten als Prädikate. Eine Aufgabe der Logik besteht darin, in dieses Durcheinander Ordnung zu bringen, zu versuchen, möglichst viele dieser unterschiedlichen Verwendungsweisen der Modalitäten methodisch zu rechtfertigen und andere als unkorrekt nachzuweisen und zu verwerfen. Wir wollen diese Aufgabe hier nicht in Angriff nehmen[22], sondern beschränken uns auf eine Verwendung der Modalitäten als Prädikate.

Betrachten wir zunächst die (faktischen und logischen) alethischen Modalitäten. Die alethischen Modalitäten N, M usw. sind Prädikate, und als Subjekte in modalen Aussagen mit diesen Prädikaten können nur Ereignistermini auftreten. Wenn X eine Aussage ist, so erhalten wir mit Hilfe des terminibildenden Operators $\downarrow$ („die Tatsache, daß . . . ") Subjekttermini der Form $\downarrow X$ („die Tatsache, daß X"). Wenn Q ein beliebiges alethisches modales Prädikat ist, so haben also einfache modale Aussagen folgende Form:

$$Q(\downarrow X).$$

In der Umgangssprache und in den Wissenschaftssprachen werden zwar ebenfalls strukturell einfache Ereignistermini wie „Autounfall", „Zusammenstoß", „Niederlage", „Geburt", „Tod", „Eheschließung", „Elfmetertor" usw. verwendet. Wenn a solch ein einfacher Ereignisterminus ist, werden also auch modale Aussagen der Form $Q(a)$ gebildet. Es ist aber leicht einzusehen, daß solche Ereignistermini a nur als Abkürzung von Termini der Form $\downarrow X$ eingeführt werden. Einfache modale Aussagen mit den epistemischen Modalitäten „beweisbar", „widerlegbar" usw. haben eine andere logische Struktur. Die Modalitäten treten in ihnen zwar auch als Prädikate auf, sie sind aber nur auf Subjekte eines anderen Typs anwendbar. Wenn X wieder eine Aussage ist und t ein terminibildender Operator, der aus einer Aussage als Argument einen Namen dieser Aussage bildet (gewöhnlich verwendet man Anführungsstriche als Symbol für diesen Operator), so sind Termini der Form tX (gelesen als „die Aussage X") Subjekte in epistemischen modalen Aussagen. Ist Q ein beliebiges epistemisches modales Prädikat, so haben einfache modale Aussagen mit diesem Prädikat also die Form $Q(tX)$.

5.7 Modalitäten und Wahrheitswerte

In der Geschichte der Philosophie und Logik wurde dadurch große Verwirrung gestiftet, daß man die Modalitäten entweder direkt als eine Art von Wahrheitswerten betrachtete oder sie aber analog zu Wahrheitswerten behandelte. Diese Begriffsverwirrung verhinderte lange Zeit eine vernünftige Begründung der modalen Logik, und sie hält auch gegenwärtig noch an. So führte etwa Łukasiewicz in seiner dreiwertigen Logik einen Wahrheitswert „möglich"

---

[22]Vgl. A. Sinowjew/H. Wessel, Logische Sprachregeln. Eine Einführung in die Logik, Berlin 1974.

ein[23], Carnap identifizierte logische Wahrheit und logische Notwendigkeit, Lorenzen gebraucht „möglich" und „möglicherweise wahr" synonym usw. Wahrheitswerte sind, wenn sie nicht bloß als ungedeutete technische Hilfsmittel der Logik verwendet werden, spezielle logische Prädikate, die Aussagen zu- bzw. abgesprochen werden. Wenn V ein beliebiger Wahrheitswert ist, so haben Aussagen mit diesem Prädikat folgende logische Form

$$V(tX).$$

Wenn v der Wahrheitswert „wahr" ist, so wird er nach folgendem Definitionsschema eingeführt:

$$v(tX) \equiv_{Def} X.$$

Hieraus ergibt sich die Bisubjunktion $v(tX) \equiv X$.

Der Unterschied zwischen alethischen Modalitäten und Wahrheitswerten ist offensichtlich, da alethische Modalitäten nur mit Subjekten der Form $\downarrow X$ und Wahrheitswerte nur mit Subjekten der Form tX zu Aussagen verknüpft werden.

Um mögliche Mißverständnisse zu vermeiden, sei auf folgende Unterscheidung hingewiesen. Die Wendungen der Umgangssprache „der Sachverhalt, daß ..." und „die Tatsache, daß ..." werden in der logischen und wissenschaftstheoretischen Literatur meist als Abstraktoren gedeutet. Wenn man von konkreten Aussagesätzen ausgeht, so kann zwischen bestimmten von ihnen die Relation der Bedeutungsgleichheit bestehen. Beschränkt man sich jetzt in seinen Aussagen über die gegebenen Aussagen auf solche, die für bedeutungsgleiche Aussagesätze in gleicher Weise gelten bzw. nicht gelten, d. h., trifft man nur solche Aussagen über die gegebenen Aussagesätze, die invariant bezüglich der Äquivalenzrelation „bedeutungsgleich" sind, so sagt man, man habe eine Abstraktion von Ausagesätzen zu den von ihnen beschriebenen Sachverhalten vollzogen. Bedeutungsgleiche Aussagesätze stellen dann den gleichen Sachverhalt dar. Sind die betreffenden Aussagesätze außerdem noch wahr, so sagt man, sie stellen eine Tatsache dar. Wenn s den Abstraktor „der Sachverhalt, daß ..." symbolisiert, so läßt sich auch für Sachverhalte das Prädikat „wahr" einführen:

$$v(sX) \equiv_{Def} X,$$

wobei für X auch eine beliebige bedeutungsgleiche Aussage stehen kann.

---

[23]Vgl. J. Lukasiewicz, Philosophische Bemerkungen zu mehrwertigen Systemen des Aussagenkalküls, Comptes Rendus de la Société des Sciences et des Lettres de Varsovie, Cl. III, XXIII, 1930, S. 51–77. Gekürzter Nachdruck in: K. Berka/L. Kreiser, Logik-Texte.

Die Abstraktoren „der Sachverhalt, daß …" und „die Tatsache, daß …"
sind streng von dem Operator „die Tatsache, daß …" zu unterscheiden. In
der Umgangssprache ist es nicht immer möglich, diese beiden verschiedenen
Verwendungsweisen der gleichen Wendung zu unterscheiden, und sie waren
Anlaß für manche umfangreiche Erörterung[24].

P. Lorenzen und O. Schwemmer schreiben in diesem Zusammenhang: „Die
Abstraktion von Aussagen zu Sachverhalten ist in der Bildungssprache noch
schwerer zu erkennen als die Abstraktion von Prädikatoren zu Begriffen.

Daß Sachverhalte – und dann gar wahre Sachverhalte, Tatsachen – nichts
als Abstraktionen von Aussagen (im Falle der Tatsachen aus wahren Aussagen) sein sollen, dieser Vorschlag zur Reform der Bildungssprache darf nicht
so mißverstanden werden, als ob z. B. daran, daß es regnet (aus der Tatsache,
daß es regnet), durch bloß sprachliche Änderungen etwas geändert werden
könnte. Dieses Mißverständnis beruht auf der mangelnden Unterscheidung
des Regens (einem Naturvorgang zu einer bestimmten Zeit an einem bestimmten Ort) von der Tatsache, daß es regnet."[25] Wir stimmen Lorenzen
und Schwemmer zu, aber in der von ihnen vorgeschlagenen Sprache haben wir
keine Möglichkeit, den durch die Aussage „es regnet" beschriebenen Naturvorgang zu bezeichnen. Dazu dient aber gerade der Operator „die Tatsache,
daß …", der von dem gleichlautenden Abstraktor s streng zu unterscheiden ist. Es ist sinnlos, mit Termini der Form $\downarrow X$ das Prädikat „wahr" zu
verknüpfen, während es sinnvoll ist, mit ihnen die Prädikate „existiert" und
„existiert nicht" zu Aussagen zu verbinden. Für Termini der Form sX ist es,
wie wir gesehen haben, hingegen durchaus sinnvoll, mit ihnen die Prädikate
„wahr" und „falsch" zu verknüpfen. Der Unterschied von Wahrheitswerten
und epistemischen Modalitäten, die beiden Subjekten gleicher Form zugeschrieben werden, wird deutlich, wenn wir die Schemata zur Einführung der
Wahrheitswerte mit den später angegebenen Schemata zur Einführung epistemischer Modalitäten vergleichen.

5.8 Definitionsschema zur Einführung fakti-scher Modalitäten

Wir führen folgende Symbolik ein: W sei ein bestimmtes Wissen, über das
eine Menschengruppe verfügt. Unter *Wissen* verstehen wir dabei eine Aussage (eine Aussagengesamtheit, eine Konjunktion von Aussagen), die die-

---

[24]Vgl. etwa G. Patzig, Satz und Tatsache, in: Sprache und Logik, Göttingen 1970.

[25]P. Lorenzen/O. Schwemmer, Konstruktive Logik, Ethik und Wissenschaftstheorie, S.
161.

se Menschengruppe auf Abruf hat (d.h., die die Menschen dieser Gruppe im Gedächtnis gespeichert haben und auf Verlangen sagen oder schreiben können, die in Nachschlagewerken, auf Tonbändern aufgezeichnet ist usw.) und die außerdem wahr ist. Wir unterscheiden Wissen also vom vermeintlichen Wissen, vom bloßen Glauben oder von Überzeugungen, die bloß als wahr angenommen werden. Die Frage, wie man Wissen von Glauben und bloßen Überzeugungen unterscheiden kann, lassen wir hier offen, da sie für die folgende Problematik zunächst nicht wesentlich ist. Das Wissen W möge aus einem theoretischen Teil G (Verlaufsgesetze, oder allgemein wissenschaftliche Gesetze, darunter logische Gesetze) und einem rein empirischen Teil R (Situationsbeschreibungen, Randbedingungen) bestehen, es möge W die Konjunktion $G \wedge R$ sein. Hierbei wird nicht vorausgesetzt, daß es ein allgemeines logisches Verfahren gibt, daß es gestattet, Gesetzeswissen von rein empirischen Situationsbeschreibungen zu unterscheiden, sondern es wird nur vorausgesetzt, daß das in jedem konkreten Fall irgendwie möglich ist. Da W wahr ist, ist es insbesondere logisch widerspruchsfrei, d.h., für eine beliebige Aussage X gilt $\sim(W \vdash X \wedge \sim X)$, ebenso gelten $\sim(G \vdash X \wedge \sim X)$ und $\sim(R \vdash X \wedge \sim X)$. Für die Notwendigkeit N eines Ereignisses $\downarrow X$ bezüglich des Wissens W wählen wir folgendes Definitionsschema:

D1. $N_w \downarrow X \equiv_{Def} (G \vdash X) \vee (G \wedge R \vdash X) \wedge \sim(R \vdash X)$,

wobei G, W und R konstante Aussagen darstellen, während $\vee$ die Adjunktion („oder") ist. (Da im Definiens über logische Folgebeziehungen gesprochen wird, hätten wir eigentlich zwischen logischen Operatoren einer Objektsprache und einer Metasprache unterscheiden müssen. Die in den eingeklammerten Formeln vorkommenden Operatoren wären dann Operatoren der Objektsprache, und die übrigen Operatoren wären Operatoren der Metasprache. Oder wir hätten das Zeichen der logischen Folgebeziehung $\vdash$ durch den Konditionalitätsoperator $\rightarrow$ ersetzen müssen und die Bedingung vorausschicken müssen, daß alle vorkommenden konditionalen Aussagen aus Aussagen über die Folgebeziehung gewonnen wurden. Doch kommt es hier aus Gründen der Einfachheit nicht auf letzte formale Strenge an, und praktisch können kaum Mißverständnisse entstehen.)

Die Möglichkeit eines Ereignisses $\downarrow X$ wird hier wie üblich definiert:

D2. $M_W \downarrow X \equiv_{Def} \sim N_W \downarrow \sim X$.

Es lassen sich verschiedene Zufälligkeiten eines Ereignisses $\downarrow X$ definieren. Wir betrachten die folgenden:

D3. $C_w^1 \downarrow X \equiv_{Def} \sim N_W \downarrow X$,

D4. $C_w^2 \downarrow X \equiv_{Def} X \wedge M_W \downarrow \sim X$,

D5. $C_w^3 \downarrow X \equiv_{Def} M_W \downarrow X \wedge M_W \downarrow \sim X$.

Um den Zusammenhang dieser Modalitäten mit unseren Ausgangsüberlegungen zu verdeutlichen, schreiben wir die angegebenen Definitionen noch einmal ohne Verwendung von modalen Prädikaten im Definiens:

D2'. $M_W{\downarrow}X \equiv_{Def} {\sim}(G \vdash {\sim}X) \wedge {\sim}(G \wedge R \vdash {\sim}X) \vee {\sim}(G \vdash {\sim}X) \wedge (R \vdash {\sim}X)$,

D3'. $C_w^1{\downarrow}X \equiv_{Def} {\sim}(G \vdash X) \wedge ({\sim}(G \wedge R \vdash X) \vee (R \vdash X))$,

D4'. $C_w^2{\downarrow}X \equiv_{Def} X \wedge ({\sim}(G \vdash X) \wedge {\sim}(G \wedge R \vdash X) \vee {\sim}(G \vdash X) \wedge (R \vdash X))$,

D5'. $C_w^3{\downarrow}X \equiv_{Def} {\sim}(G \vdash {\sim}X) \wedge {\sim}(G \vdash X) \wedge ({\sim}(G \wedge R \vdash {\sim}X) \vee (R \vdash {\sim}X)) \wedge ({\sim}(G \wedge R \vdash X) \vee (R \vdash X))$.

Zur Vereinfachung der Schreibweise lassen wir im weiteren den Index W bei den Modalitäten weg. Wir setzen voraus, daß in einer Formel (oder einem Beweis) bei allen faktischen Modalitäten immer der gleiche Index W steht, d. h., wir betrachten weiterhin nur relative Modalitäten bezüglich eines bestimmten Wissens W. Weiter schreiben wir anstelle von ${\downarrow}X$ überall x.

Bei den Definitionsschemata zur Einführung der faktischen Modalitäten handelt es sich nicht um Definitionen, da sie die außerlogischen Konstanten W, G und R enthalten, die nicht näher bestimmt sind. Es ist auch nicht Aufgabe der Logik, diese Konstanten zu präzisieren. Vielmehr wird in jedem Wissensbereich (in jeder Einzelwissenschaft) gesondert festgelegt, was als W, G und R gewählt wird. Für die Logik ist nur wichtig, welche Beziehungen bei beliebigen W, G und R gelten. Deshalb kommen die Konstanten W, G, R in den Gesetzen der Logik faktischer Modalitäten gar nicht vor.

Aus den angegebenen Definitionen ergeben sich als Folgerung u. a. folgende Theoreme, deren Beweis wir hier nicht angeben:

T1. $Nx \supset Mx$,

T2. $Nx \supset X$,

T3. $X \supset Mx$.

Die Formeln $Mx \supset X$, $X \supset Nx$, $Mx \supset Nx$ sind hingegen keine Theoreme.

T4. ${\sim}Mx \equiv N{\sim}x$,

T5. $Nx \equiv {\sim}C^1x$,

T6. ${\sim}X \vee Nx \equiv {\sim}C^2x$,

T7. $N{\sim}x \vee Nx \equiv {\sim}C^3x$.

Eine der Aufgaben der modalen Logik besteht darin, Regeln für solche Fälle aufzustellen, wo sich die Modalitäten auf zusammengesetzte Ereignistermini beziehen. Wir betrachten einige solcher Regeln. Da wir die klassische Logik voraussetzen, gilt trivialerweise:

T8. $Nx \equiv N{\sim}{\sim}x$,

T9. $Mx \equiv M{\sim}{\sim}x$,

und analog für alle übrigen Modalitäten. Man kann sich leicht davon überzeugen, daß bei unserer Deutung der Modalitäten gilt:

T10. $Nx \wedge Ny \supset N(x \wedge y)$.

Von einigen Autoren (Lukasiewicz[26], Sinowjew[27]) wird auch die Umkehrung dieses Theorems $N(x \wedge y) \supset Nx \wedge Ny$ akzeptiert. Wir zeigen, warum diese Formel bei unserer Deutung der Modalitäten nicht gilt. Nach D1 läßt sich diese Formel folgendermaßen schreiben:

$$(G \vdash X \wedge Y) \vee (G \wedge R \vdash X \wedge Y) \wedge \sim(R \vdash X \wedge Y) \supset ((G \vdash X) \vee (G \wedge R \vdash X) \wedge \sim(R \vdash X)) \wedge ((G \vdash Y) \vee (G \wedge R \vdash Y) \wedge \sim(R \vdash Y)).$$

Wir nehmen an, das Antezedent dieser Subjunktion würde gelten, und unterscheiden die beiden Fälle, daß das erste oder das zweite Adjunktionsglied des Antezedents gilt. Im ersten Fall erhalten wir die Behauptung des Konsequents, da wir aus $G \vdash X \wedge Y$ auch $G \vdash X$ und $G \vdash Y$ erhalten. Im zweiten Fall erhalten wir aus $G \wedge R \vdash X \wedge Y$ zwar $G \wedge R \vdash X$ und $G \wedge R \vdash Y$, aber aus $\sim(R \vdash X \wedge Y)$ erhalten wir nicht $\sim(R \vdash X)$ und $\sim(R \vdash Y)$. Diese beiden Formeln wären jedoch zur Rechtfertigung der Behauptung des Konsequents erforderlich. Aus T10 gewinnt man leicht:

T11. $M(x \vee y) \supset Mx \vee My$.

Betrachten wir noch die Formel $N(x \vee y) \supset Nx \vee Ny$, die von einigen Autoren (z. B. Lukasiewicz[28]) als Theorem der Modallogik akzeptiert wird, während sie von anderen Autoren (z. B. Lewis[29]) verworfen wird. Da diese Formel manchmal zur Rechtfertigung des Fatalismus benutzt wird, zeigen wir, daß sie bei unserer Deutung der Modalitäten nicht gilt. Wir setzen in dieser Formel für Y die Formel $\sim X$ ein, schreiben die so gewonnene Formel nach D1 um und erhalten:

$$(G \vdash X \vee \sim X) \vee (G \wedge R \vdash X \vee \sim X) \wedge \sim(R \vdash X \vee \sim X) \supset ((G \vdash X) \vee (G \wedge R \vdash X) \wedge \sim(R \vdash X)) \vee ((G \vdash \sim X) \vee (G \wedge R \vdash \sim X) \wedge \sim(R \vdash \sim X)).$$

Es ist aber durchaus möglich, daß $G \vdash X \vee \sim X$ bzw. $G \wedge R \vdash X \vee \sim X$ gelten, während $G \vdash X$ und $G \vdash \sim X$ bzw. $G \wedge R \vdash X$ und $G \wedge R \vdash \sim X$ beide nicht gelten. Hieraus ergibt sich, daß bei unserer Deutung der Modalitäten auch die Formel $Mx \wedge My \supset M(x \wedge y)$ kein Theorem ist, die bei Łukasiewicz ebenfalls akzeptiert wird.

Wir schließen die Erörterung einiger Theoreme für faktische Modalitäten ab. Einen systematischen Aufbau dieser Logik wollen wir hier nicht vornehmen. Wir wollen uns vielmehr ansehen, wie unser Schema zur Einführung von epistemischen Modalitäten abgewandelt werden muß.

---

[26]Vgl. J. Lukasiewicz, A System of Modal Logic, in: Selected Works, S. 255.
[27]Vgl. A. A. Sinowjew, Komplexe Logik, S. 255.
[28]Vgl. J. Lukasiewicz, ebenda, S. 374.
[29]Vgl. C. Lewis/C. H. Langford, Symbolic Logic, New York 1959², S. 167 f.

5.9 Definitionsschema zur Einführung epistemischer Modalitäten

Wir unterscheiden zwischen theoretischen und empirischen epistemischen Modalitäten. Als *theoretische epistemische Modalitäten* betrachten wir die Prädikate „beweisbar", „unbeweisbar", „widerlegbar", „unwiderlegbar", „entscheidbar" und „unentscheidbar", während wir die Prädikate „verifizierbar", „nichtverifizierbar", „falsifizierbar", „nichtfalsifizierbar", „überprüfbar" und „unüberprüfbar" als *empirische epistemische Modalitäten* bezeichnen. Als Subjekte in epistemischen modalen Aussagen treten stets Subjekte der Form tX auf.

Aus den Schemata zur Einführung faktischer Modalitäten erhalten wir ein Schema zur Einführung von theoretischen epistemischen Modalitäten, wenn W nicht in G und R unterteilt ist, d. h., mit Hilfe der theoretischen epistemischen Modalitäten wird charakterisiert, ob aus einem gegebenen Wissen W (meist in Form eines Axiomensystems angegeben) eine Aussage X beweisbar, widerlegbar usw. ist. Wir schlagen folgende Definitionsschemata vor:

D1. „tX ist beweisbar bezüglich W":

$B_w tX \equiv_{Def} (W \vdash X)$,

D2. „tX ist unbeweisbar bezüglich W":

$\sim B_w tX \equiv_{Def} \sim(W \vdash X)$,

D3. „tX ist widerlegbar bezüglich W":

$Wi_w tX \equiv_{Def} (W \vdash \sim X)$,

D4. „tX ist unwiderlegbar bezüglich W":

$\sim Wi_w tX \equiv_{Def} \sim(W \vdash \sim X)$,

D5. „tX ist unentscheidbar bezüglich W":

$U_w tX \equiv_{Def} \sim(W \vdash X) \wedge \sim(W \vdash \sim X)$,

D6. „tX ist entscheidbar bezüglich W":

$\sim U_w tX \equiv_{Def} (W \vdash X) \vee (W \vdash \sim X)$.

In der Logik theoretischer epistemischer Modalitäten werden wiederum die logischen Beziehungen zwischen den modalen Prädikaten untersucht, die bei beliebigem W gelten. Da W als wahr angenommen wird, gilt offenbar folgende Beziehung zwischen der Beweisbarkeit und der Wahrheit einer Aussage:

$BtX \supset v(tX)$,

während die umgekehrte Subjunktion im allgemeinen nicht gilt. Aus dem Schema zur Einführung der faktischen Modalitäten erhalten wir ein Schema zur Einführung der empirischen epistemischem Modalitäten, wenn G leer ist.

Als Wissen werden hier also nur reine Situationsbeschreibungen und logische Regeln betrachtet. Wir erhalten dann folgende Definitionsschemata:

D7. „tX ist verifizierbar bezüglich R":

$$Ve_RtX \equiv_{Def} (R \vdash X),$$

D8. „tX ist nicht verifizierbar bezüglich R":

$$\sim Ve_RtX \equiv_{Def} \sim(R \vdash X),$$

D9. „tX ist falsifizierbar bezüglich R":

$$Fa_RtX \equiv_{Def} (R \vdash \sim X),$$

D10. „tX ist nicht falsifizierbar bezüglich R":

$$\sim Fa_RtX \equiv_{Def} \sim(R \vdash \sim X),$$

D11. „tX ist überprüfbar bezüglich WR":

$$\ddot{U}_RtX \equiv_{Def} (R \vdash X) \vee (R \vdash \sim X),$$

D12. „tX ist unüberprüfbar bezüglich R":

$$\sim \ddot{U}_RtX \equiv_{Def} \sim(R \vdash X) \wedge \sim(R \vdash \sim X).$$

5.10   Deontische Modalitäten

Wenn X eine empirische Aussage ist, so möge $!X$ die Aufforderung (den Imperativ) an eine Person darstellen, den Zustand $\downarrow X$ herzustellen. Wir betrachen hier nur Aufforderungen an alle (beliebige) Personen, deshalb brauchen wir keine Variablen für Personen einzuführen, an die eine Aufforderung gerichtet ist. Offenbar ist eine Aufforderung $!X$ nur sinvoll, wenn X eine Aussage über einen zukünftigen Zustand ist, der gegenwärtig nicht existiert.

Die logische Folgebeziehung $\vdash$ für Imperative führen wir folgendermaßen ein[30]: Wir sagen, $!X \vdash !Y$ gilt genau dann, wenn $X \vdash Y$ gilt, und $X \wedge !Y \vdash !Z$ genau dann, wenn $X \wedge Y \vdash Z$ gilt. Die Folgebeziehung für Imperativsätze wird also mit Hilfe der Folgebeziehung für Indikativsätze definiert.

Wir unterscheiden zwischen bedingten und unbedingten Imperativen. Ein unbedingter Imperativ hat die logische Form $!X$ und ein bedingter Imperativ die Form $X \rightarrow !Y$, wobei $\rightarrow$ der Konditionalitätsoperator „wenn ..., so ..." ist.

Aus dem Schema zur Einführung der faktischen alethischen Modalitäten erhalten wir ein Schema zur Einführung der deontischen Modalitäten „geboten" (oder „obligatorisch", O), „erlaubt" (P), „verboten" (F) und „freigestellt" („indifferent", I), wenn wir anstelle des Gesetzeswissens G einen

---

[30]Vgl. P. Lorenzen/O. Schwemmer, Konstruktive Logik, Ethik und Wissenschaftstheorie, S. 90.

Kodex K von bedingten und unbedingten Imperativen setzen. Wir setzen voraus, daß der Kodex K widerspruchsfrei ist, was natürlich bei einem faktischen Kodex durchaus nicht immer der Fall ist. (Genauso, wie die faktisch akzeptierten Gesetzesaussagen G im Falle der faktischen Modalitäten nicht immer wahr sind.) Wir erhalten dann folgende Definitionsschemata für deontische Modalitäten:

D1. $O_K!X \equiv_{Def} (K \vdash !X) \vee (K \wedge R \vdash !X) \wedge \sim(R \vdash !X)$,

D2. $P_K!X \equiv_{Def} \sim O_K!\sim X$,

D3. $F_K!X \equiv_{Def} O_K!\sim X$,

D4. $I_K!X \equiv_{Def} P_K!X \wedge P_K!\sim X$.

In der deontischen Logik werden die logischen Beziehungen zwischen den Prädikdaten O, P, F und I beschrieben, die für jeden beliebigen (widerspruchsfreien) Kodex K unter beliebigen Randbedingungen R gelten. In den Theoremen der deontischen Logik kommen darum K und R gar nicht (bzw. K nur als Index) vor.

Unsere Definitionsschemata vermeiden einige Paradoxa, die in anderen Systemen der deontischen Logik auftreten. Iwin schlägt beispielsweise folgendes deontische System vor.[31] Er setzt die Definition einer aussagenlogischen Formel voraus und definiert dann eine deontische Formel:

1) der Ausdruck $O(\alpha/\beta)$ ist eine deontische Formel genau dann, wenn α und β aussagenlogische Formeln sind;

2) wenn α und β deontische Formeln sind, so sind $(\alpha \supset \beta)$, $(\alpha \equiv \beta)$, $(\alpha \wedge \beta)$, $(\alpha \vee \beta)$, $\sim\alpha$ gleichfalls deontische Formeln.

Wir haben diese Formeldefinition angeführt, damit der Leser sieht, daß wir uns bei der folgenden Argumentation genau an die von Iwin gewählten Definitionen halten. Der Ausdruck $O(p/q)$ kann gelesen werden als „Stelle p her unter der Bedingung q" und wird *bedingte Verpflichtung* genannt. Zu den Tautologien und Definitionen der Aussagenlogik wird folgende Definition der bedingten Verpflichtung hinzugefügt:

$$O(p/q) \equiv_{Def} Z \wedge q \supset p,$$

wobei Z eine Konstante ist. (Sie kann als Kodex gedeutet werden.)

Nach der angegebenen Formeldefinition ist $O(p/p)$ eine deontische Formel, da die Bedingung, daß α und β verschieden sind, nicht gefordert ist.

Aus der angeführten Definition erhalten wir, wenn wir für q die Variable p einsetzen und von der Kommutativität der Bisubjunktion Gebrauch machen, das folgende Theorem:

$$(Z \wedge p \supset p) \equiv O(p/p).$$

---

[31] Vgl. A. A. Iwin, Grundprobleme der deontischen Logik, S. 504, S. 513.

Die Formel $Z \wedge p \supset p$ ist aber eine Tautologie der Aussagenlogik, ganz gleich, welche Formel Z ist, und nach der Abtrennungsregel für die Bisubjunktion erhalten wir als Theorem:

$$O(p/p),$$

d. h. den Satz „Stelle den Zustand p her unter der Bedingung p". Dieser Satz ist aber widersinnig und kann nicht als logisches Gesetz akzeptiert werden. Bei den von uns angegebenen Definitionschemata der deontischen Modalitäten ist dieses Paradox ausgeschlossen.

5.11 Logische Modalitäten

Aus den Schemata zur Einführung faktischer Modalitäten erhält man die logischen alethischen Modalitäten auf folgende Weise. In dem Definitionsschema für die faktische Notwendigkeit wird R gestrichen und G durch L ersetzt, wobei L die Gesetze (Theoreme, Tautologien, Regeln) der akzeptierten Logik sind, d. h., als Wissen, aus dem geschlossen wird, werden nur die Gesetze der Logik zugelassen. Wir erhalten dann zunächst folgende Definition der logischen Notwendigkeit:

D1. $N_L \downarrow X \equiv_{Def} L \vdash X$.

Da L jedoch als Logik akzeptiert ist, läßt sich diese Definition auch folgendermaßen schreiben:

D1'. $N_L \downarrow X \equiv_{Def} \vdash X$.

Die logische alethische Möglichkeit wird entsprechend definiert als:

D2. $M_L \downarrow X \equiv_{Def} {\sim} N_L \downarrow {\sim} X$,

oder anders geschrieben:

D2'. $M_L \downarrow X \equiv_{Def} {\sim}(\vdash {\sim} X)$.

Die logische alethische Zufälligkeit definieren wir folgendermaßen:

D3. $C_L \downarrow X \equiv_{Def} {\sim} N_L \downarrow X$.

Aus den Definitionen ergeben sich u. a. folgende Theoreme (anstelle von $\downarrow X$ schreiben wir wieder x):

T1. $N_L x \supset X$,
T2. ${\sim} X \supset {\sim} N_L x$,
T3. $N_L {\sim} x \supset {\sim} M_L x$,
T4. $X \supset M_L x$,
T5. $N_L x \equiv {\sim} C_L x$.

Da beim Aufbau jeder Wissenschaft eine Logik L vorausgesetzt und akzeptiert wird, gelten auf Grund der gewählten Definitionen folgende Beziehungen zwischen logischen und faktischen Modalitäten (die Indizes bei faktischen Modalitäten lassen wir wieder weg):

T6. $N_L x \supset N x$,

T7. $M x \supset M_L x$,

T8. $\sim N x \supset \sim N_L x$,

T9. $\sim M_L x \supset \sim M x$.

Die letzten vier Theoreme zeigen, daß die logischen alethischen Modalitäten Grenzen für die faktischen Modalitäten festlegen. T6 besagt: Was logisch notwendig ist, ist auch faktisch notwendig; T7 besagt: Was faktisch möglich ist, ist auch logisch möglich; T8 besagt: Was faktisch nicht notwendig ist, ist auch logisch nicht notwendig; während T9 besagt: Was logisch unmöglich ist, ist auch faktisch unmöglich.

Aus den Definitionsschemata zur Einführung theoretischer epistemischer Modalitäten erhält man Schemata für die logischen epistemischen Modalitäten, wenn man W durch L ersetzt:

D4. $B_L t X \equiv_{Def} \vdash X$;

D5. $\sim B_L t X \equiv_{Def} \sim(\vdash X)$;

D6. $Wi_L t X \equiv_{Def} (\vdash \sim X)$;

D7. $\sim Wi_L t X \equiv_{Def} \sim(\vdash \sim X)$;

D8. $U_L t X \equiv_{Def} \sim(\vdash X) \wedge \sim(\vdash \sim X)$;

D9. $\sim U_L t X \equiv_{Def} (\vdash X) \vee (\vdash \sim X)$.

Wir sehen, daß die Behauptungen der logischen Beweisbarkeit, der logischen Notwendigkeit, der logischen Wahrheit einer Aussage (bzw. der durch die Aussage beschriebenen Sachlage) einerseits, sowie die der logischen Widerlegbarkeit, der logischen Unmöglichkeit und der logischen Falschheit andererseits äquivalent sind. Trotzdem müssen diese verschiedenen Behauptungen sehr wohl unterschieden werden. In der mangelnden Unterscheidung dieser verschiedenen Behauptungen liegt einer der Gründe für die fehlerhafte Deutung der Modalitäten als Wahrheitswerte.

5.12 Widerlegung einiger Scheinargumente für die Grundthesen des Fatalismus, Tychismus und Antifatalismus

Bei der von uns vorgeschlagenen Deutung der Modalitäten gibt es keinerlei Gründe für ein Akzeptieren einer der drei Grundthesen. In der Literatur werden die genannten Thesen meist entweder gar nicht begründet, sondern nur als Überzeugung geäußert, oder aber mit weitschweifigen Erörterungen gestützt, die einer logischen Kritik nicht standhalten. Doch es gibt auch einige Argumente, die sich in der Geschichte der Philosophie lange gehalten haben. So versuchte man etwa den Fatalismus mit Hilfe des Gesetzes vom ausgeschlossenen Dritten $X \vee \sim X$ zu begründen. Das Gesetz vom ausgeschlossenen Dritten in der angegebenen Form ist wahr, sogar logisch wahr. Es gilt für beliebige Aussagen X, also insbesondere auch, wenn X eine Zukunftsaussage ist. Es gilt aber allein auf Grund der Eigenschaften der in ihm vorkommenden logischen Operatoren und ist keine ontologische Behauptung. Aus dem Gesetz vom ausgeschlossenen Dritten wird bei dem Begründungsversuch des Fatalismus aber falsch geschlossen, daß eine beliebige Zukunftsaussage X entweder wahr oder falsch ist, und zwar wahr bzw. falsch seit aller Ewigkeit. Hier wird das Gesetz vom ausgeschlossenen Dritten mit dem Prinzip der Zweiwertigkeit verwechselt, nach dem jede Aussage (immer) genau einen der beiden Wahrheitswerte „wahr" und „falsch" hat. Dieses Prinzip gilt aber nicht uneingeschränkt. Wir können für eine beliebige Zukunftsaussage X zwar behaupten: Wenn X wahr ist, so ist $\sim X$ falsch; und wenn X falsch ist, so ist $\sim X$ wahr. Wir können auch behaupten, X wird wahr sein oder $\sim X$ wird wahr sein. Doch heute können wir von einer beliebigen Zukunftsaussage weder begründet sagen, sie sei wahr noch sie sei falsch, heute ist sie vielmehr (im allgemeinen) unüberprüfbar. Sie wird sich vielmehr erst als wahr oder falsch herausstellen. Gerade deshalb wurden ja die Modalitäten eingeführt. Mit ihrer Hilfe können wir schon heute begründet Prognosen formulieren.

Ein weiteres Argument zugunsten des Fatalismus geht ebenfalls vom Gesetz vom ausgeschlossenen Dritten aus. Man argumentiert folgendermaßen: $X \vee \sim X$ ist ein logisches Gesetz, also logisch notwendig: $N_L(x \vee \sim x)$. Aus der logischen Notwendigkeit folgt aber die faktische: $N(x \vee \sim x)$. Hieraus schließt man dann auf: $Nx \vee N \sim x$. Wir hatten aber bereits gesehen, daß solch ein Schluß bei unserer Deutung der Modalitäten nicht korrekt ist. Łukasiewicz, der den letzteren Schluß akzeptiert, bestreitet, um nicht zu fatalistischen Konsequenzen zu gelangen, die in T17–T20 angegebenen Beziehungen zwischen logischen und faktischen Modalitäten.

5.13   Fatalismus und kontrafaktuale Aussagen

Manchmal versucht man zur Begründung des Fatalismus (der Vorherbestimmtheit, der Unausweichlichkeit usw.) sogenannte kontrafaktuale Aussagen heranzuziehen. Die Argumentation wird dabei etwa nach folgendem Schema aufgebaut: Y möge eine Aussage sein, die ein bestimmtes, wirklich geschehenes historisches Ereignis beschreibt, während X_1, ..., X_n Aussagen sind, die gewisse Bedingungen, Ursachen, Umstände usw. für das Auftreten von $\downarrow Y$ beschreiben. Ein Ereignis $\downarrow Y$ nennt man manchmal genau dann schicksalbestimmt (vorherbestimmt, historisch unausweichlich, historisch notwendig usw.), wenn die folgende Aussage gilt: (Selbst) wenn $\sim X_1$ und $\sim X_2$ ... und $\sim X_n$ gegolten hätten, so wäre (trotzdem) $\downarrow Y$ geschehen. Nehmen wir ein Beispiel: Y sei die Aussage „Napoleon hat die Schlacht bei Waterloo verloren", und X_1, ..., X_n seien entsprechend die wahren Aussagen „Napoleon hatte Magenbeschwerden", „Blücher erschien rechtzeitig auf dem Schlachtfeld" usw. Die Niederlage Napoleons bei Waterloo wird dann als schicksalbestimmt angesehen, wenn er selbst dann verloren hätte, falls er keine Magenbeschwerden gehabt hätte, Blücher nicht rechtzeitig erschienen wäre usw.

Uns intersessiert hier nicht das konkrete historische Beispiel, sondern die logische Form der in dieser Argumentation auftretenden sogenannten kontrafaktualen Aussagen. Kontrafaktuale Aussagen sind Aussagen des Typs: „Wenn A wäre (nicht wäre), so wäre B", „Wenn A wäre (nicht wäre), so wäre B nicht", „Wenn A gewesen wäre, so wäre (nicht) B", „Wenn A sein würde, so würde B sein", „Wenn es wahr wäre, daß A, so wäre es wahr, daß B" usw., in denen A nicht wahr sein kann. Die logische Problematik solcher Aussagen betrachten wir an zwei einfachen Beispielen, die leichter als unser historisches Beispiel zu überschauen sind:

1. „Wenn N die Straßenverkehrsregeln beachtet hätte, so wäre er nicht überfahren worden." 2. „Wenn in der intuitionistischen Logik die Formel $\sim(\sim p \wedge p) \supset \sim q \vee q$ beweisbar wäre, so wäre in ihr auch die Formel $\sim q \vee q$ beweisbar." Solchen Aussagen ist eine sehr umfangreiche logische Literatur gewidmet. Man glaubt, mit ihnen seien schwierige logische Probleme verbunden. Unserer Auffassung nach gehen diese Schwierigkeiten (wenn sie nicht überhaupt illusorisch sind) über den Rahmen der Logik hinaus. Wir betrachten das etwas ausführlicher.

Vor allem muß man die Arten konditionaler Aussagen unterscheiden, mit denen die kontrafaktualen Aussagen assoziiert werden. Wir haben oben zwei Beispiele solcher Aussagen angeführt, die sich in dieser Hinsicht prinzipiell unterscheiden. Wir stellen die Frage so: Was möchte man sagen, wenn man 2 behauptet? Jeder, der die Logik etwas kennt, weiß, daß man damit folgendes ausdrücken will: Wenn angenommen wird, daß in der intuitionistischen Logik die Formel $\sim(\sim p \wedge p) \supset \sim q \vee q$ beweisbar ist, so erhält man aus dieser Annahme, daß auch die Formel $\sim q \vee q$ beweisbar ist (mit anderen Worten, aus der Annahme $\sim(\sim p \wedge p) \supset \sim q \vee q$ ist die Formel $\sim q \vee q$ beweisbar, d. h. $\sim(\sim p \wedge p) \supset \sim q \vee q \vdash \sim q \vee q$). Wenn es erwünscht ist, kann man hier ganz ohne das Wörtchen „wäre" auskommen, indem man 2 durch eine Gesamtheit

von Aussagen eines anderen Typs ersetzt, die in einem bestimmten logischen
Zusammenhang stehen. Und allgemein sind in solchen Fällen kontrafaktuale
Aussagen nur Abkürzungen für gewisse komplexe Überlegungen oder sind
nur eine besondere stilistische Ausdrucksform für logische Zusammenhänge
von Aussagen. Wir geben noch ein einfaches Beispiel dieser Art an, indem
das Gesagte noch deutlicher wird. Aus den Ausagen „Alle Menschen sind
sterblich" und „Sokrates ist ein Mensch" folgt logisch die Aussage „Sokrates
ist sterblich". Wenn man es als selbstverständlich ansieht, daß Sokrates ein
Mensch ist, so wird dies durch das Enthymen ersetzt „Wenn alle Menschen
sterblich sind, so ist Sokrates sterblich". Nach den Regeln für konditionale Aussagen erhält man „Wenn Sokrates unsterblich ist, so sind nicht alle
Menschen sterblich". Es ist bekannt, daß Sokrates sterblich ist. Die Aussage
„Wenn Sokrates unsterblich wäre, so wären nicht alle Menschen sterblich"
fixiert in abgekürzter Form das oben Gesagte. Dabei sind hier auch andere
Varianten möglich. Doch das Wesen ist dasselbe: Wenn wir annehmen, daß
Sokrates unsterblich ist, so erhalten wir nach Deduktionsregeln, daß nicht
alle Menschen sterblich sind.

Wenden wir uns dem Beispiel 1 zu. Wenn 1 behauptet wird, so wird implizit vorausgesetzt: 1. N verletzte die Straßenverkehrsregeln; 2. N wurde
überfahren; 3. das zweite passierte nach dem ersten. Im allgemeinen wird
in solchen Fällen implizit vorausgesetzt, daß ein Ereignis sich vollzog bzw.
nicht vollzog und danach sich ein anderes Ereignis vollzog bzw. nicht vollzog.
Außerdem wird, wenn man 1 behauptet, implizit eine der beiden Varianten
vorausgesetzt: a) wenn man die Welt in den Zustand zurückversetzt, der dem
Ereignis $\downarrow$„N verletzt die Regeln des Straßenverkehrs" vorangeht, und dabei
N die Regeln des Straßenverkehrs nicht verletzt, so wird N danach nicht
überfahren; b) wenn die Menschen nicht die Regeln des Straßenverkehrs ver-
letzen, so werden sie unter Bedingungen, die denen analog sind, unter denen
N überfahren wurde, nicht überfahren. In allgemeiner Form bedeutet die
Variante a folgendes: Eine Aussage „Wenn $\sim A$ wäre, so wäre $\sim B$" ist eine
Abkürzung (ein Ersatz) für die Aussage „Wenn man die Welt in den Zu-
stand zurückversetzt, der $\downarrow A$ vorangeht, so gilt: wenn $\sim A$, so danach $\sim B$".
Da das Antezedent dieser Aussage nicht wahr sein kann, ist die betrachtete
Aussage unbestimmt (d. h. kann nicht wahr sein). Die Variante b bedeutet
in allgemeiner Form folgendes: Eine Aussage „Wenn A wäre, so wäre B" ist
eine Abkürzung für die Gesamtheit der Aussagen $\sim X \rightarrow \sim Y$, $\downarrow A \in K \downarrow X$,
$\downarrow B \in K \downarrow Y$. Und nur in diesem Falle ist es möglich, wahre Aussagen des
betrachteten Typs aufzubauen. Dabei hängt der Wahrheitswert von „Wenn
A wäre, so wäre B" vom Wahrheitswert von $\sim X \rightarrow \sim Y$ ab. In der Wissen-
schaftspraxis trifft man sowohl auf die Variante a als auch auf die Variante b.
Die Variante a findet man sehr häufig in Arbeiten, die sich mit vergangenen

Ereignissen beschäftigen. Wir erinnern daran, daß sich solche Aussagen nicht bestätigen lassen. Das gilt auch für das angeführte Napoleonbeispiel. Nebenbei sei vermerkt, daß solche Aussagen häufig als Ergebnis einer Vereinbarung, aus traditionellen Gründen oder wegen mangelnder logischer Strenge bei der Begründung dieser oder jener Behauptungen akzeptiert werden.

Kontrafaktuale Aussagen beziehen sich nicht nur auf vergangene Ereignisse (dies ist nur ein Spezialfall). Oben haben wir das Beispiel 2 angeführt, in dem jeder Hinweis auf die Zeit fehlte. Betrachten wir jetzt die Aussage „Wenn A sein wird, so wird B sein", wo A eine Aussage über ein zukünftiges Ereignis ist. Wenn bekannt ist (oder angenommen wird), daß A niemals wahr wird, so läßt sich die vorliegende sprachliche Situation durch eine kontrafaktuale Aussage beschreiben, insbesondere durch folgende: „Wenn $\downarrow A$ möglich wäre, so würde B sein". Das allgemeine Schema zum Aufbau solcher Aussagen lautet: Es ist bekannt, daß ein Ereignis $\downarrow A$ unmöglich ist; es ist bekannt, daß $A \to B$; als Abkürzung hierfür verwendet man „Wenn $\downarrow A$ möglich wäre, so würde B sein" oder „Wenn A sein wird, so wird B sein". Im zweiten Falle haben wir es mit einer Konditionalaussage zu tun, die unbestimmt ist.

Das bisher Gesagte ist ausreichend für die Schlußfolgerung: Es ist unmöglich, ein einheitliches, allgemeines Schema zum Aufbau von kontrafaktualen Aussagen anzugeben. Und solche Aussagen liefern auch keinen Beitrag zur Begründung des Fatalismus.

5.14 Einige absurde Folgerungen aus den Grundthesen des Fatalismus, Tychismus und Antifatalismus

Obwohl wir gesehen haben, daß es keine Gründe für ein Akzeptieren der Grundthesen des Fatalismus, Tychismus und Antifatalismus gibt, nehmen wir im folgenden einmal an, diese Thesen würden gelten, und untersuchen, welche Konsequenzen sich daraus ergeben. Zunächst nehmen wir die Grundthese des Fatalismus als gültig an, d. h., wir akzeptieren:

(1) $X \supset Nx$.

Auf Grund des Gesetzes $Nx \supset X$ erhalten wir dann die Formel:

(2) $X \equiv Nx$,

d. h. die Behauptung: Eine Aussage X gilt genau dann, wenn das Ereignis $\downarrow X$ notwendig ist.

Wir hatten bereits gesehen, daß sich alle anderen Modalitäten mit Hilfe von N definieren lassen. Auf Grund der beiden Bisubjunktionen $Mx \equiv$ $\equiv \sim N \sim x$ und $Cx \equiv X \wedge M \sim x$ können wir daher in beliebigen modalen Aussagen die beiden Modalitäten „möglich" und „zufällig" und ihre Negationen durch die Modalität „notwendig" ausdrücken. (Wir betrachten hier nicht die verschiedenen möglichen Deutungen der Zufälligkeit als C^1, C^2 und C^3, sondern betrachten nur die Zufälligkeit C^2 und lassen deshalb den Index weg. Eine Einbeziehung der anderen Formen der Zufälligkeit würde zu analogen Ergebnissen führen.) Auf Grund der aus der Grundthese des Fatalismus gewonnenen Formel 2 läßt sich aber ein beliebiger Ausdruck Nx durch X und ein beliebiger Ausdruck $\sim Nx$ durch $\sim X$ ersetzen. Wir können also in beliebigen modalen Kontexten alle Modalitäten ausmerzen, ohne daß sich die Bedeutung des ursprünglichen Textes ändert. Ein Akzeptieren der Grundthese des Fatalismus läuft also faktisch darauf hinaus, auf einen Gebrauch von modalen Prädikaten überhaupt zu verzichten. Aus den wenigen angegebenen Regeln der modalen Logik und aus der Grundthese des Fatalismus erhalten wir, daß einerseits die Behauptungen X, Nx, $\sim M \sim x$, Mx und $\sim N \sim x$ sowie andererseits die Behauptungen $\sim X$, Nx, $\sim Mx$, $M \sim x$ und $\sim Nx$ jeweils äquivalent sind. Wir zeigen dies für die erste Reihe von Behauptungen. X ist mit Nx auf Grund von 2 und mit $\sim M \sim x$ auf Grund der Definition von M äquivalent. Es bleibt nur zu zeigen, daß diese Ausdrücke mit Mx äquivalent sind, da ja $\sim N \sim x$ mit diesem Ausdruck wieder definitionsgemäß äquivalent ist.

Aus 2 erhalten wir nach dem Gesetz der Kontraposition:

(3) $\sim Nx \equiv \sim X$.

Aus der Definition $Nx \equiv \sim M \sim x$ ergibt sich durch Kontraposition:

(4) $\sim Nx \equiv M \sim x$.

Aus 3 und 4 folgt aber:

(5) $\sim X \equiv M \sim x$.

Durch Einsetzung von $\sim X$ für X gewinnen wir aus 5:

(6) $\sim\sim X \equiv M\sim\sim x$

und aus 6 schließlich:

(7) $X \equiv Mx$.

Analog läßt sich die Äquivalenz der Behauptungen der zweiten angegebenen Reihe nachweisen.

Wenn wir unsere Definition von „zufällig" zugrunde legen, läßt sich aus der Grundthese des Fatalismus die Formel $\sim Cx$, d. h., kein Ereignis ist zufällig, ableiten. Aus der Definition von C erhalten wir:

(8) $\sim Cx \equiv \sim(X \wedge M\sim x)$,

oder anders geschrieben:

(9) $\sim Cx \equiv \sim X \vee \sim M\sim x$.

Angenommen, es gilt X. Dann gilt auf Grund von $X \equiv \sim M\sim x$ auch $\sim M\sim x$. Hieraus erhalten wir durch Einführung der Adjunktion $\sim X \vee \sim M\sim x$, d. h. nach 9 auch $\sim Cx$. Angenommen, es gilt $\sim X$. Dann erhalten wir durch Einführung der Adjunktion wieder $\sim X \vee \sim M\sim x$, d. h. wiederum $\sim Cx$. Wir haben also:

(10) $\sim Cx$.

Ein Fatalist bewertet also alle Ereignisse, ganz gleich, ob sie geschehen sind oder nicht, als nicht zufällig. Alle Ereignisse, die geschehen, bewertet er als notwendig und möglich und ihr Gegenteil als nicht notwendig und unmöglich, d. h., er akzeptiert:

(11) $X \equiv Nx \equiv \sim M\sim x \equiv Mx \equiv \sim N\sim x$.

Ganz analog akzeptiert er die folgende Bisubjunktion:

(12) $\sim X \equiv N\sim x \equiv \sim Mx \equiv M\sim x \equiv \sim Nx$.

Der Fatalismus läuft also auf die Entscheidung hinaus, die in den Formeln 11 und 12 vorkommenden Teilausdrücke als synonym anzusehen. Faktisch ist das ein Verzicht auf die Modalitäten, da sich alles, was ein Fatalist sagt, auf Grund von 11 und 12 auch ohne Gebrauch von Modalitäten sagen läßt. Ein Fatalist muß damit noch nicht im Widerspruch zu den Tatsachen stehen. Es ist durchaus möglich, daß er nur Tatsachen konstatiert. Er verzichtet nur auf einen sinnvollen Gebrauch modaler Aussagen unter überflüssiger Verwendung von modalen Ausdrücken. Streichen wir die Modalitäten in seinen philosophischen Grundthesen, und dazu sind wir ja auf Grund von 11 und 12 berechtigt, so erhalten wir die logisch wahren Platitüden „Was war, das war", „Was ist, das ist", „Was sein wird, das wird sein", „Was nicht ist, ist nicht" usw., d. h. allgemein $X \equiv X$, wobei X eine beliebige empirische Aussage ist. Diese Platitüde kündigt sich bereits in dem schon angeführten Spinoza-Zitat an, wonach die Dinge auf keine andere Weise und in keiner anderen Ordnung (von Gott) hervorgebracht werden, als sie tatsächlich hervorgebracht worden sind.

Betrachten wir jetzt, welche Konsequenzen sich aus der Annahme der Grundthese des Tychismus ergeben. Dazu nehmen wir an, die Grundthese des Tychismus würde gelten, d. h., wir akzeptieren:

(13) $X \supset Cx$.

Nach der Definition von Cx erhalten wir hieraus:

(14) $X \supset X \wedge M{\sim}x$.

Nach dem aussagenlogischen Gesetz $(p \supset q \wedge r) \supset (p \supset q) \wedge (p \supset r)$ erhalten wir aus dieser Formel:

(15) $X \supset M{\sim}x$,

d. h., jedes Ereignis, das geschieht, kann auch nicht geschehen. Ersetzen wir in 15 M durch N, so erhalten wir:

(16) $X \supset {\sim}Nx$.

Da aber in der Modallogik $Nx \supset X$ gilt, gewinnen wir auf Grund der Transitivität der Subjunktion:

(17) $Nx \supset {\sim}Nx$.

Durch eine Einsetzung in das aussagenlogische Gesetz $(p \supset {\sim}p) \supset {\sim}p$ ergibt sich aus 17 die Formel:

(18) ${\sim}Nx$.

Ganz analog läßt sich auch ${\sim}N{\sim}x$ aus der Grundthese des Tychismus ableiten:

(19) ${\sim}X \supset C{\sim}x$,
(20) ${\sim}X \supset Mx$,
(21) ${\sim}X \supset {\sim}N{\sim}x$,
(22) $N{\sim}x \supset {\sim}X$,
(23) $N{\sim}x \supset {\sim}N{\sim}x$,
(24) ${\sim}N{\sim}x$.

Aus der Grundthese des Tychismus folgt also, daß jedes beliebige Ereignis, ganz gleich, ob es geschieht, nicht notwendig ist. Aus 24 ergibt sich unmittelbar:

(25) Mx,

d. h., alles ist möglich.
Der Tychismus führt also genauso wie der Fatalismus zu einem Verzicht auf einen sinnvollen Gebrauch von Modalitäten.

Werden die Modalitäten nicht nur auf empirische Aussagen, sondern auch auf logisch wahre und logisch falsche angewandt, und werden die Beziehungen zwischen logischen und faktischen Modalitäten berücksichtigt, so führt die Grundthese des Tychismus sogar zum Widerspruch:

(26) $\sim(X \wedge \sim X)$,
(27) $N_L \sim (x \wedge \sim x)$,
(28) $N_L \sim (x \wedge \sim x) \supset N \sim (x \wedge \sim x)$,
(29) $N \sim (x \wedge \sim x)$,
(30) $N \sim (x \wedge \sim x) \supset \sim M(x \wedge \sim x)$,
(31) $\sim M(x \wedge \sim x)$.

Da in 25 X eine beliebige Aussage sein kann, gilt insbesondere

(32) $M(x \wedge \sim x)$.

Zwischen 31 und 32 besteht offenbar ein Widerspruch. Um ihn zu beseitigen, müßte man also entweder die Gesetze der Modallogik abändern, d. h. den modalen Prädikaten eine ganz andere Bedeutung geben, oder man müßte die Grundthese des Tychismus fallen lassen.

Sehen wir uns noch einige Konsequenzen aus der Grundthese des Antifatalismus an. Wir akzeptieren deshalb die folgenden Formeln:

(33) $X \supset \sim Nx$,
(34) $\sim X \supset \sim N \sim x$.

Aus 33 erhalten wir durch Kontraposition:

(35) $Nx \supset \sim X$,

und aus 34 die Formel:

(36) $N \sim x \supset X$.

Wenn wir in 34 N durch M ersetzen, erhalten wir:

(37) $\sim X \supset Mx$.

Durch Kontraposition ergibt sich aus 37:

(38) $\sim Mx \supset X$.

Da aber $X \supset Mx$ ein Gesetz der Modallogik ist, gewinnen wir aus 38 wegen der Transitivität der Subjunktion:

(39) $\sim Mx \supset Mx$.

Durch eine passende Einsetzung in das aussagenlogische Gesetz $(\sim p \supset p) \supset p$ erhalten wir mit 39:

(40) Mx.

Das heißt aber, daß aus der Grundthese des Antifatalismus folgt: Alles, ganz gleich ob es geschieht oder nicht, ist möglich. Insbesondere gilt:

(41) $M{\sim}x$ (bzw. ${\sim}Nx$).

Wenn nun X gilt, so erhalten wir $X \wedge M{\sim}x$, d.h., nach der Definition von C erhalten wir die Grundthese des Tychismus.

(42) $X \supset Cx$.

Unter den gleichen Voraussetzungen wie beim Tychismus können wir also auch aus der Grundthese des Antifatalismus einen Widerspruch ableiten.

Es sei noch gesagt, daß 41 mit der Behauptung „nichts ist notwendig" äquivalent ist:

(43) ${\sim}Nx$.

Trotz dieser Konsequenzen des Antifatalismus, die auf einen Verzicht auf Modalitäten hinauslaufen, wurde von J. Łukasiewicz ein modallogisches System aufgebaut, was auf der philosophischen Überzeugung des Antifatalismus beruht.[32]

5.15   Der dialektische Gebrauch von Modalitäten

In der Hegelschen und auch in der marxistischen Dialektik werden Behauptungen folgender Art aufgestellt: „Die Notwendigkeit setzt sich durch lauter Zufälligkeiten durch", „Das Notwendige ist zufällig, das Zufällige notwendig", „Die Möglichkeit wird zur Notwendigkeit" usw. Auf den ersten Blick scheint dieser dialektische Gebrauch der modalen Termini im Widerspruch zu dem bisher erörterten logisch normierten Gebrauch der Modalitäten zu stehen. Von einigen Logikern wird deshalb der dialektische Gebrauch von Modalitäten als sinnlos verworfen, während einige Dialektiker eine logische Normierung der Modalitäten als Metaphysik abtun. Beide Auffassungen sind jedoch unbegründet. Unsere Auffassung der Modalitäten führt ganz natürlich zu einem dialektischen Gebrauch der Modalitäten. Wir haben für die faktische Notwendigkeit keine Definition, sondern ein Definitionsschema angegeben, in dem W, G und R Konstanten waren. Es ist nicht Sache der Logik,

---

[32]Vgl. J. Łukasiewicz, Aristotle's Syllogistic from the Standpoint of Modern Formal Logic, Oxford 1951; ders., A System of Modal Logic, in: Selected Works.

diese Konstanten zu bestimmen. Vielmehr wird in jeder Einzelwissenschaft bestimmt, was Wissen, was Gesetzeswissen und was rein empirisches Wissen ist. Faktisch verhält es sich so, daß für jede Prognose nur ein begrenztes Wissen $W_1(G_1 \wedge R_1)$ herangezogen wird. Nehmen wir an, für eine bestimmte Zukunftsaussage ergibt sich dabei $C_{W_1}x$. Wenn wir diese Prognose präzisieren wollen, ziehen wir ein erweitertes Wissen W_2 heran usw. Dabei kann sich durchaus ergeben, daß $N_{W_2}x$ gilt. Das heißt, dasselbe Ereignis $\downarrow X$ ist bezüglich des Wissens W_1 zufällig, während es bezüglich des Wissens W_2 notwendig ist.

Weiter hatten wir Wissen als wahre Aussagen gefaßt. Faktisch haben wir aber selten absolute Gewißheit, ob unser vermeintliches Wissen auch Wissen ist. Trotzdem leiten wir daraus Prognosen ab, weil uns praktisch nichts anderes übrig bleibt. Unser Definitionsschema der faktischen Notwendigkeit gibt uns also keine Garantie dafür, daß wir wahre Prognosen erhalten, sondern dazu muß eine ganze Reihe anderer Umstände berücksichtigt werden. Die ganze Problematik der Relativität der Wahrheit spielt bei der Aufstellung von Prognosen eine Rolle.

Weiter ist praktisch gar nicht immer feststellbar, ob $W \vdash X$ gilt oder nicht, d. h., wir müssen hier die Unbestimmtheit und zwei Formen der Negation berücksichtigen. Wir haben hier nur einige Probleme genannt, die zum dialektischen Gebrauch der Modalitäten zwingen. Wir können diese Probleme hier nicht detailliert untersuchen. Wichtig ist nur, daß der dialektische Gebrauch der Modalitäten ihre logisch korrekte Einführung voraussetzt und daß sich Logik und Dialektik in dieser Problematik keineswegs widersprechen, sondern ergänzen. Verwirft ein Dialektiker die logische Normierung der Modalitäten, so wird die Dialektik zur Mystik. Eine sinnvolle logische Normierung der Modalitäten führt hingegen direkt zu ihrem dialektischen Gebrauch.

5.16 Logik der Religion als Modallogik

In seinem Buch „Logik der Religion" stellt Bocheński auch spezielle Schlußregeln für eine Religionslogik auf, die von den Schlußregen der klassischen Logik verschieden sind. Er schreibt: „So werden z. B. in katholischen Dogmatik-Büchern die Sätze nicht einfach in wahre und falsche unterschieden, sondern es gibt zusätzlich Glaubenssätze (de fide) und häretische Sätze. Die logische Situation mag durch folgende Theoreme beschrieben werden, wobei ‚$G(p)$' bezeichnen soll: ‚p ist ein Glaubenssatz', ‚$W(p)$' steht für ‚p ist ein wahrer Satz' und ‚$\bar{p}$' für ‚die Verneinung von p'.

1. $\forall p.G(p) \to W(p)$
2. $\exists p.\bar{G}(p) \wedge W(p)$.

Woraus sich als abgeleitete Theoreme ergeben:

1.1 $\forall p.G(\bar{p}) \to W(\bar{p})$
1.2 $\exists p.\bar{G}(\bar{p}) \wedge W(\bar{p})$.

Die natürlichste und einfachste Interpretation dieser Formeln aber ergibt sich, wenn wir annehmen, daß wir es hier mit einer modalen oder mehrwertigen Logik zu tun haben."[33] Als Kommentar zu diesem Zitat geben wir zunächst eine Auffassung des Logikers Bocheński aus einer anderen Arbeit wieder: „Die sogenannten ‚heterodoxen' Systeme der Logik (modale und mehrwertige Logiken sind nach Bocheński solche Systeme – H. W.) werden nur auf solchen Gebieten angewandt, auf denen den Zeichen wahrscheinlich kein eidetischer Sinn zukommt. Wo immer die Wissenschaft mit eidetisch sinnvollen Zeichen operiert, zieht man die klassische Logik heran."[34] Wir halten dieses absolute Urteil Bocheńskis nicht für begründet. Doch es ist bemerkenswert, daß er diese Auffassung in seinem Buch über die Logik der Religion dem Leser vorenthält. Aus seinen beiden Feststellungen ergibt sich nämlich, daß in der Religion nicht mit eidetisch sinnvollen Zeichen operiert wird, sondern mit sinnlosen sprachlichen Gebilden.

Doch wir wollen uns hier an sein Buch über die Logik der Religion halten. Die angegebenen Formeln müßten dann das Kernstück einer Logik der Religion ausmachen, denn Bocheński gibt keine weiteren Schlußregeln für eine Religionslogik an. Die erste angegebene Formel besagt, daß jeder Glaubenssatz ein wahrer Satz ist, während die zweite behauptet, daß es wahre Sätze gibt, die keine Glaubenssätze sind. Bei den beiden Formeln handelt es sich um Theoreme einer modalen Logik, wenn man G als „notwendig" deutet. Bocheński gibt als Deutung für G an, daß es sich bei dem Argument dieses Prädikators um Glaubenssätze handelt. Wir fassen das so auf, daß ein Satz „$G(p)$" genau dann wahr ist, wenn ein religiöser Mensch p glaubt. Wir wollen sehen, welche Konsequenzen sich aus den angegebenen Formeln ergeben. Bekanntlich gilt in der Logik folgendes Theorem:

$$W(p) \equiv p.$$

[33]J. M. Bocheński, Logik der Religion, Köln 1968, S. 72 f. Bocheński verwendet eine andere Symbolik als wir. $\to$ ist bei ihm die Subjunktion (materiale Implikation). Im weiteren verwenden wir auch in diesem Abschnitt die von uns eingeführten Symbole $\supset$ und $\sim$.

[34]J. M. Bocheński, Die zeitgenössischen Denkmethoden, München 1954, S. 88.

Aus diesem Satz und aus Satz 1 folgt:

$$G(p) \supset p.$$

Hieraus erhalten wir nach dem Gesetz der Kontraposition:

$$\sim p \supset \sim G(p).$$

Das bedeutet aber: Ein als nicht gültig nachgewiesener Satz ist kein Glaubenssatz. Die Geschichte des Kampfes zwischen Religion und Wissenschaft bietet hunderte von Gegenbeispielen für dieses Theorem, und wir können auf eine Angabe von Beispielen verzichten.

Nehmen wir zu den oben angegebenen Theoremen noch folgenden empirisch gesicherten Satz hinzu: Es gibt Menschen, die an logisch Widersprüchliches glauben. (Wir hatten bereits gesehen, daß auch Bocheński zu ihnen gehört.) $p \wedge \sim p$ möge ein konkreter widersprüchlicher Satz sein, an den geglaubt wird. Wir erhalten dann:

$$G(p \wedge \sim p) \supset W(p \wedge \sim p)$$
$$W(p \wedge \sim p) \supset p \wedge \sim p$$
$$G(p \wedge \sim p) \supset p \wedge \sim p$$
$$G(p \wedge \sim p)$$
$$p \wedge \sim p.$$

Das bedeutet aber, daß nach dem von Bocheński angegebenen Theorem aus dem Satz, daß jemand an einen Widerspruch glaubt, logisch folgt, daß dieser Widerspruch wirklich gilt. Wir sehen also, daß die von Bocheński angegebenen Schlußregeln nicht akzeptiert werden können. Will man die logischen Eigenschaften des Prädikates „x glaubt, daß ...“ untersuchen, so muß gerade ein Satz der Form $G(p) \supset p$ ausgeschlossen werden. Die logischen Eigenschaften des Prädikates „x glaubt, daß p“ lassen sich sicher mit Hilfe von logischen Kalkülen beschreiben, wobei dieses Prädikat nicht nur religiösen Glauben betrifft. Aber nach dem allgemeinüblichen Sprachgebrauch bedeutet doch „glauben“ gerade „etwas für wahr halten, was man nicht weiß“. Während aus einer Aussage „x weiß, daß p“ logisch folgt, daß p gilt, ist dieser Schluß bei einer Aussage „x glaubt, daß p“ nicht zulässig. Hier ist sowohl der Fall möglich, daß p gilt, als auch der Fall, daß $\sim p$ gilt. Man wird sicher eine Reihe verschiedener Glaubensprädikate unterscheiden müssen, je nach dem Grad der Rationalität des Glaubens. Von einem rationalen (zulässigen) Glauben könnte dabei gefordert werden, daß er zumindest nicht im Widerspruch zum Wissen steht. Auf keinen Fall können aber die von Bocheński angegebenen Regeln akzeptiert werden, da in ihnen gerade der wesentliche Unterschied zwischen „glauben“ und „wissen“ verwischt wird.

5.17　„Die beste aller möglichen Welten"

In Voltaires berühmtem Roman „Candide oder der Optimismus" unterrichtete der Philosoph Pangloß den jungen Candide und wies nach, „daß es keine Wirkung ohne Ursache gäbe, daß in dieser besten aller Welten das Schloß des Herrn Baron das schönste aller Schlösser und die Frau Baronin die beste aller Baroninnen sei." Die erste Behauptung des Pangloß ist eine logische Tautologie, die sich allein aus sprachlichen Festlegungen ergibt, denn immer, wenn wir sagen „a ist eine Ursache von b", können wir auch sagen „b ist eine Wirkung von a", unabhängig davon, wie im einzelnen die Termini „Ursache" und „Wirkung" expliziert werden. Bei der zweiten und dritten Aussage des Pangloß handelt es sich um ein ästhetisches bzw. ethisches Werturteil, die bei Vorhandensein der entsprechenden Wertungskriterien empirisch überprüfbar wären, die der Philosoph Pangloß aber sicher nicht durch kritischen Vergleich gewonnen hat, sondern eher, weil er im Dienst des Herrn Baron stand. Doch Voltaire ging es in seinem Roman nicht so sehr um diese drei Behauptungen. Er verspottete vielmehr die Leibnizsche These, unsere Welt sei die beste aller möglichen Welten. Zu Voltaires meisterhaftem satirischen Roman läßt sich kaum noch etwas hinzufügen, und man sollte meinen, er hätte den sogenannten möglichen Welten den Todesstoß versetzt. Das ist aber ein Irrtum, denn die möglichen Welten leben in der gegenwärtigen philosophischen und logischen Literatur wie zu Leibniz' Zeiten. Die Semantik der modalen Logik baut weitgehend auf dem Begriff der möglichen Welten auf, H. Scholz gründet auf ihn seine Metaphysik als strenge Wissenschaft. Wir wollen deshalb unter logischem Gesichtspunkt einige Bemerkungen zu diesem Begriff machen. Das Wort „Welt" (von „Werelt") bedeutete ursprünglich nichts anderes als Umkreis oder Umgebung der Erde. Metaphorisch spricht man heute noch von der Welt (der Umgebung) des Künstlers, des Wissenschaftlers, des Politikers usw. In dieser Verwendungsweise des Wortes „Welt" ist es durchaus zulässig und üblich, von verschiedenen Welten zu sprechen, wie etwa in dem Satz „Sie leben in verschiedenen Welten". In der philosophischen Literatur versteht man aber unter „Welt" („Universum", „Wirklichkeit", „Kosmos", „Sein") etwas anderes. Wie wir bereits bei der Behandlung von Parmenides' Sein gesehen haben, versteht man unter *Welt* (abgekürzt W) eine Anhäufung von empirischen Individuen, in der alle empirischen Individuen eingeschlossen sind. Aus dieser Definiton folgt, daß die Welt ein empirisches Individuum ist. Weiter folgt die Einzigkeit der Welt im Sinne der folgenden Behauptung: Wenn x eine Welt ist und y eine Welt ist, so sind x und y identisch, oder symbolisch:

$$\vdash \forall x \, \forall y \, ((x \rightharpoonup W) \wedge (y \rightharpoonup W) \to (x = y)).$$

Wir sehen, daß es sinnlos ist, den philosophischen Terminus „Welt" in der Mehrzahl zu gebrauchen. Doch lassen wir das einmal außer acht und überlegen, wie wir zu den Termini „mögliche Welt" und „beste mögliche Welt" kommen. Das Prädikat „möglich" hatten wir bisher nur für Subjekttermini der Form $\downarrow X$, d. h. für Ereignistermini eingeführt. In der Wissenschaftssprache spricht man aber auch allgemein von möglichen Dingen. Für beliebige Subjekttermini läßt sich das Prädidat „möglich" folgendermaßen definieren:

$$M(a) \equiv_{Def} M\downarrow E(a),$$

wobei a ein beliebiger Subjektterminus und E das Prädikat der Existenz ist. Diese Definition läßt sich lesen als: „Ein Gegenstand a ist möglich, genau dann, wenn die Tatsache, daß a existiert, möglich ist." Aus der Definition des Terminus „Welt" folgt, daß die Welt schon dann existiert, wenn ein einziges empirisches Individuum existiert. Da wir dies als erwiesen annehmen, erhalten wir die Aussage $E(W)$, d. h., die Welt existiert. Weiter gilt $E(W) \supset M\downarrow E(W)$, und wir erhalten $M\downarrow E(W)$. Nach der oben angegebenen Definition gewinnen wir also auch $M(W)$, d. h., die Welt ist möglich. Da W ein individueller Terminus ist, gilt folgende Quantorenregel

$$P(W) \vdash \forall W\, P(W),$$

wo P ein beliebiges Prädikat ist. Insbesondere erhalten wir $\forall W\, M(W)$, d. h., alle Welten sind möglich. Wir behaupten nicht, daß eine solche Aussage informativ ist, sondern zeigen nur, daß sie logisch korrekt gewonnen wurde. Ganz gleich, welche Wertungskriterien wir für den Gebrauch der Wertungsprädikate „besser" und „am besten" auch einführen mögen, da es auf Grund der Definition des Terminus „Welt" nur eine Welt gibt (da W ein individueller Terminus ist), gilt immer „Unsere Welt ist die beste aller möglichen Welten", genauso ergibt sich allerdings aus der Definition „Unsere Welt ist die schlechteste aller Welten". Wir sehen, daß diese Redeweisen zwar logisch korrekt sind, aber vollkommen nichtssagend.

Es sei hervorgehoben, daß in der logischen Semantik der Terminus „Welt" und „mögliche Welt" meist anders als eben angegeben verwendet wird. So schreibt etwa H. Scholz, daß er das Wort „Welt" so verwendet, „daß es genau dasselbe bedeuten soll wie ‚Individuenmenge' oder ‚Individuenbereich'. Wir nehmen die Gelegenheit wahr, um ein für allemal zu erklären, daß wir das Wort ‚Welt' fortan in diesem und nur in diesem Sinne verwenden werden."[35] Eine Individuenmenge ist aber ein abstraktes und kein empirisches Objekt, und Scholz kann deshalb in seiner Arbeit nur den Ansprch erheben, eine mathematische Theorie beliebiger Individuenbereiche zu liefern, sein Anspruch

---

[35]H. Scholz, Metaphysik als strenge Wissenschaft, Köln 1941, S. 45.

auf eine Metaphysik als strenge Wissenschaft ist hingegen eine unzulässige Extrapolation und eine Verwechselung von abstrakten und empirischen Objekten.

Die mögliche-Welten-Semantik und allgemein die mengentheoretischen Methoden sind ein sehr nützliches mathematisches Hilfsmittel in der Logik und haben eine wichtige heuristische Funktion. Faßt man sie aber als metaphysische, ontologische oder sonstige letzte Begründung der Logik auf, so führt das zu unhaltbaren philosophischen Konsequenzen.

Kapitel 6

Kants Antinomien der reinen Vernunft

Im vorliegenden Kapitel analysieren wir unter logischen Gesichtspunkten Kants Antinomien der reinen Vernunft.[1] Wir gehen dabei nicht auf die Bedeutung der Antinomien im Gebäude der Kantschen Philosophie ein und schildern auch nicht die Auswirkungen, die Kants Konstruktionen auf die folgende Philosophie hatten.[2] Wir betrachten nur die Antinomien und Kants Argumentation. Dabei geben wir zunächst nur die Kantschen Argumente fast wörtlich wieder, da es schwerfällt, eine falsche Argumentation mit anderen Worten zu wiederholen. Daran schließt sich dann jeweils eine logische Kritik an.

6.1 Erste Antinomie

These: Die Welt hat einen Anfang in der Zeit und ist dem Raum nach in Grenzen eingeschlossen.

Begründung der These durch Kant:
Kant geht bei der Begründung der These indirekt vor. Er nimmt an, die Welt habe der Zeit nach keinen Anfang. Dann müßte bis zu jedem Zeitpunkt eine Ewigkeit abgelaufen und eine unendliche Reihe von aufeinanderfolgenden Zuständen der Dinge in der Welt verflossen sein. Die Unendlichkeit einer Reihe besteht aber nach Kant darin, daß sie durch eine Synthese niemals vollendet werden kann. Deshalb sei eine unendlich verflossene Weltreihe unmöglich und ein Anfang der Welt eine notwendige Bedingung ihres Daseins.

---

[1]Vgl. I. Kant, Kritik der reinen Vernunft, Berlin 1870, S. 360 ff.

[2]Vgl. H. Wessel, Kritik der Kantschen Antinomien der reinen Vernunft in der Wissenschaftslogik, in: Zum Kantverständnis unserer Zeit, Berlin 1975.

In bezug auf den Raum wird zunächst wieder die Annahme des indirekten Beweises getroffen, daß die Welt ein unendliches gegebenes Ganzes von zugleich existierenden Dingen sei. Kant behauptet nun, daß wir uns ein Ganzes, dessen Grenzen uns nicht in der Anschauung gegeben sind, nur durch eine vollendete Synthese seiner Teile denken können. Um die Welt als Ganzes denken zu können, müßte die Synthese der Teile einer unendlichen Welt als vollendet angesehen werden. Dazu müßte aber eine unendliche Zeit, die zur Durchzählung aller koexistierenden Dinge erforderlich wäre, als abgelaufen angesehen werden. Dies sei unmöglich. Demnach könne ein unendliches Aggregat wirklicher Dinge nicht als ein gegebenes Ganzes, also auch nicht als zugleich gegeben angesehen werden. Deshalb sei die Welt der Ausdehnung im Raum nach nicht unendlich, sondern in Grenzen eingeschlossen.

Antithese: Die Welt hat keinen Anfang in der Zeit und keine Grenzen im Raum, sondern ist räumlich und zeitlich unendlich.

Begründung der Antithese durch Kant:
Zunächst wird wieder angenommen, die Welt habe einen Anfang in der Zeit. Da der Anfang eines Dinges ein Dasein ist, dem eine Zeit vorhergeht, so muß – nach Kant – eine Zeit vergangen sein, in der die Welt nicht existierte, d. h. eine leere Zeit. In einer leeren Zeit sei aber kein Entstehen eines Dinges möglich, da sich in einer solchen Zeit kein Teil von einem anderen unterscheidet („weil kein Theil einer solchen Zeit vor einem anderen irgendeine unterscheidende Bedingung des Daseins vor die des Nichtseins an sich hat"). Die Welt kann also keinen Anfang in der Zeit haben und ist in bezug auf die vergangene Zeit unendlich.

Es wird wieder angenommen, die Welt sei dem Raume nach endlich und begrenzt. Dann würde sie sich in einem leeren Raum befinden, der nicht begrenzt ist. Es würde dann nicht nur Beziehungen der Dinge im Raum, sondern auch der Dinge zum Raum geben. Da es aber außerhalb der Welt keinen Gegenstand (der Anschauung) gibt, so würde die Beziehung der Welt zum leeren Raum eine Beziehung derselben zu keinem Gegenstand sein. Da eine solche Beziehung und folglich auch die Begrenzung der Welt durch den leeren Raum gar keine Beziehung ist, ist die Welt dem Raume nach nicht begrenzt, und folglich ist sie der Ausdehnung nach unendlich.

Kritik der Kantschen Argumentation:
In der ersten Antinomie spielen die Termini „Welt" (oder „Welt als Ganzes", „Universum", „Kosmos" etc.), „Raum", „Zeit", „Anfang der Zeit", „Grenzen eines Raumes", „unendliche Zeit", „endliche Zeit", „endlicher Raum", „unendlicher Raum" eine Rolle. Die Einführung dieser Termini durch Kant hält einer logischen Kritik nicht stand. Und wir werden sehen, daß eine ganze Reihe von Behauptungen mit diesen Termini mehrdeutig ist.

In der modernen Logik werden all diese Termini untersucht, und es gibt bereits eine Vielzahl von Systemen, die solche Termini beschreiben. Wir stützen uns in unseren Ausführungen auf die Arbeiten von A. A. Sinowjew und G. A. Kusnezow.[3] Den Terminus „Welt" („Universum", „Kosmos" etc.) haben wir bereits bei der Behandlung von Parmenides „Sein" auf folgende Weise eingeführt: Die Welt (abgekürzt W) ist eine Anhäufung von empirischen Individuen, in der alle empirischen Individuen eingeschlossen sind. Wenn x eine Variable für empirische Individuen ist, so läßt sich diese Definition folgendermaßen schreiben:

$$\forall x \, (x \in W).$$

Wir wiederholen noch einmal, daß der Terminus „Welt" als Anhäufungsterminus und nicht als Mengen- oder Klassenterminus eingeführt wird. Aus der angegebenen Definition folgt, daß der Terminus „Welt" ein individueller Terminus ist.

Kant stellt sich nicht die Frage, wie man Raum- und Zeittermini korrekt in den Sprachgebrauch einführen kann. Für ihn sind Raum- und Zeitanschauung dem Menschen angeboren. Raum und Zeit sind seiner Auffassung gemäß notwendige und apriorische Formen der Anschauung. Anstatt von den empirisch erfahrenen Dingen und Ereignissen auszugehen und zu klären, was man unter räumlichen und zeitlichen Beziehungen zwischen ihnen versteht, postuliert er dogmatisch und unverständlich apriorische Formen der Anschauung. Wir haben bereits bei der Behandlung des Prädikates der Veränderung kurz die Einführung von Zeittermini erörtert. Raumtermini werden ähnlich eingeführt. Für die Termini „Raum" und „Zeit" werden nicht Definitionen des Typs „der Raum (die Zeit) ist ... " verwendet, sondern es werden zunächst einfache Raum- und Zeittermini wie „früher", „später", „gleichzeitig", „rechts von", „links von", „weiter", „näher" usw. mit Hilfe der Relationslogik eingeführt. Diese Termini sind Ordnungsprädikate, und ihre Einführung bereitet keine Schwierigkeiten. Bei der räumlichen Ordnung wird die gegenseitige Lage von Körpern und bei einer zeitlichen Ordnung die gegenseitige Lage von empirischen Veränderungen fixiert. Mit Hilfe der einfachen räumlichen und zeitlichen Ordnungsrelationen kann dann definiert werden, was eine Raum- und eine Zeitstruktur sind. Allgemein wird eine Struktur folgendermaßen definiert: Die Elemente der Anhäufung A bilden eine *Struktur* bezüglich der Klasse von Verfahren zur Feststellung einer Ordnung B genau dann, wenn sich für ein beliebiges Element a dieser Anhäufung ein anderes Element b

---

[3]Vgl. A. A. Sinowjew, Logik und Sprache der Physik, Berlin 1975; G. A. Kusnecov, Nepreryvnost' i geometričeskaâ forma, in: Logika i ėmpiričeskoe posnanie, Moskva 1972, sowie die drei Artikel von G. A. Kusnezow in dem Sammelband: Teoriâ logičeskogo vyvoda, Moskva 1973.

und ein zu B gehörendes Verfahren α zur Feststellung einer Ordnung finden läßt, daß

$$a >_\alpha b \quad \text{oder} \quad b >_\alpha a,$$

d. h., daß a in der Ordnung bezüglich α b übertrifft oder b in der Ordnung a übertrifft.

Raum- und Zeitstrukturen unterscheiden sich dadurch, daß andere Ordnungsrelationen gewählt werden. Während wir zunächst nur Prädikate für räumliche und zeitliche Beziehungen zur Verfügung hatten, haben wir mit den Termini „die Raumstruktur A", „die Zeitstruktur B" usw. auch Subjekttermini für Raum und Zeit. Mit Hilfe dieser Termini erhält man weitere Subjekttermini für Raum und Zeit, und es lassen sich für diese speziellen Termini wiederum besondere Prädikate wie „kontinuierlich", „unendlich", „endlich" etc. einführen. Unter Raum und Zeit insgesamt versteht man hypothetische Raum- und Zeitstrukturen, die als Summe aller konkreten Raum- und Zeitstrukturen aufgefaßt werden.

Wenden wir uns jetzt den Behauptungen der ersten Kantschen Antinomie zu.

Die Behauptungen „Die Welt ist zeitlich endlich" (1) und „Die Welt ist zeitlich unendlich" (2) sind mehrdeutig. Einmal kann die Behauptung (1) im Sinne der Aussage „Die Welt entstand in der Zeit" und die Behauptung (2) im Sinne der Aussage „Die Welt entstand nicht in der Zeit" verstanden werden, wobei der Terminus „Welt" einfach ein empirisches Individuum bezeichnet. In logischer Symbolik lassen sich beide Behauptungen folgendermaßen schreiben:

(1) $\sim E(W) \Rightarrow E(W),$
(2) $\sim E(W) \neg \Rightarrow E(W),$

wobei $\Rightarrow$ das zweistellige Prädikat der Veränderung und E das Prädikat der Existenz sind. Hier ist (2) die innere Negation von (1). Die erste Aussage könnte unter folgenden Bedingungen akzeptiert werden: Zu einem gewissen Zeitpunkt wird die Situation $\sim E(W)$ beobachtet, und danach wird die Situation $E(W)$ beobachtet. Bei der zweiten Aussage wären diese Bedingungen: Zu einem gewissen Zeitpunkt wird die Situation $\sim E(W)$ beobachtet und danach wird nicht die Situation $E(W)$ (genauer, es wird wieder die Situation $\sim E(W)$) beobachtet. Zu diesen Bedingungen gehören also in beiden Fällen die Existenz eines individuellen Beobachters a, die Existenz eines empirischen Individuums b als Bezugspunkt der Zeit (das kann insbesondere wieder a sein), die Existenz gewisser empirischer Ereignisse c_1, c_2, ... als Maßeinheiten der Zeit. Um die Situation $\sim E(W)$ zu beobachten, dürfen a, b, c_1, c_2, ... nicht zur Welt gehören. Das ist aber auf Grund der Definition von W

unmöglich, da W schon existiert, wenn ein einziges empirisches Individuum existiert. Also kann schon auf Grund der gewählten Terminologie weder die Behauptung (1) noch die Behauptung (2) akzeptiert werden. Beide Aussagen sind unüberprüfbar. Wir erhalten demzufolge:

$$\sim(\sim E(W) \Rightarrow E(W)) \wedge \sim(\sim E(W) \neg \Rightarrow E(W)).$$

Einen Widerspruch würde man hieraus aber nur erhalten, wenn man die beiden Positionen der Negation nicht unterscheiden würde, d. h., wenn man von $\sim(\sim E(W) \neg \Rightarrow E(W))$ auf $\sim E(W) \Rightarrow E(W)$ schließen würde. Dieser Schluß ist aber logisch nicht zulässig, da wir es hier mit einem nichtklassischen Fall zu tun haben und die Unbestimmtheit berücksichtigt werden muß. Man erhält hier also keine Antinomie, sondern nur die Negation sowohl der These als auch der Antithese. Man muß Kant zugute halten, daß er an einigen Stellen der hier dargestellten Auffassung sehr nahekommt. So etwa, wenn er in der „Prolegomena" bezüglich der ersten beiden Antinomien schreibt, „daß Thesis sowohl als Antithesis bei beiden falsch sind"[4]. Auf Grund des niedrigen Entwicklungsniveaus der Logik zu seiner Zeit konnte er diese richtige Auffassung jedoch nicht immer logisch korrekt ausdrücken.

Eine ähnliche Sachlage erhalten wir, wenn wir die Endlichkeit oder Unendlichkeit der Welt im Raum auf folgende Weise explizieren wollten: Es wird ein räumliches Intervall (oder eine Raumstruktur) angegeben, das die Welt begrenzt (die die Welt als Teilstruktur enthält). Je nachdem, ob dieses Intervall (ob diese Struktur) eine endliche oder eine unendliche Ausdehnung besitzt, ist die Welt räumlich endlich oder unendlich. Abgesehen davon, daß jedes konkrete räumliche Intervall (jede konkrete Raumstruktur) stets nur eine endliche Ausdehnung besitzt, erhalten wir auch in diesem Falle aus rein terminologischen Gründen stets unüberprüfbare Aussagen, da die Grenzen des betreffenden Intervalls (der betreffenden Raumstruktur) auf Grund der Definition des Terminus „Welt" stets selber zur Welt gehören. Wir erhalten also auch hier bei beiden Behauptungen nur ihre äußere Negation. Daraus folgt aber wiederum kein Widerspruch, da äußere und innere Negation unterschieden werden.

Eine ganz andere Situation erhalten wir, wenn wir die Behauptungen „Die Welt ist zeitlich endlich" bzw. „Die Welt ist zeitlich unendlich" auf folgende Weise explizieren: Die Welt wird als ein Prozeß betrachtet, d. h. als eine Reihe von Zuständen in der Zeit. Über die Beschaffenheit dieser Reihe sind logisch die verschiedensten Hypothesen möglich. Insbesondere die folgenden:

1. Die Zeitreihe hat kein Anfangselement;

$$\forall a \, \exists b \, (b <_\alpha a),$$

---

[4]I. Kant, Prolegomena, Leipzig o. J., S. 126.

wobei a und b Variablen für Weltzustände sind, während α ein Verfahren zur Festestellung ihrer Ordnung in der Zeit bezüglich eines Ereignisses ist, das in diesem Falle selber zur Welt gehört.

2. Die Zeitreihe hat ein Anfangselement,

$$\exists a \, \forall b \, (b \geq_\alpha a).$$

3. Die Zeitreihe hat kein Endelement,

$$\forall a \, \exists b \, (b >_\alpha a).$$

4. Die Zeitreihe hat ein Endelement,

$$\exists a \, \forall b \, (b \leq_\alpha a).$$

Bei den angeführten Behauptungen handelt es sich nur um eine kleine Auswahl aus den einschlägigen logisch möglichen Hypothesen. Neben den äußeren Negationen der angeführten Behauptungen sind die verschiedensten inneren Negationen und unbestimmten Formen möglich, α kann als Variable betrachtet und verschieden quantifiziert werden usw. All diese Behauptungen haben außerlogischen Charakter, und im Rahmen der Logik kann nicht entschieden werden, welche von ihnen zu akzeptieren sind. Sie sind weder logisch wahr noch logisch falsch, sondern logisch erfüllbar. Es gibt also keinerlei logische Gründe für oder gegen ein Akzeptieren einer dieser Behauptungen für sich genommen. Im Rahmen der Logik kann aber untersucht werden, welche Kombinationen dieser Behauptungen nicht akzeptiert werden können. Beispielsweise können nicht die Behauptungen 1 und 2 zusammen akzeptiert werden, weil aus 1 die äußere Negation von 2 und aus 2 die äußere Negation von 1 folgt. Vollkommen akzeptabel ist hingegen die Konjunktion der äußeren Negation von 1 und der äußeren Negation von 2. Hieraus würde nur im Rahmen der klassischen Logik ein Widerspruch folgen, da äußere und innere Negation verwechselt und unbestimmte Formen nicht berücksichtigt werden.

Eine weitere Besonderheit der angeführten Behauptungen besteht darin, daß sie auch empirisch weder bestätigt noch widerlegt werden können. Und wenn in einer physikalischen (oder philosophischen) Theorie eine dieser Hypothesen bevorzugt und akzeptiert wird, so geschieht dies nur, weil diese Hypothese mit anderen Aussagen der betreffenden Theorie verträglich ist und die deduktiven Möglichkeiten dieser Theorie erweitert, während das bei anderen dieser Hypothesen nicht der Fall ist. Eine der Aufgaben der Logik ist es, solche Verträglichkeiten und logischen Abhängigkeiten von philosophischen Aussagen zu untersuchen und unverträgliche Kombinationen als logisch widersprüchlich auszuschließen. Auch Kant mögen solche Überlegungen vorgeschwebt haben, wenn er z. B. aus der zeitlichen Unendlichkeit auf die Nichtexistenz der Welt schloß. Doch seine Schlüsse waren nicht logisch korrekt. So folgt aus der zeitlichen Unendlichkeit der Welt im Sinne der Behauptung 1 weder logisch noch empirisch die Nichtexistenz der Welt.

Die Behauptungen über die Endlichkeit und Unendlichkeit der Welt im Raum lassen sich analog wie die über die Endlichkeit und Unendlichkeit der Zeit im zweiten Sinne explizieren, nur daß hier noch weit mehr verschiedene Explikationen möglich sind. Auch hier erhält man jeweils logisch erfüllbare, aber nicht allgemeingültige Ausdrücke.

Abschließend können wir feststellen, daß bei Kant die erste Antinomie nur durch unscharfe Begriffsbildungen und unkorrektes Schließen zustande kam.

6.2 Zweite Antinomie

These: Jede zusammengesetzte Substanz in der Welt besteht aus einfachen Teilen, und es existiert nichts als das Einfache und das aus Einfachem zusammengesetzte.

Begründung der These durch Kant:
Angenommen, die zusammengesetzten Substanzen bestünden nicht aus einfachen Teilen. Dann würden, wenn alle Zusammensetzung (in Gedanken) aufgehoben würde, kein zusammengesetzter und auch kein einfacher Teil, also gar nichts übrigbleiben. Also würde es überhaupt keine Substanz geben. Da es aber Substanzen gibt, bestehen sie aus einfachen Teilen.

Antithese: In der Welt besteht kein zusammengesetztes Ding aus einfachen Teilen, und in ihr existiert nichts Einfaches.

Begründung der Antithese durch Kant:
Es wird wieder angenommen, ein zusammengesetztes Ding besteht aus einfachen Teilen. Da alle zusammengesetzten Dinge nur im Raum existieren, so muß das Zusammengesetzte aus genauso vielen Teilen bestehen, wie der Raum, den es einnimmt. Der Raum besteht aber – nach Kant und der damals üblichen Auffassung – nicht aus einfachen Teilen, sondern aus Räumen. Da die einfachen Teile einen Raum einnehmen, der seinerseits nicht einfach ist, so müßten die einfachen Teile zusammengesetzt sein. Das ist aber ein Widerspruch. Analog wird versucht, den zweiten Teil der Antithese zu beweisen, daß überhaupt nichts Einfaches existiert.

Kritik der Kantschen Argumentation:
In der zweiten Antinomie faßt Kant einen Streit zusammen, der im antiken Griechenland begann. Es handelt sich hier um das Problem der Teilbarkeit von Körpern, des Raumes und der Zeit. Die griechischen Atomisten, vor allem Demokrit und Epikur, waren der Auffassung, daß der Teilungsprozeß von realen Körpern nicht endlos fortgesetzt werden kann, sondern an einem gewissen Punkt zu Ende ist, da man auf Körper stößt, die keine Teile mehr

haben und darum nicht weiter teilbar sind.[5] Diese kleinsten Teile wurden *Atome* (Demokrit) oder *Minima* (Epikur) genannt. (Der Unterschied der beiden Begriffe ist für uns hier belanglos.) Demgegenüber war etwa Aristoteles der Auffassung, daß jedes Kontinuum immer in weitere teilbare Teile teilbar ist. Zenon vereinigt die Argumentationen beider Richtungen in seiner Antinomie der Dichotomie, die der zweiten Kantschen Antinomie zugrunde liegt.

Neben die (empirisch bestätigte) Auffassung, daß jeder Teilungsprozeß praktisch ein Ende hat, und die Auffassung, daß jede Teilung potentiell unendlich fortgesetzt werden kann, trat später noch die heute in der Mathematik vorherrschende Meinung, daß jede endliche Strecke sich aus aktual unendlich vielen ausdehnungslosen Punkten zusammensetzt. Mit der zweiten Kantschen Antinomie stehen also Grundlagenfragen der Mathematik, die sich um die verschiedenen Unendlichkeitsbegriffe gruppieren, im Zusammenhang. (Deshalb nennt man die ersten beiden Kantschen Antinomien manchmal auch *mathematische Antinomien.*) Wir können hier auf diese Problematik nicht näher eingehen.[6] In unserem Zusammenhang ist nur wichtig, daß sowohl der klassischen mengentheoretischen als auch der intuitionistischen Mathematik Annahmen zugrunde liegen, die sich nicht empirisch rechtfertigen lassen. Während die klassische Mathematik aktual unendliche Mengen akzeptiert und außerdem den Begriff der potentiellen Unendlichkeit verwendet, wird von der intuitionistischen und konstruktiven Mathematik der Begriff der aktualen Unendlichkeit verworfen und nur mit dem Begriff der potentiellen Unendlichkeit gearbeitet.

Für beide Richtungen gilt, daß sie abstrakte Objekte untersuchen, die nur nach verschiedenen Regeln aufgebaut werden. Insbesondere wird von beiden Richtungen angenommen, daß es ausdehnungslose Punkte gibt und daß es zu jeder endlichen Länge eine kleinere Länge gibt, die verschieden von Null ist. Solche Idealisierungen sind im Rahmen der Mathematik natürlich zulässig. Man darf die in der Mathematik aufgestellten Theoreme aber nicht kurzschlüssig als Beschreibungen von empirischen Objekten auffassen. Die Anwendbarkeit der Mathematik auf empirische Objekte wird vielmehr durch besondere Interpretationsregeln gewährleistet, in denen die oben erwähnten Idealisierungen in gewisser Weise wieder zurückgenommen werden.

Will man hingegen die räumlichen und zeitlichen Beziehungen von empirischen Objekten, die Teilbarkeit solcher Objekte usw. unmittelbar beschreiben, so muß man hierfür eine besondere Terminologie, die diesen Objekten entspricht, aufbauen. Diese Aufgabe wurde unabhängig voneinander und auf

---

[5]Vgl. Griechische Atomisten: Texte und Kommentare zum materialistischen Denken in der Antike, Leipzig 1973.

[6]J. A. Petrov, Logische Probleme der Realisierbarkeits- und Unendlichkeitsbegriffe, Berlin 1971.

verschiedene Weise von A. A. Sinowjew und G. A. Kusnezow in Angriff genommen. Interessant ist, daß sie dabei zu gleichartigen Ergebnissen kamen.
So wurde von beiden bewiesen, daß sich eine widerspruchsfreie Terminologie
zur Beschreibung von empirischen Körpern aufbauen läßt, in der die logische
Möglichkeit von minimalen Längen, d. h. von kleinsten Längen für empirische
Körper beweisbar ist. Aus der logischen Möglichkeit folgt dabei noch nicht die
empirische Existenz. Sinowjew bewies darüber hinaus die logische Möglichkeit von minimalen Intervallen, d. h., sein Ergebnis ist allgemeiner, da sich
aus dem genannten Ergebnis die logische Möglichkeit von minimalen Längen,
Dauern und Körpern ergibt. Die Beziehung zwischen beiden Systemen wurde bisher noch nicht untersucht, und man kann deshalb noch nicht sagen,
ob die erzielten Ergebnisse gleichwertig sind. Doch schon jetzt ergibt sich
als Folgerung dieser Ergebnisse, daß die Annahme der Existenz von Raum-,
Zeit- und Materiequanten in der modernen Physik keine reinen empirischen
(physikalischen) Hypothesen sind. Sie haben vielmehr logische Gründe, d. h.,
sie bieten sich als Folgerungen aus der gewählten Terminologie an.

Die zweite Antinomie Kants kommt also auch nicht zustande, da die These
für empirische Objekte gilt, während die Antithese nur für abstrakte Objekte
gültig ist. Aussagen mit verschiedenen logischen Subjekten bilden aber keinen
logischen Widerspruch. Die Antinomie kam nur durch eine Verwechselung von
empirischen und abstrakten Objekten zustande.

6.3 Dritte Antinomie

These: Die Kausalität nach Gesetzen der Natur ist nicht die einzige, aus
welcher die Erscheinungen der Welt insgesamt abgeleitet werden können,
sondern zu ihrer Erklärung ist es notwendig, noch eine Kausalität durch
Freiheit anzunehmen.

Begründung der These durch Kant:
Nimmt man an, es gäbe keine andere als die naturgesetzliche Kausalität, so
setzt jeder Zustand einen anderen voraus, auf den er nach einer Regel notwendig folgt. Dieser Zustand setzt aber wieder einen anderen als Ursache voraus
usw. Wenn also alles bloß nach den Naturgesetzen geschieht, so gibt es keinen
ersten Anfang in der Ereignisreihe, und die Reihe der verflossenen Ursachen
ist unvollständig. Das widerspricht aber – nach Kant – dem Naturgesetz, daß
nichts ohne hinreichend bestimmte Ursache geschehe. Deshalb müsse noch
eine andere Kausalität angenommen werden, nämlich eine absolute Sponta-
nität der Ursachen oder eine (transzendentale) Freiheit, die es ermögliche,
daß die nach Naturgesetzen verlaufende Reihe von Erscheinungen von selbst
anfängt.

Antithese: Alles in der Welt geschieht lediglich nach Gesetzen der Natur, es gibt keine Freiheit.

Begründung der Antithese durch Kant:

Angenommen, es gäbe eine Freiheit als eine besondere Art von Kausalität, die in der Lage wäre, einen Zustand und damit eine Reihe von Folgen schlechthin anzufangen. Damit würde die Kausalität schlechthin anfangen, und es würde nichts vorhergehen, wodurch diese Handlung nach Gesetzen bestimmt sei. Ein jeder Anfang zu handeln setzt aber einen Zustand der noch nicht handelnden Ursache voraus und ein dynamisch erster Anfang der Handlung einen Zustand, der mit den vorhergehenden eben derselben Ursache gar keinen Zusammenhang der Kausalität besitzt, d. h. auf keine Weise daraus folgt. Eine transzendentale Freiheit widerspricht also dem Kausalgesetz, kann in keiner Erfahrung angetroffen werden und ist somit ein leeres Gedankending.

Die Freiheit (Unabhängigkeit) von den Gesetzen der Natur ist zwar eine Befreiung vom Zwang, aber auch vom Leitfaden aller Regeln. Natur und transzendentale Freiheit unterscheiden sich wie Gesetzmäßigkeit und Gesetzlosigkeit.

Kritik der Kantschen Argumentation:

Aus der logischen Literatur ist bekannt, daß der Terminus „Ursache" mehrdeutig ist. Wir gehen hier nicht auf die verschiedenen Verwendungsweisen des Terminus ein, sondern nehmen an, der Ausdruck „Ein Ereignis a ist immer die Ursache eines Ereignisses b" sei gleichbedeutend mit „Immer, wenn ein Ereignis a auftritt, so tritt danach ein Ereignis b auf". (Hier werden Zeittermini bei der Definition des Terminus „Ursache" verwendet, im Unterschied zur Kantschen Auffassung, nach der der Kausalitätsbegriff zur Einführung von Zeittermini erforderlich sei.) Nehmen wir weiter an, das Kausalprinzip sei in der folgenden sehr starken Form gültig: „Für jedes Ereignis a gibt es genau ein Ereignis b derart, daß b die Ursache von a ist." Wir sind nicht der Auffassung, daß das Kausalitätsprinzip in dieser starken Form akzeptabel ist, nehmen aber seine Gültigkeit an, da dies die Kantsche Auffassung trifft, „daß nichts ohne hinreichend bestimmte Ursache geschehe". Hieraus schließt Kant korrekt, daß es dann kein erstes Glied in der Ereigniskette gibt. Doch hieraus folgt keineswegs, daß die Reihe der verflossenen Ursachen unvollständig ist, wie es Kant behauptet. Auch widerspricht die Aussage, daß die Ursachenreihe kein Anfangsglied hat, keineswegs dem oben angegebenen Kausalprinzip (Naturgesetz), sie ist im Gegenteil logisch mit diesem Kausalprinzip verträglich. Es gibt also für den Kantschen Schluß auf die Notwendigkeit einer Kausalität durch Freiheit keine logischen Gründe. Man kann nur versuchen zu erklären, wie die Kantschen Assoziationen zustandekommen.

In der dritten Antinomie spielen einerseits die Begriffe „Ursache", „Naturgesetz", „Kausalität", „Regelmäßigkeit", andererseits die Begriffe „Freiheit", „Zwang", „Regellosigkeit" eine Rolle. Alle diese Begriffe haben einen anthropomorphen Ursprung. Der Begriff „Ursache" wurde zunächst auf menschliches Handeln bezogen. Jede menschliche Handlung hat bestimmte Folgen, die entsprechenden Handlungen (manchmal auch das handelnde Subjekt) nannte man *Ursachen*, ihre Folgen *Wirkungen*. Der Terminus „Naturgesetz" wurde in Analogie zu juristischen Gesetzen und der Terminus „Regellosigkeit" in Analogie etwa zu moralischen Regeln gebildet. Bei der zweiten Gruppe von Termini ist ihr Bezug allein auf menschliches Verhalten und Handeln offensichtlich. Die erste Gruppe von Termini verlor aber im Verlaufe der historischen Entwicklung ihren anthropomorphen Charakter, und die Termini dienen heute zur Beschreibung von menschenunabhängigen objektiven Situationen. Vergißt man diesen Bedeutungswandel, so kommt das in der Geschichte der Philosophie viel diskutierte Problem des Determinismus und der Willensfreiheit zustande, das Kant auch bei der Formulierung seiner dritten Antinomie vorschwebte.

Einen Widerspruch zwischen Willensfreiheit und Determinismus kommt aber überhaupt nicht zustande, da die Termini der beiden Gruppen zur Beschreibung ganz verschiedener Phänomene benutzt werden. Ihre Verwendung ist durch ganz verschiedene Sprachregeln festgelegt. Während mit Hilfe der Termini „Ursache", „Kausalität", „Naturgesetz" menschenunabhängige Phänomene der Wirklichkeit beschrieben werden sollen, beziehen sich die Termini „Freiheit", „Zwang" nur auf den Bereich menschlichen Handelns. Natürlich lassen sich sinnvolle Aussagen mit Termini aus beiden diesen Gruppen bilden, etwa „Die freie Entscheidung a hat die Ursache b", ja die der sogenannten Willensfreiheit zugrunde liegende Auswahl aus möglichen Entscheidungen setzt stets ein bestimmtes Kausalprinzip voraus („Freiheit ist Einsicht in die Notwendigkeit"). Doch das ändert nichts an dem oben angedeuteten Unterschied dieser beiden Gruppen von Termini. Ryle verglich die hier vorliegende Situation einmal mit einen Billardspiel, das ja auch verschiedenen Regelsystemen unterliegt, nämlich einmal den Regeln der Mechanik und zum anderen den eigentlichen Spielregeln.

6.4   Vierte Antinomie

These: Es gibt als Teil oder als Ursache der Welt ein schlechthin notwendiges Wesen.

Begründung der These durch Kant:
Die Welt enthält eine Reihe von Veränderungen. Jede Veränderung steht aber – nach Kant – unter einer bestimmten Bedingung, die ihr zeitlich vorhergeht und unter der sie notwendig ist. Nach Kant setzt aber jedes existierende Bedingte eine vollständige Reihe von Bedingungen bis zum schlechthin Unbedingten voraus, welches absolut notwendig ist. Hieraus schließt Kant auf die Existenz eines absolut Notwendigen, da eine Veränderung als seine Folge existiert. Dieses Notwendige gehört nach Kant zur Sinnenwelt.

Antithese: Ein schlechthin notwendiges Wesen existiert weder in der Welt noch außerhalb von ihr als ihre Ursache.

Begründung der Antithese durch Kant:
Angenommen, die Welt sei selber oder in ihr sei ein notwendiges Wesen. Dann würde die Reihe der Veränderungen entweder einen absoluten Anfang haben, der absolut notwendig und mithin ohne Ursache wäre, was dem Gesetz der Bestimmung aller Erscheinungen in der Zeit widerspricht, oder die Reihe selbst wäre ohne allen Anfang, und zwar in allen ihren Teilen zufällig und unbedingt, im Ganzen aber notwendig und unbedingt. Das ist nach Kant aber ein Widerspruch. Eine analoge Argumentation wird für den Fall geführt, daß ein schlechthin notwendiges Wesen als Ursache der Welt existiert.

Kritik der Kantschen Argumentation:
Einen Kernfehler der Kantschen Argumentation trifft wieder Lichtenberg im folgenden Aphorismus: „Es ist doch fürwahr zum Erstaunen, daß man auf die dunklen Vorstellungen von Ursachen den Glauben an einen Gott gebaut hat, von dem wir nichts wissen und nichts wissen können, denn alles Schließen auf einen Urheber der Welt ist immer Anthropomorphismus."

Neben dem schon mehrfach aufgewiesenen Fehler, daß Kant die Existenz von Reihen ohne Anfangsglied leugnet, beruht die vierte Antinomie einfach auf unkorrektem Sprachgebrauch. In der dritten Antinomie verwendet Kant den Terminus „Ursache" korrekt, da er ihn als zweistelliges Prädikat betrachtet, das Ereignistermini verknüpft. Das zweistellige Prädikat „Ursache" ist nicht für beliebige Subjekttermini definiert, sondern nur für Ereignistermini. Ereignistermini erhält man aus empirischen Aussagen, wenn man den Operator „die Tatsache, daß" voranstellt. Symbolisch: Wenn X eine empirische Aussage ist, so ist $\downarrow X$ ein Ereignisterminus. Eine logisch korrekt gebildete Aussage über eine Kausalbeziehung hat also folgende Form: $U(\downarrow X, \downarrow Y)$. Beispiel: X möge die Aussage sein: „Der Fahrer des Autos war unaufmerksam",

Y die Aussage „Das Auto fuhr gegen einen Baum", dann ist $U(\downarrow X, \downarrow Y)$ die
Aussage „Die Tatsache, daß der Fahrer des Autos unaufmerksam war, ist
die Ursache dafür, daß das Auto gegen einen Baum fuhr". Statt dieser etwas langatmigen Formulierung sagt man meist: „Die Unaufmerksamkeit des
Fahrers war die Ursache des Unfalls", d. h., man verwendet nicht Ereignistermini der Form $\downarrow X$, sondern führt für sie spezielle einfache Subjekttermini
a, b ein. Soweit es sich um echte Ereignistermini handelt, sind Aussagen der
Form $U(a, b)$ vollkommen korrekt. Doch häufig wird vergessen, daß der Terminus „Ursache" nur für Ereignistermini sinnvoll ist. Man spricht dann etwa
allgemein von Ursachen von Dingen und Erscheinungen. Die Sinnlosigkeit
dieses Sprachgebrauchs wird sofort deutlich, wenn man etwa nach der Ursache des Sokrates fragt. Es ergibt sich nämlich sofort die Zusatzfrage, was denn
gemeint sei, die Geburt, der Tod oder die Magenschmerzen des Sokrates. Genauso sinnlos ist aus rein logischen Gründen die Frage nach der Ursache der
Welt. Die häufig verwendete Floskel „Die Welt ist die Ursache ihrer selbst"
ist natürlich genauso sinnlos, da sie vollkommen mit der üblichen Verwendungsweise des Terminus „Ursache" bricht. Auch ein Satz wie „$\downarrow X$ ist die
Ursache für die Entstehung der Welt" ist sinnlos, obwohl „Entstehung der
Welt" ein Ereignisterminus ist, denn wenn die Welt keinen zeitlichen Anfang
(im zweiten angegebenen Sinne) hat, ist die Frage nach ihrer Entstehung
sinnlos, und wenn sie zu einem Zeitpunkt entstanden wäre, so würde $\downarrow X$
doch auf Grund der Definition des Terminus „Welt" zur Welt gehören.

Ebenso wie der Terminus „Ursache" lassen sich die alethischen modalen
Prädikate „möglich", „notwendig", „zufällig" usw. zunächst nur für Ereignistermini korrekt einführen. Sagt man, „ein Gegenstand a ist möglich", „ein
Gegenstand b ist notwendig" usw., so sind das nur Abkürzungen für die
Aussagen „die Tatsache, daß a existiert, ist möglich", „die Tatsache, daß b
existiert, ist notwendig". Wir haben aber im fünften Kapitel gesehen, daß
sich nur die relativen Modalitäten sinnvoll in den Sprachgebrauch einführen
lassen, deshalb ist die Frage nach der Existenz eines schlechthin notwendigen
Wesens sinnlos.

Wir sehen, daß es sich bei allen vier Antinomien der reinen Vernunft um
keine echten Antinomien im Sinne der Logik handelt, denn solche kann es
gar nicht geben. In keinem Falle konnten aus wahren Voraussetzungen X_1,
..., X_n nach logischen Regeln zwei sich einander widersprechende Thesen Y
und $\sim Y$ abgeleitet werden. Der Anschein einer Antinomie hatte in den verschiedenen Fällen verschiedene Gründe. Es wurde mit verschwommenen und
mehrdeutigen Termini gearbeitet, verschiedene logische Operatoren wurden
verwechselt, konkrete empirische Objekte wurden mit abstrakten mathematischen identifiziert usw. In allen Fällen trat an die Stelle eines strengen
logischen Beweises ein Spiel mit psychischen Assoziationen, das durch kein

strenges Regelsystem beschrieben werden kann. Die Lösung der scheinbaren Antinomien wurde in jedem Falle verschieden durchgeführt. Auf keinen Fall besteht sie in der von Kant behaupteten Unterscheidung der Dinge an sich und der Welt der Erscheinungen, denn diese Unterscheidung ist sinnlos. Die Antinomien erweisen sich bei etwas logischer Gründlichkeit als reiner Schein.

Schlußbemerkung

In der vorliegenden Arbeit haben wir versucht, den Nutzen der Logik für die Philosophie auf elementarer Ebene deutlich zu machen. Das Schwergewicht legten wir dabei auf eine logische Untersuchung einiger ausgewählter philosophischer Termini und sich aus deren Definition ergebender Folgerungen. Die Möglichkeiten, die die logische Beweistheorie der Philosophie eröffnet, haben wir kaum erörtert. Doch wurde diese einseitige Darstellung ganz bewußt gewählt, denn Probleme der Einführung philosophischer Termini (philosophischer Begriffsbildung) sind in der Geschichte der Philosophie und in ihrer gegenwärtigen Entwicklungsphase viel wichtiger als Fragen des philosophischen Beweises. Nur durch einen logisch korrekten Aufbau einer Terminologie wird es möglich, die logischen Beweismethoden in der Philosophie anzuwenden. Schon Leibniz bemerkte, daß in der Philosophie viel weniger bewiesen wird, als gemeinhin angenommen wird, wenn er schreibt: „Man muß zugeben, daß die Griechen mit aller möglichen Genauigkeit in der Mathmatik gedacht haben, und daß sie dem Menschengeschlecht ein Modell der Beweiskunst hinterließen; denn wenn die Babyloner und Ägypter eine Geometrie gehabt haben, die ein wenig mehr als empirisch war, so ist wenigstens davon nichts übrig geblieben. Es ist aber erstaunlich, daß selbst die Griechen so sehr von dieser Höhe herabsanken, sobald sie sich nur ein wenig von den Zahlen und Figuren entfernten, um zur Philosophie zu kommen. Denn es ist seltsam, daß man keinen Schatten demonstrativer Beweise bei Platon und Aristoteles (ausgenommen seine Erste Analytik) und allen anderen antiken Philosophen erkennen kann. Proklus war ein guter Geometer, aber es scheint, daß er ein anderer Mensch ist, wenn er von Philosophie spricht."[7] Durch seine Weiterentwicklung der Logik wollte Leibniz diese Situation ändern. Nach dem Vorbild der Mathematik strebte er eine Logik an, die es ermöglichte, die „schwierigsten Wahrheiten" nicht mehr durch endlose Streitereien zu lösen, sondern dadurch, daß man sagt: „‚Rechnen wir!' ohne

---

[7]G. W. Leibniz, Neue Abhandlungen über den menschlichen Verstand, Zweiter Band, S. 263.

eine weitere Förmlichkeit, um zu sehen, wer recht hat."[8] Dieses utopische
Ziel wird sich wohl nie realisieren lassen. Und die bahnbrechenden Arbeiten von Leibniz zur Logik wurden zunächst lange Zeit überhaupt nicht zur
Kenntnis genommen. Paradoxerweise erwiesen seine logischen Ideen in ihrer
Fortentwicklung zuerst in der Mathematik, d. h. in der Wissenschaftsdiszi-
plin ihren Nutzen, nach deren Vorbild er die Logik gestalten wollte. Ja, man
sah die Logik zeitweise als eine rein mathematische Disziplin an. Doch die
Entwicklung der Logik in den letzten Jahrzehnten überwand diese Einsei-
tigkeit, und sie gewinnt ihren allgemeinen philosophischen Charakter unter
Beibehaltung aller präzisen Methoden zurück. Wesentlichen Anteil an dieser Entwicklung hat die Ausarbeitung einer logischen Terminitheorie und die
Untersuchung einer Reihe spezieller Termini mit logischen Mitteln. Dabei
wurde deutlich, daß die Logik nicht auf Kalküle reduzierbar ist. In vielen
Punkten bilden konkrete philosophische Überlegungen den Ausgangspunkt
für den Aufbau logischer Theorien, ohne daß dabei etwa ganze philosophische Systeme vorausgesetzt würden. Gerade im Bereich der Terminologie de-
monstriert die Logik ihren philosophischen Charakter, und es wird deutlich,
daß die Philosophie ihre Aufgabe gegenüber den Einzelwissenschaften auf
diesem Gebiet ohne Verwendung präziser logischer Methoden nicht erfüllen
kann. Um die Situation der modernen Wissenschaft in dieser Hinsicht zu
charakterisieren, könnte man – etwas übertrieben – in leichter Abwandlung
eines Wittgensteinwortes sagen, in den deduktiven Disziplinen gibt es Begriffsverwirrung und Beweismethoden, und in den Naturwissenschaften und
anderen Einzelwissenschaften Begriffsverwirrung, experimentelle Methoden
und manchmal Beweismethoden. Begriffsverwirrung ist gewissermaßen ein
gemeinsamer Zug der modernen Wissenschaft. Obwohl die Logik häufig auch
diesen Zug aufweist, hat sie gegenwärtig doch ein Eintwicklungsstadium er-
reicht, das es ermöglicht, der Philosophie und den Einzelwissenschaften bei
der Überwindung dieser Situation eine echte Hilfe zu leisten. Diese Hilfe der
Logik beschränkt sich auf eine Mitarbeit am Aufbau einer präzisen Terminologie der jeweiligen Disziplinen. Sie kann aber in keinem Fall die jeweiligen
einzelwissenschaftlichen oder philosophischen Untersuchungen ersetzen. Eine
korrekte Lösung dieses sprachlichen Aspektes ist jedoch häufig eine notwendige Bedingung für eine erfolgreiche Arbeit auf dem jeweiligen Gebiet. Es
gibt gewissermaßen eine doppelte Diktatur der Sprache über die Menschen
– eine vermeidbare und eine unvermeidbare. Vermeidbar ist weitgehend die
Mehrdeutigkeit und Verschwommenheit spachlicher Ausdrücke, vermeidbar
sind viele ausweglose Diskussionen, die nur zustandekommen, weil keine Definitionen der Termini getroffen werden und jeder Diskussionspartner sie in

---

[8]G. W. Leibniz, Fragmente zur Logik, Berlin 1960, S. 16.

einer anderen Bedeutung verwendet, vermeidbar sind schließlich alle Mystifikationen und jeglicher Fetischismus spachlicher Ausdrücke. Unvermeidbar ist eine logische Diktatur der Sprache, die nichts anderes bedeutet, als daß man sprachliche Ausdrücke logisch korrekt einführt und sie nur so verwendet, wie man sie eingeführt und definiert hat, und daß man alle logischen Folgerungen akzeptiert, die sich aus der gewählten Terminologie ergeben. Beugen wir uns dieser logischen Diktatur, so befreien wir uns aus den Fangstricken der Spache und tragen dazu bei, daß die Sprache ihrer eigentlichen Bestimmung als einem Mittel zur Bewältigung menschlicher Probleme besser gerecht wird.

Verzeichnis der wichtigsten Symbole

$\wedge$	– Konjunktion, „und"
$\vee$	– Adjunktion, „oder/und"
$\sim$	– äußere Negation, „nicht"
$\supset$	– Subjunktion, „nicht … oder …" („wenn, so")
$\equiv$	– Bisubjunktion, „genau dann, wenn"
$\forall$	– Allquantor, „alle"
$\exists$	– Existenzquantor, „einige"
$\rightarrow$	– Konditionalitätsoperator, „wenn, so"
$\leftrightarrow$	– Bikonditionalitätsoperator, „genau dann, wenn"
$\neg$	– innere Negation, „nicht"
$?$	– Unbestimmtheitszeichen
$\leftarrow$	– Prädikationsoperator
$\vdash$	– Zeichen der logischen Folgebeziehung
$\dashv\vdash$	– Zeichen der gegenseitigen Folgebeziehung
$\rightharpoonup$	– Beziehung des Bedeutungseinschlusses
$\rightleftharpoons$	– Beziehung der Bedeutungsgleichheit
$\rightleftharpoons_{Def}$	– Definitionsgleichheit (für Termini)
$\equiv_{Def}$	– Definitionsgleichheit (für Aussagen)
$\downarrow$	– Operator „die Tatsache, daß"
t	– Operator „die Aussage" bzw. „der Terminus"
K	– Klassenoperator
$\sum$	– Anhäufungsoperator
$\in$	– Elementbeziehung für Klassen und Anhäufungen
$<$	– Relation „untertrifft"
$>$	– Relation „übertrifft"

$=$	– Gleichheitsrelation, Identität
$\&$	– Operator „und deshalb"
E	– Prädikat der Existenz
$\Rightarrow$	– zweistelliges Prädikat der Veränderung
$\Downarrow$	– einstelliges Prädikat der Veränderung
M	– Prädikat „möglich"
N	– Prädikat „notwendig"
C	– Prädikat „zufällig"
V	– Prädikat „wahr"

Personenregister

Ackermann, W., 17
Anderson, A. R., 17
Anselm von Canterbury, 83
Aristoteles, 6 f., 9, 78, 80, 134, 160, 174, 181
Augustin, 130

Bar-Hillel, Y., 37
Berg, L. S., 135
Berka, K., 118, 142
Berkeley, G., 112
Bocheński, J. M., 79, 100 ff., 102–105, 161 ff.
Boole, G., 1
Burrichter, C., iv

Calvin, J., 130
Cantor, G., 34, 122
Capelle, W., 68, 89
Carnap, R., 36, 57 f., 84 f., 89, 137 ff., 142
Church, A., 36
Chwistek, L., 36
Clarke, S., 87

Demokrit, 173 f.
Diderot, D., 132

Eberle, R. A., 39
Engels, F., 7, 51 f., 62, 65, 76, 102, 108, 125
Epikur, 173 f.
Euklid, 127

Feuerbach, L., 51, 76, 89 f., 101, 108 f., 113

Fichte, J. G., 113
Fraenkel, A., 37
Frege, G., v, vi, 1, 39, 63, 84 ff., 89
Frey, G., 62

Gabriel, G., vii f.
Gethmann, C. F., iv f.
Gödel, K., 36
Goethe, J. W. v., 5
Goodman, N., 5, 36
Görke, L., 35
Gorski, D. P., 81

Haym, R., 113
Hegel, G. W. F., 6 f., 62, 65, 69, 76, 80 f., 89 ff., 93, 113 ff., 160
Heise, W., viii
Henkin, L., 36
Heraklit, 67 ff., 99
Herder, J. G., 51, 71 f., 127
Hilbert, D., 6
Hintikka, J., 108
Hobbes, Th., 29, 70 f., 75, 87
Humboldt, W. v., 51
Hume, D., 80, 82 f.

Irrlitz, G., viii
Iwin, A. A., 92, 135, 137, 149

Jansen, C., 130

Kamlah, W., 53, 58, 74, 114
Kant, I., 6 f., 62, 83 f., 90, 102, 105, 167–178, 180
Kapferer, N., iv, vi
Klaus, G., v f., 40

187

Bereits erschienene und geplante Bände der Reihe

Logische Philosophie
Hrsg.: H. Wessel, U. Scheffler, Y. Shramko, M. Urchs

ISSN: 1435-3415

In der Reihe „Logische Philosophie" werden philosophisch relevante Ergebnisse der Logik vorgestellt. Dazu gehören insbesondere Arbeiten, in denen philosophische Probleme mit logischen Methoden gelöst werden.

Uwe Scheffler/Klaus Wuttich (Hrsg.)
Terminigebrauch und Folgebeziehung
ISBN: 3-89722-050-0   Preis: 30,- €

Regeln für den Gebrauch von Termini und Regeln für das logische Schließen sind traditionell der Gegenstand der Logik. Ein zentrales Thema der vorliegenden Arbeiten ist die umstrittene Forderung nach speziellen Logiken für bestimmte Aufgabengebiete - etwa für Folgern aus widersprüchlichen Satzmengen, für Ersetzen in gewissen Wahrnehmungs- oder Behauptungssätzen, für die Analyse von epistemischen, kausalen oder mehrdeutigen Termini. Es zeigt sich in mehreren Arbeiten, daß die nichttraditionelle Prädikationstheorie eine verläßliche und fruchtbare Basis für die Bearbeitung solcher Probleme bietet. Den Beiträgen zu diesem Problemkreis folgen vier diese Thematik erweiternde Beiträge. Der dritte Abschnitt beschäftigt sich mit der Theorie der logischen Folgebeziehungen. Die meisten der diesem Themenkreis zugehörenden Arbeiten sind explizit den Systemen F^S bzw. S^S gewidmet.

Horst Wessel
Logik
ISBN: 3-89722-057-1   Preis: 37,- €

Das Buch ist eine philosophisch orientierte Einführung in die Logik. Ihm liegt eine Konzeption zugrunde, die sich von mathematischen Einführungen in die Logik unterscheidet, logische Regeln als universelle Sprachregeln versteht und sich bemüht, die Logik den Bedürfnissen der empirischen Wissenschaften besser anzupassen.

Ausführlich wird die klassische Aussagen- und Quantorenlogik behandelt. Philosophische Probleme der Logik, die Problematik der logischen Folgebeziehung, eine nichttraditionelle Prädikationstheorie, die intuitionistische Logik, die Konditionallogik, Grundlagen der Terminitheorie, die Behandlung modaler Prädikate und ausgewählte Probleme der Wissenschaftslogik gehen über die üblichen Einführungen in die Logik hinaus.

Das Buch setzt keine mathematischen Vorkenntnisse voraus, kann als Grundlage für einen einjährigen Logikkurs, aber auch zum Selbststudium genutzt werden.

Yaroslav Shramko
Intuitionismus und Relevanz
ISBN: 3-89722-205-1   Preis: 25,- €

Die intuitionistische Logik und die Relevanzlogik gehören zu den bedeutendsten Rivalen der klassischen Logik. Der Verfasser unternimmt den Versuch, die jeweiligen Grundideen der Konstruktivität und der Paradoxienfreiheit durch eine „Relevantisierung der intuitionistischen Logik" zusammenzuführen. Die auf diesem Weg erreichten Ergebnisse sind auf hohem technischen Niveau und werden über die gesamte Abhandlung hinweg sachkundig philosophisch diskutiert. Das Buch wendet sich an einen logisch gebildeten philosophisch interessierten Leserkreis.

Horst Wessel

Logik und Philosophie

ISBN: 3-89722-249-3   Preis: 15,30 €

Nach einer Skizze der Logik wird ihr Nutzen für andere philosophische Disziplinen herausgearbeitet. Mit minimalen logisch-technischen Mitteln werden philosophische Termini, Theoreme und Konzeptionen analysiert. Insbesondere bei der Untersuchung von philosophischer Terminologie zeigt sich, daß logische Standards für jede wissenschaftliche Philosophie unabdingbar sind. Das Buch wendet sich an einen breiten philosophisch interessierten Leserkreis und setzt keine logischen Kenntnisse voraus.

S. Wölfl

Kombinierte Zeit- und Modallogik.
Vollständigkeitsresultate für prädikatenlogische Sprachen

ISBN: 3-89722-310-4   Preis: 40,- €

Zeitlogiken thematisieren „nicht-ewige" Sätze, d. h. Sätze, deren Wahrheitswert sich in der Zeit verändern kann. Modallogiken (im engeren Sinne des Wortes) zielen auf eine Logik alethischer Modalbegriffe ab. Kombinierte Zeit- und Modallogiken verknüpfen nun Zeit- mit Modallogik, in ihnen geht es also um eine Analyse und logische Theorie zeitabhängiger Modalaussagen.

Kombinierte Zeit- und Modallogiken stellen eine ausgezeichnete Basistheorie für Konditionallogiken, Handlungs- und Bewirkenstheorien sowie Kausalanalysen dar. Hinsichtlich dieser Anwendungsgebiete sind vor allem prädikatenlogische Sprachen aufgrund ihrer Ausdrucksstärke von Interesse. Die vorliegende Arbeit entwickelt nun kombinierte Zeit- und Modallogiken für prädikatenlogische Sprachen und erörtert die solchen logischen Systemen eigentümlichen Problemstellungen. Dazu werden im ersten Teil ganz allgemein multimodale Logiken für prädikatenlogische Sprachen diskutiert, im zweiten dann Kalküle der kombinierten Zeit- und Modallogik vorgestellt und deren semantische Vollständigkeit bewiesen.

Das Buch richtet sich an Leser, die mit den Methoden der Modal- und Zeitlogik bereits etwas vertraut sind.

H. Franzen, U. Scheffler

Logik.
Kommentierte Aufgaben und Lösungen

ISBN: 3-89722-400-3   Preis: 15,- €

Üblicherweise wird in der Logik-Ausbildung viel Zeit auf die Vermittlung metatheoretischer Zusammenhänge verwendet. Das Lösen von Übungsaufgaben — unerläßlich für das Verständnis der Theorie — ist zumeist Teil der erwarteten selbständigen Arbeit der Studierenden. Insbesondere Logik-Lehrbücher für Philosophen bieten jedoch häufig wenige oder keine Aufgaben. Wenn Aufgaben vorhanden sind, fehlen oft die Lösungen oder sind schwer nachzuvollziehen.

Das vorliegende Trainingsbuch enthält Aufgaben mit Lösungen, die aus Klausur- und Tutoriumsaufgaben in einem 2-semestrigen Grundkurs Logik für Philosophen entstanden sind. Ausführliche Kommentare machen die Lösungswege leicht verständlich. So übt der Leser, Entscheidungsverfahren anzuwenden, Theoreme zu beweisen u. ä., und erwirbt damit elementare logische Fertigkeiten. Erwartungsgemäß beziehen sich die meisten Aufgaben auf die Aussagen- und Quantorenlogik, aber auch andere logische Gebiete werden in kurzen Abschnitten behandelt.

Diese Aufgabensammlung ist kein weiteres Lehrbuch, sondern soll die vielen vorhandenen Logik-Lehrbücher ergänzen.

U. Scheffler

Ereignis und Zeit. Ontologische Grundlagen der Kausalrelationen
ISBN: 3-89722-657-X   Preis: 40,50 €

Das Hauptergebnis der vorliegenden Abhandlung ist eine philosophische Ereignistheorie, die Ereignisse über konstituierende Sätze einführt. In ihrem Rahmen sind die wesentlichen in der Literatur diskutierten Fragen (nach der Existenz und der Individuation von Ereignissen, nach dem Verhältnis von Token und Typen, nach der Struktur von Ereignissen und andere) lösbar. In weiteren Kapiteln werden das Verhältnis von kausaler und temporaler Ordnung sowie die Existenz von Ereignissen in der Zeit besprochen und es wird auf der Grundlage der Token-Typ-Unterscheidung für die Priorität der singulären Kausalität gegenüber genereller Verursachung argumentiert.

Horst Wessel

Antiirrationalismus
Logisch-philosophische Aufsätze

ISBN: 3-8325-0266-1   Preis: 45,- €

Horst Wessel ist seit 1976 Professor für Logik am Institut für Philosophie der Humboldt-Universität zu Berlin. Nach seiner Promotion in Moskau 1967 arbeitete er eng mit seinem Doktorvater, dem russischen Logiker A. A. Sinowjew, zusammen. Wessel hat großen Anteil daran, daß am Berliner Institut für Philosophie in der Logik auf beachtlichem Niveau gelehrt und geforscht wurde.

Im vorliegenden Band hat er Artikel aus einer 30-jährigen Publikationstätigkeit ausgewählt, die zum Teil nur noch schwer zugänglich sind. Es handelt sich dabei um logische, philosophische und logisch-philosophische Arbeiten. Von Kants Antinomien der reinen Vernunft bis zur logischen Terminitheorie, von Modalitäten bis zur logischen Folgebeziehung, von Entwicklungstermini bis zu intensionalen Kontexten reicht das Themenspektrum.

Antiirrationalismus ist der einzige -ismus, dem Wessel zustimmen kann.

Horst Wessel, Klaus Wuttich

daß-Termini
Intensionaliät und Ersetzbarkeit

ISBN: 3-89722-754-1   Preis: 34,- €

Von vielen Autoren werden solche Kontexte als intensional angesehen, in denen die üblichen Ersetzbarkeitsregeln der Logik nicht gelten. Eine besondere Rolle spielen dabei *daß*-Konstruktionen.

Im vorliegenden Buch wird gezeigt, daß diese Auffassungen fehlerhaft sind. Nach einer kritischen Sichtung der Arbeiten anderer Logiker zu der Problematik von *daß*-Termini wird ein logischer Apparat bereitgestellt, der es ermöglicht, *daß*-Konstruktionen ohne Einschränkungen von Ersetzbarkeitsregeln und ohne Zuflucht zu Intensionalitäten logisch korrekt zu behandeln.

Fabian Neuhaus

Naive Prädikatenlogik
Eine logische Theorie der Prädikation

ISBN: 3-8325-0556-3   Preis: 41,- €

Die logischen Regeln, die unseren naiven Redeweisen über Eigenschaften zugrunde liegen, scheinen evident und sind für sich alleine betrachtet völlig harmlos - zusammen sind sie jedoch widersprüchlich. Das entstehende Paradox, das Russell-Paradox, löste die sogenannte Grundlagenkrise der Mathematik zu Beginn des 20. Jahrhunderts aus. Der klassische Weg, mit dem Russell-Paradox umzugehen, ist eine Vermeidungsstrategie: Die logische Analysesprache wird so beschränkt, daß das Russell-Paradox nicht formulierbar ist.

In der vorliegenden Arbeit wird ein anderer Weg aufgezeigt, wie man das Russell-Paradox und das verwandte Grelling-Paradox lösen kann. Dazu werden die relevanten linguistischen Daten anhand von Beispielen analysiert und ein angemessenes formales System aufgebaut, die Naive Prädikatenlogik.

Bente Christiansen, Uwe Scheffler (Hrsg.)

Was folgt

Themen zu Wessel

ISBN: 3-8325-0500-8   Preis: 42,- €

Die vorliegenden Arbeiten sind Beiträge zu aktuellen philosophischen Diskussionen – zu Themen wie Existenz und Referenz, Paradoxien, Prädikation und dem Funktionieren von Sprache überhaupt. Gemeinsam ist ihnen der Bezug auf das philosophische Denken Horst Wessels, ein Vierteljahrhundert Logikprofessor an der Humboldt-Universität zu Berlin, und der Anspruch, mit formalen Mitteln nachvollziehbare Ergebnisse zu erzielen.

Vincent Hendricks, Fabian Neuhaus, Stig Andur Pedersen, Uwe Scheffler, Heinrich Wansing (Eds.)

First-Order Logic Revisited

ISBN: 3-8325-0475-3   Preis: 75,- €

Die vorliegenden Beiträge sind für die Tagung „75 Jahre Prädikatenlogik erster Stufe" im Herbst 2003 in Berlin geschrieben worden. Mit der Tagung wurde der 75. Jahrestag des Erscheinens von Hilberts und Ackermanns wegweisendem Werk „Grundzüge der theoretischen Logik" begangen.

Im Ergebnis entstand ein Band, der eine Reflexion über die klassische Logik, eine Diskussion ihrer Grundlagen und Geschichte, ihrer vielfältigen Anwendungen, Erweiterungen und Alternativen enthält.

Der Band enthält Beiträge von Andréka, Avron, Ben-Yami, Brünnler, Englebretsen, Ewald, Guglielmi, Hajek, Hintikka, Hodges, Kracht, Lanzet, Madarasz, Nemeti, Odintsov, Robinson, Rossberg, Thielscher, Toke, Wansing, Willard, Wolenski

Pavel Materna

Conceptual Systems

ISBN: 3-8325-0636-5   Preis: 34,- €

We all frequently use the word "concept". Yet do we know what we mean using this word in sundry contexts? Can we say, for example, that there can be several concepts of an object? Or: can we state that some concepts develop? What relation connects concepts with expressions of a natural language? What is the meaning of an expression? Is Quine's 'stimulus meaning' the only possibility of defining meaning? The author of the present publication (and of "Concepts and Objects", 1998) offers some answers to these (and many other) questions from the viewpoint of transparent intensional logic founded by the late Czech logician Pavel Tichý (†1994 Dunedin).

Johannes Emrich

Die Logik des Unendlichen

Rechtfertigungsversuche des *tertium non datur* in der Theorie des mathematischen Kontinuums

ISBN: 3-8325-0747-7   Preis: 39,- €

Im Grundlagenstreit der Mathematik geht es um die Frage, ob gewisse in der modernen Mathematik gängige Beweismethoden zulässig sind oder nicht. Der Verlauf der Debatte – von den 1920er Jahren bis heute – zeigt, dass die Argumente auf verschiedenen Ebenen gelagert sind: die der meist konstruktivistisch eingestellten Kritiker sind erkenntnistheoretischer oder logischer Natur, die der Verteidiger ontologisch oder pragmatisch. Die Einschätzung liegt nahe, der Streit sei gar nicht beizulegen, es handele sich um grundlegend unterschiedliche Auffassungen von Mathematik. Angesichts der immer wieder auftretenden Erfahrung ihrer Unverträglichkeit wäre es aber praktisch wie philosophisch unbefriedigend, schlicht zur Toleranz aufzurufen. Streiten heißt nach Einigung streben. In der Philosophie manifestiert sich dieses Streben in der Überzeugung einer objektiven Einheit oder Einheitlichkeit, insbesondere geistiger Sphären. Im Sinne dieser Überzeugung unternimmt die vorliegende Arbeit einen Vermittlungsversuch, der sich auf den logischen Kern der Debatte konzentriert.